中小学数字校园丛书

迈向智慧校园的区域信息化管理与实践：

北京市中小学数字校园实践与成效

MAIXIANG ZHIHUI XIAOYUAN DE QUYU
XINXIHUA GUANLI
YU SHIJIAN:

BEIJINGSHI ZHONGXIAOXUE SHUZI XIAOYUAN SHIJIAN YU
CHENGXIAO

田鹏　宋洁 ◎ 著

北京师范大学出版集团
BEIJING NORMAL UNIVERSITY PUBLISHING GROUP
北京师范大学出版社

图书在版编目(CIP)数据

迈向智慧校园的区域信息化管理与实践.北京市中小学数字校园实践与成效/ 田鹏,宋洁著.—北京:北京师范大学出版社,2018.11(2020.10重印)

(中小学数字校园丛书)

ISBN 978-7-303-23928-3

Ⅰ.①迈…　Ⅱ.①田…　②宋…　Ⅲ.①信息技术－应用－中小学－学校管理－北京　Ⅳ.①G47-39

中国版本图书馆 CIP 数据核字(2018)第 144489 号

营 销 中 心 电 话	010－58802181　58805532
北师大出版社职业教育与教师教育分社网	http://zjfs.bnup.com
电 子 信 箱	zhijiao@bnupg.com

出版发行:北京师范大学出版社 www.bnup.com

北京市西城区新街口外大街 12-3 号

邮政编码:100088

印　　刷:北京溢漾印刷有限公司

经　　销:全国新华书店

开　　本:787 mm×1092 mm　1/16

印　　张:19.25

字　　数:350 千字

版　　次:2018 年 11 月第 1 版

印　　次:2020 年 10 月第 2 次印刷

定　　价:42.00 元

策划编辑:伊师孟　　　　　　　责任编辑:陈　倩
美术编辑:焦　丽　　　　　　　装帧设计:金基渊
责任校对:李云虎　　　　　　　责任印制:马　洁

迈向智慧校园的区域信息化管理与实践

——北京市中小学数字校园实践与成效

编 委 会

主　　编：田　鹏　宋　洁

副主编：李玉顺

编　　委：杨　清　北京市东城区教育委员会信息化办公室

　　　　　周　力　北京市朝阳区现代教育技术信息网络中心

　　　　　李　勇　北京市大兴区教师进修学校

序　一

自 2000 年数字校园概念出现在我国教育信息化领域以来，中小学数字校园一直是教育信息化促进学校现代化发展的重要命题。2003 年，这一概念开始在中小学实践领域得到关注，并持续深入发展。2009 年前后，在我国基础教育领域信息化从建设、应用向整合、创新发展迈进的过程中，中小学数字校园开始成为里程碑式的实践概念，不少前瞻性地域开始将数字校园作为推动区域教育信息化全面发展的重要抓手，如 2009 年，北京市教育委员会（以下简称北京市教委）启动了"北京市中小学数字校园实验项目"。这些年来，在基础教育领域，教育信息化融合发展进程日新月异，各类创新应用及实践模式伴随新一代信息技术发展、互联网教育进程推进，中小学数字校园一直是广大中小学系统化应用、创新应用信息技术并支持学校全面发展的重要实践形态。在《教育信息化十年发展规划（2011—2020 年）》发布的 2012 年，中央电教馆启动了"百所数字校园示范校建设项目"；在《教育信息化 2.0 行动计划》发布的 2018 年，教育部同期发布了《中小学数字校园建设规范（试行）》。2009 年，我们提出"数字校园是为了支持学生学习，创新和转变教学方式，以面向服务为基本理念而构建的数字化资源丰富的、多种应用系统集成的、相关业务高度整合的校园信息化环境；其宗旨是拓展学校的校园时空维度，丰富校园文化，并优化教学、教研、管理和服务等过程"，这一概念内涵阐释了中小学数字校园建设服务学习的目标本质、发展的技术环境特征和创新的业务融合特征，在教育信息化 2.0 指向创新引领、生态变革行动进程的当下，仍然具有适切时代的意义。

"北京市中小学数字校园实验项目"是北京基础教育信息化发展进程中的重大实践项目，该项目具有以下五个显著特点：第一，实践层次深。在北京市教委及相关业务部门的科学领导下，在实验校精心规划、科学实施和有效应用的推进下，信息技术真切地融入中小学教育教学业务全域和全过程，并切实指向教育教学核心业务创新发展。第二，实施规模大。"北京市中小学数字校园实验项目"在市级层面上确立了100所实验校，覆盖北京市全部区域，同时，带动了如大兴区等在全区范围的数字校园全覆盖行动。第三，持续时间长。该项目从2009年开始启动，分为三个批次，于2018年全部验收完成。项目持续实施、提炼、改进和深化，不仅在财力、智力和人力上得到保障，更在时间维度上得到充分"涵养"，以真正利用信息技术促进学校办学理念、办学文化、课程体系、育人模式等深层次融合发展。第四，实践成效好。通过本项目的实施，北京市建成了一批前瞻引领、特色鲜明、业务创新、人本育人的中小学数字校园，其成果不仅引领了北京市基础教育信息化融合应用发展的进程，更辐射全国，前瞻性地满足了信息化融合创新时代发展的需要。第五，发展影响远。该项目的实施显著提升了行政、科研、学校等基础教育领域相关主体对信息技术融合应用的认识水平，更为一线培养了实践型专业人才，包括校长、业务骨干等，这些人才已成为互联网教育发展时代的积极引领者、实践者和陪伴者。同时，该项目还带动了北京新一代教育信息化企业的成长，这些企业亦已成为当下服务于全国基础教育信息化建设的中坚力量。具有上述特征的区域性数字校园实践案例在全国也是少见的，因此，我们要特别感谢北京市教委为推动我国基础教育信息化融合进程所做出的重要贡献。这一重大实践项目所取得的理论探索及实践经验对于当下教育信息化2.0进程具有重要的参考意义。这套中小学数字校园丛书有着重要的价值。该丛书覆盖了中小学数字校园理论体系与技术架构、市级数字校园推进策略与发展途径，以及来自北京市最具代表性和实践前瞻性的数字校园案例，体系完整，覆盖全面，案例鲜活，是本领域不可多得的兼具理论、实践和策略于一体的中小学数字校园建设丛书。

当前，教育信息化正迈向新的发展阶段。一方面，新的信息技术蓬勃发展，云计算、移动计算、大数据、物联网、AR/VR（虚拟现实技术/增强现实技术）、AI（人工智能）等新技术形态迭浪前行，推动着教育发展实践形态的快速变革，技术正越来越助力于学习方式变革，让"学习成为闭环"正日益成为可能；另一方面，以21世纪核心能力和中国学生核心素养为引领的基础教育改革进程深化发展，课程改革、新高考改革联动助力的育人方式变革实践正真切来临，提高学生创新能力与实践能力已经成为社会发展的必然要求。在上述背景下，教育信息化发展正迈向互联网时代，借力互联网力量，聚合社会各类资源服务教育发展，推动优质资源广泛汇聚与倍力增生，生成互联网时代育人创新模式……互联网教育正深层次推动教育改革与发展进程，并在体制机制创新层面上释放教育大变革前夜的力量。我们应思考"互联网＋"时代数字校园发展新模式，并利用信息技术的系统化变革实践将学校迁移到互联网环境下来再思考、再实践、再提炼。因此，在这个意义上，本套丛书将为学校适应互联网时代信息化发展提供思考的起点、实践的参考和方向性坐标。

当前，借力信息技术发展推动教育变革正成为全球的共识。《青岛宣言》是联合国教育、科学及文化组织面向 2030 年教育发展议程的全球教育信息化发展战略，该宣言指出："为了在 2030 年前实现全纳和公平优质的教育以及终身学习目标，必须利用 ICT（信息、通信和技术）增强教育系统，促进知识传播，提升信息访问，实现高质量和有效率的学习，提供更高效的服务。"放眼互联网促进教育变革的基本格局，我们仍处于互联网促进教育变革的起始阶段，只有深入研究互联网环境下人才培养目标、学习方式和新型学习环境，并从政府教育供给、学校制度、教师制度等方面进行教育综合改革的制度设计，才能确保互联网教育变革有序健康地进行。因此，我们更需要砥砺前行，潜心实践。研究表明，在教育信息化促进基础教育变革的影响因素中，信息化领导力、学生能力、教师专业发展、教学方式、学习空间、数字资源、学业评价等是关键要素，其中学生能力发展是基本目标，信息化领导力是信息化发展的源头，学习空间处于中心地位。我们只有理解这些要素的作用及其方式，开展面向新一代学习者教育教学创新路径探究，才能通过信息技术优化教育教学过程，变革和重塑整个教育系统。从这个意义上来讲，中小学数字校园建设任重而道远，是持续深化、动态发展的无止境的实践过程。

是为序！

黄荣怀

北京师范大学教育学部教授

互联网教育智能技术及应用国家工程实验室主任

2018 年 5 月

序 二

2009年，北京市启动了"北京市中小学数字校园实验项目"，选取100所实验校开展数字校园建设，旨在构建市、区教育信息化服务于学校信息化特色应用统筹融合的建设格局，探索一条有首都特色的基础教育信息化发展道路，促进信息技术与教育教学实践深度融合，提升全市中小学教育信息化建设与应用的整体水平。项目分三批开展建设，第一批29所实验校于2014年完成验收与应用评估，第二批38所实验校于2015年完成验收，第三批33所实验校于2018年完成验收。

项目建设取得了丰硕成果，建成了一批数字校园优秀示范校，培养了一支较高水平的信息化队伍，创新了一系列与信息化深度融合的工作模式，沉淀了一批契合实际需求的优质数字化资源，构建了一套市、区、校统筹推进机制，有力地带动了基础教育信息化创新发展。归纳起来，数字校园建设形成理论研究和实践应用两大类成果，其中，理论研究成果覆盖数字校园建设模式、管理措施、应用策略、推广机制等方面；实践应用成果包括教与学、学生成长、教师发展、学校管理、评价诊断、资源建设、家校互动、校园文化、校际协作9大类、26小类、42项优秀应用成果。不少成果技术先进，实用性强，已经得到推广。

在数字校园探索实践过程中，校长的信息化领导力获得了显著提升，他们充分认识到信息技术带来的革命性影响，大胆探索信息技术与学校业务融合，不断从思想观念和实践能力上提升教师的信息化素养。在数字校园实验项目的带动下，北京市教委组织的有关数字校园建设与应用培训人员累计超过6000人次，各个学校培训教师超过7000人次，大幅度提升了各类信息化专业人才的水平，为北京市教育信息化事业的推进奠定了人才基础。

在数字校园实验项目引领下，学校信息化建设的积极性和创造性得到了极大发挥，驱动了业务融合创新。例如，北京市丰台区师范学校附属小学基于平板电脑的互动教学模式创新，探索了基于"双向""平等"的理念，开发和引进了适用于平板电脑的优质教学资源，探索形成了网状、交互、融合、自主的教学模式，实现了教育工作从"单向教育"向"互动教育"的转变。北京理工大学附属中学的"微课社区"，接入市级专题服务接口，将市级微课资源和学校微课资源有机结合，使学生可自主选择兴趣课程，参与评论。微课社区已成为该校学生自主学习的主要平台，在假期期间使用效果尤其突出。对外经济贸易大学附属中学深化应用双基检测分析诊断系统，每月成绩分析汇总全部通过系统完成，并面向每个学生凝练提取了 29 个基础数据指标、132 个过程分析指标，实现了对学习弱点的精确诊断和教学内容的精准优化。

在数字校园实验项目的带动下，北京市中小学学生的学习兴趣得到了激发，个性化需求得到了满足，学习成绩得到了提升；教师的问题诊断能力和教学优化能力得到了提高；学校管理效率和办学效益得到了全面提升。例如，北京市第七中学学生口语测试成绩普遍提升 10% 以上，部分提升达到 30%；英语听力成绩提升 11%，考试成绩提升 15%。北京市昌平区第一中学高考成绩不断提高，重点本科升学率在 50% 以上。对外经济贸易大学附属中学也在实施数字校园后，将高考本科率从 66% 提升到现在的 100%。

北京市数字校园实验项目以"四两拨千斤"之势，全面带动了全市各区数字校园建设。各区纷纷以数字校园建设为契机，积极开展本区数字校园规划设计和实施推进工作，落实建设资金，推进建设工程。大兴区以 1:7 的资金比例，配套启动了区级数字校园实验校建设工作；朝阳区、石景山区、密云区等区也纷纷依托数字校园实验校的建设，规划设计了本区的数字校园云平台，为全区提供信息化支撑服务，取得了卓著成效。

北京市中小学数字校园实验校建设效益辐射了全市非实验校乃至全国中小学。实验校建设所建成的案例成为全市中小学的榜样。实验校通过教学开放日、课题观摩研讨会、办学实践研讨会、媒体听课采访等教学研究活动，逐步带动全市非实验校，河北等周边地区学校也多次参加北京市数字校园建设工作培训会议以及学习交流，全国各地中小学也积极参加我市举办的大型数字校园交流活动，全国掀起了数字校园建设的浪潮。

此外，北京市中小学数字校园实验工作推动了教育信息化产业的积极发展，为北京市信息化产业发展贡献了力量。数字校园建设为整个北京市教育信息化产业发展带来了新的机遇，为企业从产品研发、人才队伍锻炼、应用案例积累到解决方案形成提供了难得的机会。在数字校园建设中，一批有能力、有经验、有产品、有案例的创新企业蓬勃发展，它们在北京市中小学数字校园实验校建设中发挥了重大作用。

回头来看，北京市在推进数字校园实验项目过程中持续深化全市教育信息化整体发展，按照"市级做基础＋学校做特色"统分结合的总体思路，有效厘清了市级和学校在信息化服务供给中的角色定位，即由市级提供基础性、共性服务，学校做定制、做应用，形成"上下联通、共同打磨、动态优化"的信息化应用服务体系，有效推进了信息技术和教育教学深度融合，为深化首都教育综合改革、破解改革进程中遇到的难题提供了有力支撑。

为更好地发挥数字校园实验项目的示范作用，加强成果分享，为其他中小学数字校园建设提供案例参考，带动基础教育信息化工作纵深发展，我们组织编写了数字校园建设成果系列丛书，希望本丛书可以为北京市及全国其他省市的数字校园建设起到参考作用。

当前，人工智能、大数据、虚拟现实等新技术在教育领域的应用逐步深入，首都基础教育信息化工作面临新的形势，新一轮教育教学改革持续深化，以"互联网＋"为引领的信息化发展新趋势已成为不可阻挡的时代潮流。展望未来，信息化代表新的生产力和新的发展方向，是驱动教育现代化的创新先导力量，但教育信息化任务依然艰巨，我们应紧跟信息技术发展前沿，推动教育变革和创新，构建网络化、数字化、个性化、终身化的教育体系，推动教育组织形式变革和学习方式革命。

田鹏
北京教育网络和信息中心副主任
2018 年 5 月

序 三

　　作为北京市中小学数字校园实验项目(以下简称"数字校园实验项目")的全程参与者，站在十九大之后的教育信息化2.0时代，回溯整个项目发展过程，结合这几年来本人所承担的教育部教育管理信息中心课题及所参与的全国性信息化融合实践体验，我对北京市教委高瞻远瞩的决策表示由衷的钦佩，对北京教育网络和信息中心这些年来执行这一项目，以及以数字校园实验工作带动全市教育信息化深化发展所做出的努力表示敬意，对全市范围内各区及各参与学校在推动学校数字校园建设与应用过程中所迸发的实践智慧表示赞叹!

　　众所周知，自"十二五"以来，在国家"信息技术对教育发展具有革命性影响"战略定位引领下，在教育部"三通两平台"①工程实践推动下，教育信息化融合实践之路在加速发展，从"融合"到"深度融合"，再到"融合创新"，推进信息化面向教育教学过程深化发展的步伐愈走愈坚。在这一进程中，教育信息化发展环境呈现着急剧变化的特征。第一，互联网教育云服务发展带来了突破教育信息化"最后一公里"的发展前景，面向学科的信息化应用和学科性工具以云服务方式广泛存在，这些应用覆盖了教育教学核心业务全过程。第二，"智慧教育""未来学校"等更高级信息化融合形态越来越快速地进入实践领域，泛在的学习与服务接入、整合融通的信息化应用和可持续发展的信息化生态等"智慧教育"环境正加速发展，以PST模式[Pedagogy(教学法)、Space(空间)、Technology(技术)]支持新型泛在学习环境生成的新型学校——未来学校——正日益受到关注，技术以前所未有的速度进入育人场景全部环节，加快全过程育人、全场境育人的技术应用生态正在来临，它推动教育转型，通过空间、课程、学习方式和组织方式协同创新，最大限度地

---

　　① 三通，即宽带网络校校通，优质资源班班通，网络学习空间人人通。两平台，即教育资源公共服务平台、教育管理公共服务平台。

满足学生个性化学习需求。再有，技术发展浪潮也一浪高过一浪，云计算、移动计算、物联网、大数据、VR/AR 和人工智能等新技术层出不穷，新技术进入教育信息化领域的时间周期大大缩短，同时更呈现出复合、叠加和倍增效应。第三，在新课程改革、教育综合改革和新高考改革等进程的推动下，教育正产生系统性变革，教育系统越来越向培养学生的创新能力、实践能力，发掘学生潜能，满足学生个性化成长和发展需要的方向发展。总之，教育变革与信息化融合创新进程，相互牵引，相互支撑，给人以动态发展性的实践体验，让我们感知"教育信息化永远在路上"。

透过纷繁复杂的发展现象我们发现，教育信息化的本源意义是服务于教育本身，它需要"落地"，需要有扎扎实实、一步一个脚印的坚实实践。"数字校园实验项目"正是在这样一种信息化发展的时代背景下而进行的区域性实践项目，它酝酿于 2008 年，启动于 2009 年，实施于整个"十二五"期间，整体上领先于国家"信息技术与教育教学融合"实践四年之多，是"数字北京"发展及北京教育信息化建设从普及阶段迈向整合、提升阶段的自觉实践，是投入资金规模大、信息化发展推动力度强、教育信息化体系建构深度广、持续推进信息化发展效果好的实践性项目，这在全国基础教育信息化领域是不多见的。在北京市教委的领导下，在北京教育网络和信息中心多年来的持续组织和推动下，在各区及实验校的有效参与下，北京市基础教育领域整合北京丰富的高校专家资源以及多元专业的技术力量，系统化地推动了区域范围内以"数字校园"为抓手的信息化融合实践，带动了市、区、校三级教育信息化体系面向深度融合创新的再建构，并带动了"数字校园"软件系统与产品形态的生成、优化和推广，取得了系统化实践成果。这一实践过程触及了教育信息化融合创新发展进程中的深层次问题，如教育信息化深化发展中体系再建构问题、教育教学核心业务融合下的技术应用问题、个体数字校园发展模式问题、评估引导的区域教育信息化发展绩效问题、教育信息化协同化需求下的企业服务问题等，这些问题是在"三通两平台"工程当前的实践进程中，全国其他很多区域面临的信息化实践命题，它们在"数字校园实验项目"中或得到了实践并生成了经验，或得到了初步探索并明确了方向，或在实践前瞻中已被感知并历经初步的讨论……这些智慧是由北京高校教育技术领域专家、学科教学业务专家、教育管理专家以及北京广大一线优秀学校校长、学校管理团队和一线教师的深入系统性工作凝聚而成的，具有领域引领性、经验可复制性、路径多元可选择性等参照意义。

正是由于上述原因，我们在北京教育网络和信息中心的支持下，编写了这本书，力图反映"数字校园实验项目"的发展全貌，包括"数字校园实验项目"的发展背景、实施过程，"数字校园实验项目"市级层面总体框架及服务体系，"数字校园实验项目"带动下的各区教育信息化发展，数字校园建设与应用评估体系建构，"数字校园实验项目"所取得的成果、成效及建设经验，"数字校园实验项目"驱动生成的多层级典型模式，北京市中小学数字校园及其教育信息化发展的未来趋势等，并在上述描述中突出了信息化深度融合进程中的关键命题。

第一，市、区、校多级联动的信息化深化发展方式。本书详细阐述了"数字校园实验项目"的推进模式，顺应"互联网＋"的时代特点，提出从"市级抓统筹、区做整合、学校建特色"的先期数字校园推进模式向"市级定方向、区级抓统筹、学校抓应用、企业供服务"三级四方协同的数字校园推进模式发展，并重点依托各区区域平台建设和市数字校园公共服务平台辅助，将数字校园建设在全市范围内转入常态化运行项目，促进数字校园的推广与发展。

第二，面向深度融合实践的信息化推进模式。本书系统总结了推进数字校园发展的多级模式，整体呈现了自"十二五"以来北京市中小学数字校园建设优秀案例所反映的实践智慧，包括如下模式：①数字校园区级发展模式，如东城区的"云与数据"集约化支撑的协同数字校园发展模式、海淀区的突出个性的叠层式数字校园发展模式、朝阳区的生成集约与群智创新引领的数字校园发展模式、大兴区的区域统筹云服务模式的数字校园发展模式。②数字校园校级发展模式。由于技术发展及业务融合，学校层面呈现出具有不同特征的两个维度的模式，这两个维度包括信息技术部署环境变化驱动的数字校园发展模式以及基于信息技术作用深度认知的数字校园发展模式。③数字校园业务融合模式，包括技术创新跟进驱动模式、课程创新增量发展模式、课堂深化聚焦攻坚模式、评价发展创新模式、点线联动迁移模式、优质资源共享生成模式、数据应用积累深化模式等。这些模式对国家"三通两平台"当下深化推进及教育信息化 2.0 发展具有重要的参考意义。

第三，数字校园发展的评估体系建构。本书详细介绍了"数字校园实验项目"评估体系的建构与发展过程，它包括两个阶段。阶段一，"数字校园实验项目"评估指标体系研究。在"数字校园实验项目"的驱动下，为有效引导项目实施，提升项目实施绩效，以课题研究方式，课题承担团队采用文献分析法、访谈法、特尔斐法①等研究方法，通过"行动研究"阶段化深入，确定了"规划""建设""应用"和"效益"四个评价维度。阶段二，数字校园应用水平评估指标体系研究。2015年年底，"数字校园实验项目"到了发展的新阶段，对数字校园绩效的评价需要深入其常态应用与实际效益的层面。基于这一思路，2015年12月，北京教育网络和信息中心启动了"北京市数字校园应用水平评估指标体系"研究项目，结合学校建设应用的突出成果、集中关切和普遍特点，从"教与学"核心业务定位入手，将"应用深度""应用实效""持续发展能力"作为考察重点，形成了表征数字校园发展水平的评价体系。

为更清晰地呈现上述"数字校园实验项目"的发展成果，更好地传播、分享该项目的实践经验，与本书配套，我们也编写了《北京市中小学数字校园案例与经验(小学)》《北京市中小学数字校园案例与经验(中学)》两本案例集，以便让读者更好地自下而上地感知"数字校园实验项目"，真实全面地感悟"数字校园实验项目"背景下的个体学校实践，从而更深刻地体悟和领会本丛书的实践智慧。

最后，"数字校园实验项目"是一项涉及面广、关联性强的工作，且编写团队自身精力有限，对项目的一些实践环节参与深度欠缺，这些因素可能影响我们对整个项目更深层次的挖掘、提炼和总结，再加之编写团队是在繁忙工作之中承担这一任务的，因此疏漏之处在所难免，恳请读者批评指正。

李玉顺

北京师范大学教育学部教育技术学院

2017 年 12 月

---

① 特尔斐法是指用书面形式广泛征询专家意见以预测某项专题或某个项目未来发展的方法，又称专家调查法。

目　录

第1章 北京市中小学数字校园建设背景概述

1.1 北京市教育改革与发展的时代诉求

北京市中小学数字校园实验项目是自"十一五"末启动并在"十二五"期间实施的基础教育领域教育信息化重大实践工程。自"十一五"以来，北京教育改革与发展处于历史性变革期，无论是教育发展还是社会发展，都处于蓬勃发展的时期。

从教育发展战略来看，引领全国教育现代化发展进程是北京教育发展的主旋律，这一旋律贯穿于"十五""十一五""十二五""十三五"全部发展阶段。至"十五"末，北京教育普及化任务基本完成，为率先基本实现教育现代化奠定了坚实基础；至"十一五"末，教育普及水平已超过中等发达国家同期平均水平，素质教育持续推进，形成了"社会大课堂""蓝天工程"等系列首都品牌，在全国率先基本实现教育现代化；至"十二五"末，优质均衡"北京教育新地图"初步形成，人民群众教育实际获得感明显提升，坚持以社会主义核心价值观为引领，素质教育持续深化，进一步提高了首都教育现代化水平。当前，"十三五"期间，北京教育改革与发展正迈向新的发展目标，到2020年，北京将建成公平、优质、创新、开放的首都教育，成为先进的学习型城市，实现教育现代化。教育现代化进程步伐愈发加快。从新课程改革，教育综合治理和新中高考改革的实践进程来看，北京教育改革与发展同步于国家教育发展的大局，并在实践上处于领跑地位。伴随"公平"和"质量"这两大发展主题的深化，信息技术正越来越发挥深刻的作用，以助力和支撑顺应社会发展、引领历史潮流的北京基础教育改革。教育自身变革的实践愈发坚定。

从社会发展来看，伴随首都发展的历史机遇，教育改革面临着快速发展的社会环境变迁。"十一五"期间，"新北京、新奥运"战略要求首都教育提供更加优质高效的人才支持、科技支撑和社会服务，为建设创新型国家和创新型城市提供基础支撑。随着首都市民生活水平的不断提高，人民群众对多样化、高质量教育的需求更加强烈，接受良好教育的愿望不断增长，而同时期教师队伍结构不尽合理，实施素质教育的能力和水平亟待提高。"十二五"期间，面对全力推动"人文北京、科技北京、绿色北京"战略，努力建设中国特色世界城市的首都发展形势，教育的基础性、先导性、全局性地位更加突出，同时，这期间也是首都经济社会转型发展的战略机遇期，经济发展方式的转变对首都教育的要求日益提高，人民群众对接受良好教育的期待更加迫切，城市化进程加快对首都教育发展的压力持续增大，人才竞争对构建首都教育新优势的需求进一步增强。"十三五"时期是北京市深入贯彻"四个全面"战略布局（全面建成小康社会、全面深化改革、全面依法治国、全面从严治党），落实首都城市战略定位，即"四个中心"（全国政治中心、文化中心、国际交往中心、科技创新中心）的定位，推进京津冀协同发展，率先全面建成小康社会，建设国际一流的和谐宜居之都的关键时期，北京市理应成为区域教育协同发展的领头羊、国家战略发展的助推器、国际教育竞争的主力军，进而为全面建成小康社会，实现中华民族伟大复兴做出新贡献。因此，北京市迫切需要立足首都城市战略定位，服务核心功能，更好地发挥教育的基础性、先导性和全局性作用。社会发展对教育变革的压力愈发加大。

1.2 发展中的北京市教育信息化的历史进程

北京市教育信息化的发展是北京市信息化建设的一部分，整体上同步于北京市信息化的实践进程。1999 年，北京市提出了"数字北京"发展规划。"数字北京"是北京信息化发展进程中的里程碑，以此为标志，北京市信息化迈上了一个新的发展阶段。政府、企业和社会各方力量紧紧围绕"数字北京"这一主题，共同努力推进信息化，经过十余年的不懈努力，信息化实现了跨越式发展。"十一五"期间，"信息惠民""信息强政""信息兴业"三大计划和"数字奥运"专项工程顺利实施，至 2011 年上半年，全市过半家庭实现 20 兆带宽接入，光纤到户覆盖率达到 42%；

在城市管理方面，将城八区划分为 24000 多个城市管理网格，网格化城市管理模式基本建成；在市民生活方面，互联网普及率接近 70%；在信息产业方面，全市软件和信息服务业实现营业收入 1614 亿元，同比增长 23%；电子信息制造业实现主营业务收入 1081 亿元，占全市工业比重的 15%；同时培育了一批数字内容、数字文化、电子商务等新兴产业。"数字北京"建设目标全面完成，推动了全市信息化整体水平的不断提升。至 2011 年年底，北京信息化发展达到世界上主要国家重点城市的中上水平。"数字北京"建设成果在北京奥运会、中华人民共和国成立 60 周年庆典、应对国际金融危机等重大活动及事件中发挥了重要作用。作为"数字北京"建设的重要组成部分，在此期间，首都教育信息化建设坚持"统一标准、整合资源、服务为本、和谐发展"的方针，以提高教育信息化应用服务水平为目标，以资源整合与共享为重心，以构建统一的基础保障环境为根本，以健全教育信息化管理和运行机制为保障，通过信息化建设促进教育事业发展，逐步形成了各级各类教育相互衔接、特色鲜明、优势互补、整体优化的教育信息化服务体系，初步构建了支撑学习型城市建设的基础信息环境。

"数字北京"的建设带动了教育信息化发展。北京市在 2010 年发布的《北京市中长期教育改革和发展规划纲要（2010—2020 年）》中提出，要依托首都建设数字化城市的整体发展战略，以数字化应用为导向，完善各级各类学校的信息化基础建设，进一步改善教育信息化环境。有效利用先进和主流的信息技术，加快北京教育信息网的升级换代，加强数字校园建设。加强数据、资源与服务的规范化建设与管理，形成覆盖城乡，满足学校、社会、家庭需求的远程教育网络。加强教育信息基本能力建设，重视教育信息化专业人才队伍建设，加大教育行政部门、学校管理者和教师的信息化培训，不断提升全民信息素养和信息能力。《北京市"十二五"时期教育改革和发展规划》指出，通过信息技术实现教育教学模式的变革和学校方式的个性化与便捷化，建成与"数字北京"相适应的功能齐全、服务高效的数字化教育服务体系，充分发挥教育信息化在教育改革中的作用，促进优质教育资源共享。数字校园作为探索基础教育信息化发展的切入点，是促进教育综合改革、基本实现教育现代化的前瞻性、战略性的选择。我们可以看出，"数字北京"的建设推动和深化了教育信息化的发展进程，信息技术向着与教育系统深度融合的方向系统化推进。

随着云计算、物联网和智能处理等新一轮信息技术浪潮的兴起，全球信息化进入智慧发展阶段，为北京城市发展问题的解决带来了新的机遇。长期以来，北京一直面临着人口规模膨胀过快、交通拥堵现象严重、资源瓶颈压力凸显、环境污染日益突出等问题，解决超大城市发展面临的难题逐渐成为北京信息化最重要的目标之一。新技术促使城市发展方式发生重大变革，催生新的生活方式，带来新的市场和新的经济增长点，给北京解决城市发展难题、实现发展方式转变带来了新思路和新手段，因此，北京市适时提出了建设"智慧北京"的宏伟目标。2012 年 3月，北京市召开了"《智慧北京行动纲要》动员和工作部署会"，正式发布了《智慧北京行动纲要》。纲要对信息化提出了新的要求，需要信息化向更全面的感知、更充分的整合、更深入的互动、更广泛的引领创新和更加可持续的发展方向迈进。"智慧北京"将是北京市未来十年的信息化发展主题。相比"数字北京"着眼于网络全覆盖、业务全面信息化、应用全覆盖和信息资源数字化，"智慧北京"的基本特征是宽带泛在的基础设施、智能融合的信息应用和创新可持续的发展环境。为此，北京市启动了"智慧北京"顶层设计工作，按照市、区、部门及行业三个层次组织开展，率先推进市级顶层设计，同时选择需求迫切、基础较好的市级单位和区，加强指导和服务，形成全市标杆，以点带面，逐步推广。伴随"智慧北京"的建设，回看"数字北京"时期教育信息化的发展，并以"智慧北京"愿景检视北京市教育信息化的发展，我们发现机遇和挑战并存，问题和通途同在。

综上，伴随"数字北京""智慧北京"社会信息化发展进程，在基础教育领域，加强信息化基础设施建设，强化教育资源整合与共享，推进信息技术的教育教学应用，促进教育事业不断发展已成为北京市教育信息化发展的重要实践方向。教育信息化是实现教育现代化的重要战略选择，也是衡量教育现代化水平的重要标志。回看北京市中小学数字校园实验项目的历史进程点，以信息化引领和推动教育现代化是首都教育发展面临的机遇。"十五"初期，北京市委、市政府确立了"高标准、高质量实现首都信息化，推动基础教育跨越式发展"的目标。2004 年，北京市委、市政府在北京市教育大会上确立了 2010 年"在全国率先基本实现教育现代化"的首都教育改革发展总目标。这些年来，北京市教育信息化建设持续深入推进，至"十一五"末（注："北京市中小学数字校园实验项目"启动的时间），北京市教育信息化建设达到了普及阶段。

第一，在网络建设方面，"十五"初期，北京市委、市政府确立了"高标准、高质量实现首都信息化，推动基础教育跨越式发展"的目标。北京市教委拥有独立网络自治域号（9806）的北京教育信息网，始建于1998 年 12 月，是面向全市各级各类教育行政事业单位的多层次、开放式、智能型的网络系统。

第二，在教育管理方面，2004 年，北京市以电子化学籍管理为切入点，建立起了市、区、学校三级的中小学管理信息系统，把中小学生的基本数据信息全部录入，在学校校务管理方面发挥了显著的作用。北京市教委在全市范围内启动学生基础数据管理工作，并在此基础上陆续开发了学生卡及相关身份识别应用系统；2006 年全市中高考报名实现与管理信息系统数据的对接，为全市中小学生免费发放学生 IC 卡 130万张，开展了多种形式的校内外应用；2008 年启动教师基础数据全市统一信息化管理。

第三，在数字化资源环境方面，自 2004 年始，北京教育资源网采用先使用、后根据使用情况对资源提供单位付费的机制，每年动态调整资源目录，保证师生应用到最优质、最适合的数字资源。

第四，全市范围内学校信息化整体发展迅速。从基础设施角度看，校园网建设、网络信息安全、计算机和多媒体教室等硬件配置比逐年提高；从应用系统角度看，信息化建设覆盖了教学、科研、管理、生活服务等多方面，建立了为师生、校友、院系、管理部门等服务的各类信息系统，同时建设了数字化图书馆、一卡通等系统，有些院校还开展了远程教育、校级资源共享等。2010 年年末，全市基本建成由市级骨干网、区县区域网和校园网三级连通的北京教育信息网，18 个区都建成区域网络中心，网络节点进入每一间教室，全市学生机达到 13.2 万台，平均十人一机，教师机 10 万台，基本实现人手一机，多媒体设备 2.7 万套。高标准完成"校校通"工程。全市省部级以上重点中等职业学校全部建成校园网，教育教学实现了网络化管理。北京地区高校全部建成了技术先进、覆盖面广的校园网，部分高校校园网在技术和规模上达到世界一流大学水平。完成高校光纤建设工程，信息点已覆盖了全部办公、教学区域和部分学生公寓，初步满足教师查阅资料、网上备课和学生通过网络自主学习的需求。多媒体教室、网络机房等基础设施的建设大大改善了办学条件，成为推进各级各类教育教学、科研、管理现代化发展的重要基础条件。科技创安工程为各级各类教育信息化应用提供了安全、稳定的保障。

综上所述，北京市教育信息化建设从基础设施的建设普及，到相应地进行教育科研、网络办公环境、学生素质评价等综合系统的开发应用整合，通过十多年的努力，使中小学信息化在基础设施建设、信息资源建设、信息技术普及、运用信息技术提高教育教学质量和管理水平等方面都取得了长足进步，极大地改善了中小学办学条件，有效地促进了优质教育资源共享，为推进北京市教育质量提升、义务教育均衡发展、区域教育现代化进程做出了贡献。但同时，从发展的历史进程视角来看，当时的教育信息化发展也存在问题，共享、集约问题突出，有效、深度的教育教学应用发展仍然欠缺。

第一，信息技术在教育教学过程中应用的深度不够。教育信息化建设处在由规模普及向整合应用转型阶段，将信息技术有效应用于教育教学，大力促进二者的深度融合，全面提升教育质量和管理效能，服务和引领教育发展是非常迫切的任务。教育行政管理部门必须发挥各中小学校的主体性和创造性，推动实践探索，促进首都中小学信息化高效而特色地发展。

第二，建设的全面性及数据共享不充分。教育信息化建设没有覆盖学校所有流程和所有应用，如校园安全管理、能源管理、校园文化等方面没有被纳入统一信息化建设中，同时业务流程及应用系统自身及业务流程及应用系统之间的信息流通不畅，没有实现信息系统的充分共享、联动及智能化的最优控制，主要业务流程和应用方面存在信息孤岛现象。

第三，在业务应用和数据上没有进行深入挖掘和深度应用，没有给学校管理、教学等提供辅助决策作用。例如，学校没有智能化资产管理系统，在设备统计、报废、报损、采购、审批等方面没有做到科学化和精细化管理。

第四，建设以部门为单位，没做到全校、全市的集约统筹。各应用系统的建设由各业务部门自行建设，没有进行统一规划，存在重复建设、资源浪费等问题，如各学院或各科室分别建设数据机房，保卫、后勤、实验室、教委等分别建设视频监控系统等。

以上是北京市中小学数字校园实验项目发展的教育信息化实践进程背景，它是北京市教育信息化发展在基础教育领域实践推进的必然选择，是社会信息化从"数字北京"迈向"智慧北京"基础教育信息化发展的必然路径。

1.3　北京市中小学数字校园建设实践动因

北京市中小学数字校园实验项目是北京基础教育领域教育信息化发展里程碑式的重大工程，该工程实施是超前于国家《教育信息化十年发展规划(2011—2020 年)》的发布而率先开展的，是植根于北京基础教育信息化实践进程而自觉自发的实践行动。回顾这一历程，"十一五"末，北京市教委顺应北京信息化发展大势，呼应教育改革，开展顶层设计，设立重点项目，推动信息技术整合应用成为北京市中小学教育信息化面向时代教育变革的实践诉求。为推进基础教育领域教育信息化深化发展，"十一五"末，北京市教委就全市"十二五"中小学信息化发展开展了规划研究，提出要创设全新数字化学习环境，实现教育资源和应用的整合与融通，大力推进教育政务信息化建设，增强管理和决策能力，全面提高首都教育信息化服务水平。在全面推进教育信息化工作过程中重点实施三大教育信息化工程，即数字化学习创新工程、电子政务提升工程、基础设施优化工程，同时建成一批数字校园示范校。当时，就规划研究报告提出的内容简介如下。

1.3.1　数字化学习创新工程

数字化学习创新工程将全面整合教育教学资源、社会教育资源，提供丰富的教育教学辅助手段及开放的网络学习环境。工程建设主要内容包括以下三点：

一是教育教学资源共享平台。北京市教委支持各级各类学校合理利用信息技术，加强优质教育资源建设。以中小学资源平台、职业教育资源库和高校特色资源库为基础，将学前教育、基础教育、职业教育和高等教育的信息资源有机整合，将各类教育资源逐步规范化、标准化，形成开放共享、标准统一、内容丰富的教育教学资源共享平台，服务于广大教育工作者的教育教学工作和自身素养的提高，服务于广大学生的自主学习。

二是网络教育平台。北京市教委支持各级各类学校搭建个性化的教育、教学、科研信息化服务平台，为提升教育、教学和科研质量创造条件。合理利用已建成的各类网络教育平台，依托首都信息化基础条件的不断完善，建立一个集网络、电视、广播等多种信息化手段为一体的远程教育体系，搭建服务于广大师生乃至全社会的开放式网络学习平台，为市民提供丰富多样的终身学习服务。全市建设首都教师信息系统，在原有的人事、教师管理部门信息系统基础上，整合各级各类教育的教师资源，为学习型城市建设提供丰富的师资资源。逐步建立科研协作平台，整合科研基础资源数据，促进科技资源的高效配置和综合利用，提升高校科技创新能力。完善远程教育公共服务体系，推动城市优质教育资源向农村辐射，为农村学校师生创造学习条件，形成一个资源共享、均衡发展的新局面。宣传、引导和指导首都各级单位开展学习型城市创建活动，共同营造更加和谐的社会化学习环境。

三是社会实践互动平台。北京市教委协调社会力量，整合丰富的社会教育资源，设立学生社会学习、实践的网上互动平台。大力推进数字德育平台建设，开拓"资源丰富、管理科学、全员参与、彰显个性"的网络时代育人方式。学生 IC 卡的学生数据和金融、公交等功能，可以使学生更方便地了解社会，参与实践，使教师更客观地评价学生的社会实践效果，从而有助于理论与实践相结合，使学生成为对社会有用的新型人才。

1.3.2　电子政务提升工程

电子政务建设是推进教育管理改革的突破口，是现阶段推进首都教育信息化的重点工程。工程将在首都教育系统已有的各级政务（校务）平台、教育管理平台和教育社会服务平台的基础上，借助先进的信息技术手段，整合各级各类教育工作，进一步完善服务功能，形成一个统一的首都教育整体服务形象，为广大师生和社会大众服务。

教育政务服务平台。北京市教委重点建设集政务公开、网上办事、教育信息、公共服务、在线互动等多种功能于一体的网上政府门户，整合各级各类教育信息资源，搭建为首都市民服务的教育政务服务平台，发挥教育信息资源的社会应用价值，为个人、教育和政府决策提供支持，加大政务公开力度，实现教育行政许可事项的网上办理，提供网上办事和群众关心的教育信息等多种教育服务，逐步形成惠及全民的基本公共教育服务体系，全面提升教育公共服务水平和质量。

教育政务管理平台。各区、高校进一步完善已有电子政务、电子校务系统，并与北京市教委办公系统连通，实现教育系统内各级各类教育单位的远程协同办公，优化办公流程，促进文件、信息的高效流转，创新行政管理、校务管理体制。以各级各类学校教师、学生个体为中心，市、区、校共同努力，在完善原有人事、师资等教育管理信息系统和学生 IC 卡系统的基础上，逐步开发行政标准统一、融通各级各类教育及毕业、就业等各环节教师发展和学生成长数据，满足各级各类教育单位政务管理需求的电子政务应用。

教育决策支持平台。北京市教委搭建教育决策信息共享平台和教育地理信息系统，为领导决策提供丰富的数据信息；各级各类学校搭建学校危机紧急处理系统和风险评估系统，应对各类紧急事件；市、区和各级各类学校利用信息技术手段，采集教育信息化设施设备的使用效能，开展科学分析，使管理者、使用者了解教育信息化建设带来的成效，同时分析教育信息化设施设备的布局合理性，促进教育信息化的均衡发展。

1.3.3　基础设施优化工程

基础设施优化工程将在营造稳定、安全、健康的首都教育网络环境，传播先进的网络文化，促进教育均衡发展等方面发挥重要作用。该工程建设的主要内容包括以下三点：

一是优化首都教育网络。北京教育网络和信息中心全面提升网络的安全性和稳定性，使北京教育信息网覆盖全部市属教育单位，为首都教育信息化发展提供基础平台和技术支撑。北京市教委规划政务、考务等多种用途的专网，以确保特殊应用的数据通信安全。加强区网络中心建设，完善各级各类学校和幼儿园的信息技术及网络设施设备，使所有各级各类学校和幼儿园办学条件达标。通过投资力度的倾斜，市、区将加大对信息化维护和服务费用的投入，使贫困地区的学生有网可用，有网能用，真正地从信息化建设中得到优质、丰富的教育资源，获得公平的教育条件，实现首都教育均衡发展的远景目标，建设和谐社会的首善之区。

二是构建首都教育数据管理与服务体系。北京教育网络和信息中心制定教育信息化数据管理规范，区、各级各类学校落实数据采集、存储、分析、应用的具体要求和制定相应管理办法，确保数据的准确性，为教育全局决策、教育教学管理、教育教学应用、教育科学分析提供准确的数据基础。分级逐步建设数据存储和容灾备份中心，逐步完成对各级各类教育数据的分析、清洗、整合和应用，构建安全、可靠、高效的教育数据管理与服务体系。

三是建成首都教育电子认证系统。为推进信息、数据和应用的整合与共享，保障网络和信息数据的安全传输与授权使用，北京市教委统筹建设首都教育电子认证系统，制定首都教育网络认证管理规范。具备条件的各级各类学校和单位应按照管理规范逐步实现与市级认证的对接，通过教育认证系统的建设，完善网络实名工作，提高广大师生的网络责任意识，培养健康的网络行为，传播先进的网络文化。

1.3.4 数字校园示范工程

在三大优化工程投入建设的同时，北京市教委还计划利用 5 年左右时间，建成一批具有国内领先水平、彰显首都教育特征，且各具特色的数字校园示范校，以教育信息化促进教育现代化，同时培养一批具有教育信息化理论和较高实践能力的教育管理者与实践者。

北京市教委通过数字校园示范工程，进一步巩固学校信息化建设成果，健全信息化管理与运行机制；提升领导干部与广大师生的信息素养，加速信息化队伍建设；对学校的各类资源进行有机整合，推动信息技术在教学、教研、管理与服务中的深层次应用；提高教育质量，提升学校核心竞争力，达到教学与科研、质量与效率的和谐统一与科学发展；提升全市教育信息化水平，保持北京市教育信息化在全国的领先地位。

规划研究报告指出，中小学数字校园以现代教育理念为指导，以现代媒体技术和信息通信技术的发展和有效应用为依托，有效地支持学生的学习，创新和转变教学方式，以面向服务为基本理念，构建具有丰富的数字化资源、多种应用系统集成、相关业务高度整合的校园信息化环境，其宗旨是拓展校园的时空维度，丰富校园文化，优化教学、教研、管理和服务等过程。它赋予了基础教育信息化建设以新的特征：①中小学数字校园建设有效支持学生学习，创新和转变教学方式。②中小学数字校园建设面向服务，实现教育系统的整体化变革。③中小学数字校园具有数字化资源丰富、多种应用系统集成、相关业务高度整合等特征。④中小学数字校园建设优化教学、教研和服务等全部过程。⑤中小学数字校园建设拓展学校的时空维度，丰富校园文化。

综上，北京市中小学数字校园建设是"十二五"期间顺应首都教育信息化发展历史背景而展开的，它推动了北京基础教育信息化从规模普及向整合应用转型，率先在全国进入了整合和提升阶段，将信息技术切实有效地应用于教育教学，大力促进二者深度融合，充分发挥各中小学的主体性和创造性，通过进一步实验和探索，促进首都中小学信息化高效而特色地发展。因而，2009 年，北京市启动了"北京市中小学数字校园实验项目"，它以"推动信息技术在教学、教研、管理与服务中的深层次应用，提高教育质量，提升学校核心竞争力，实现学校科学发展"为目标。为做好这一项目，北京市教委投入专项资金在全市确立了 100 所中小学作为数字校园实验校，因此"北京市中小学数字校园实验项目"又被称作"北京百所中小学数字校园实验项目"。

第 2 章 北京市中小学数字校园实验项目及其实施

2.1 北京市中小学数字校园实验项目介绍

在北京信息化发展从"数字北京"向"智慧北京"全面跃升的过程中，"数字校园"成为北京市中小学教育信息化发展的风向标。建设"数字校园"的目的在于改变传统的教育教学方式，创生优质教育资源，实现优质教育资源共享，促进教育均衡，实现教育公平，推进教育改革。为贯彻北京市教委推进教育信息化建设工作会议精神，落实《北京市教育委员会关于进一步加强北京市教育信息化工作的意见》(京教研〔2008〕2号)文件要求，进一步推动全市中小学教育信息化进程，北京市教委决定从 2009 年起，在全市开展中小学数字校园实验工作。同年 6 月，北京市教委下发了《北京市教育委员会关于开展中小学数字校园实验工作的通知》(京教基〔2009〕17 号)，明确自 2009 年起在全市开展中小学数字校园实验工作，确立了"十二五"期间试点完成百所数字校园建设的目标，投入 2 亿元资金，每所学校投入 200 万，以借助信息技术手段，对学校的教育、教学、管理等主要业务以及资源和数据进行优化、整合和融通，拓展现实校园的时间和空间维度，实现从环境、资源到活动的数字化，提升学校教育教学质量和管理水平。

2010 年，在该项目的全市动员大会上，时任北京市教委基教二处的李奕处长对中小学数字校园实验工作做了具体部署和要求，指明了数字校园实验项目与先前信息化项目的差异性：一是在市级层面上将信息化发展推进"落地"到学校，在全市范围内将基础教育信息化发展放到育人主场景中，落实到学校、课堂、课程上来，以探索信息化时代的新型育人模式；二是期望在学校教育教学核心业务、特色业务等方面，关注与信息化的结合；三是在基础教育改革和发展视野中，在学校层面上推动课程改革、素质教育发展等方面与信息化深度对接，信息化重心下移的目标是推动学校教育教学改革的系统化发展。基于这些定位，李奕处长明确提出了数字校园发展的要求，并有两个重点期望：第一，以"应用"为核心，超越信息化基础设施（网络、机房、设备等）、数字资源库建设等发展概念，将教育信息化向提高教育教学质量深度方向发展，围绕主流业务整合，创新人才培养模式；第二，数字校园承载的信息化建设要和学校开展的其他业务创新兼容、整合发展，和学校课程改革、素质教育、特色办学等工作结合，突破各种传统资源、传统教育、传统思维局限，以教育信息化创新教育教学改革增量拓展方式，进而推动信息化工作深化发展，通过数字校园的建设进一步巩固北京市中小学信息化建设成果，健全信息化管理与运行机制，提升领导干部与广大师生的信息素养，整合学校各类资源，推动信息技术在教学、教研、管理与服务中的深层次应用，提高教育质量，提升学校核心竞争力，实现学校科学发展。

综上，北京市教委通过数字校园的试点建设，进一步巩固中小学信息化建设成果，健全信息化管理与运行机制；提升领导干部与广大师生的信息素养；整合学校各类资源，推动信息技术在教学、教研、管理与服务中的深层次应用；提高教育质量，提升学校核心竞争力，实现学校科学发展。针对实验校建设的这些核心目标展开头脑风暴，经过多轮打磨，确定了贯彻数字校园实施"五个一"实验目标。

实验目标一：进一步提升全市中小学教育信息化整体水平，建成一批引领性与实效性并重的数字校园示范校，建成一批彰显首都教育特征、具有示范引领作用、各具特色的中小学数字校园。通过本项目，北京市教委在北京基础教育领域内建成一批数字校园的"样板学校、种子校"，这些学校兼顾了数字校园的共性与个性特征，切实能够在全市乃至全国范围内起到示范作用，辐射带动基础教育信息化发展。

实验目标二：培养一支较高水平的基础教育信息化专家、干部、教师队伍。广大干部教师无疑是学校办学的主力与核心，他们的信息素养决定着信息技术在教学活动中应用的深度与广度。通过项目的实施，北京市教委力求在实验项目实施过程中有效带动干部教师的广泛参与，通过专题培训、应用体验、专家指导等形式，使他们有效参与到项目中来，从旁观者转换为参与者。这样能够提升信息技术对教师的感召力，同时，激发他们从教学视角出发，深度应用，创新应用。专家是贯穿项目过程中的重要指导力量，他们能够高屋建瓴地传递给学校前沿知识，更可为学校信息化发展出谋划策。因此，凝聚一支高水平的基础教育信息化专家队伍尤为重要。

实验目标三：开发聚焦一套适应教与学方式变革需求的数字化资源。多年以来，北京市各级教育机构开展数字化资源建设与应用的积极性愈发高涨，它们纷纷通过自主开发、征集评选、社会购买和合作共建等多种形式吸纳了大量数字资源，同时，广泛开展了各类教育教学活动的实践探究。在学校层面，校本资源库已成为校园信息化建设的"规定动作"，并以此衍生出了各类教育教学应用。然而，即便如此，数字资源建设仍存在着诸多"硬伤"，包括数字资源建设标准不统一，应用兼容性差；数字资源的区域、校际共享已成为老生常谈的话题，进展缓慢；多方自主分享的资源生态化机制尚未建立，导致资源无法实现更新换代，资源利用率低的现象比较普遍。在制定数字校园实验目标的过程当中，数字资源话题始终是重点之一，北京市教委希望能够伴随实验项目的推进，逐步在市、区、校三级沉淀一套符合教育教学需求、高可用性的数字资源集，并努力促进其生态化发展。

实验目标四：培植一定数量推动基础教育信息化创新发展的生长点。数字校园实验项目最终的落地不仅仅是中小学，同样也期望能够驱动基础教育信息化行业良性发展，培育新兴应用增长点。所谓发展的增长点，特指在教与学、校园管理等方面所涌现的创新亮点，能够产生以点带面的效应。

实验目标五：将数字校园建设逐渐推进为常态化项目，推动形成市、区级信息化平台建设与学校教育信息化特色，探索统筹融合的建设格局，开拓一条极具首都特色的基础教育信息化发展道路。数字校园实验项目不能简单地被看作工程项目，它更是一项课题、一项常抓不懈的工作。推进数字校园发展的进程往往也是规划区域、学校信息化全面发展的过程。市级层面不仅要抓出亮点示范学校，培养人才队伍，更要在建设模式、发展方向上走出一条符合实际、具有特色、行之有效的路径。因此，北京市要制定中小学数字校园建设评估规范，促进中小学数字校园建设在全市逐步推广和实施。

北京市教委在明确实验任务目标的同时，从五个方面为中小学数字校园试点建设描绘了总体蓝图。

第一方面：要充分体现学校的办学理念。试点项目参与校要将信息化建设与学校办学理念、校园文化和教学特色进行统筹规划，结合学校整体发展规划统一设计，不得将二者割裂开来，要注重对学校核心业务的支撑与引领，不能脱离对学校核心业务的常态支撑。此外，学生、教师、管理者作为学校主体，应当广泛地参与到数字校园建设中来，不能成为旁观者，从而真正服务于教育教学质量提升，服务于学校办学理念与特色的发扬。

第二方面：要注重构建科学规范的应用与管理平台。数字校园建设要严格遵循相关技术规范和标准，处理好继承与发展、标准与特色、安全与便捷、管理与服务的关系，建立实用有效且安全可靠的教育、教学和管理平台，从而保障数字校园后期的推广应用。试点项目参与校注重构建科学规范的应用平台，把信息化建设的规范性、系统性摆在首要位置，在坚持标准化、规范化基础上，梳理现有信息化条件，处理好继承与发展、标准与特色、安全与便捷、管理与服务的关系。数字校园应用系统建设要以人为本，充分体现"人性化"需求，让用户以最便捷、最有效的方式来使用和管理。

第三方面：努力实现对各类资源的优化整合。数字校园建设不是"凭空重建"或"推倒重来"，而是依托已有的中小学自身信息化环境，对各类教育教学资源和信息数据进行优化整合，在此基础上建构一个以学校"应用"为中心的数字空间，实现信息、数据和资源的交换共享。

第四方面：重视利用先进且适切的信息技术手段。数字校园试点建设要深入挖掘现有技术及其新发展技术在教育教学方面的潜能，注重创新型技术应用，创设有利环境，培养广大师生的创造能力与创新精神，以适应信息技术发展对人类数字化生存与发展的要求。

第五方面：强调创设开放与共享的数字空间。数字校园试点建设要避免成为与外界隔绝的信息孤岛。数字校园要创设开放与共享的数字空间，实现在校园内部、校园与区域、校园与社会之间的信息、资源共享与交流。

以上五个方面作为定位北京市中小学数字校园建设的总体纲领，良好地诠释了数字校园的内涵，同时，更是点出了化解教育信息化问题难点的必要举措，从教育信息化建设规范性、教育教学的融合，到数字资源的整合共享，再到数字学习空间的创设，等等，点到了"痛处"。时至今日，北京市教委在开展数字校园建设、应用和推广，以及迈向智慧校园建设的发展过程中，仍秉承着以上总纲。

在北京市中小学数字校园实验项目立项伊始，北京市教委就没有把它当作一个单纯的实验项目、研究课题或中期信息化项目，而是把它规划为一个不断演进、不断迭代、不断辐射的战略工程。因此，在实验校的遴选标准方面，北京市教委也多次征求专家、各区教育部门、教科研单位的意见，目的就是能够选取一个有内在"动能"的学校参与其中。在市级统筹下，多个有内在"动能"的学校可以形成强有力的整合，真正意义上起到示范作用，并形成合力，在全市范围围绕数字校园实验项目开展新时期的信息化体系建设，探索适应教育信息化发展情势的新的发展与支撑体系。

在明确建设目标的基础上，如何在全市 1800 所中小学当中有效选取参与此次实验的学校，从某种程度上也决定着实验项目的成败。为此，项目实施前期，北京市教委着重对中小学数字校园实验校申报条件与规程进行了策划与明确。在基本条件方面，更注重学校信息化应用氛围，"氛围"更多代表的是在信息时代驱动下，表现在组织管理上，就是指校领导对信息化的重视与投入程度；表现在学校办学理念上，就是指学校对数字校园的强烈需求与诉求；表现在已有建设条件上，就是指现有应用的应用广度与深度；表现在人员意识上，就是指学校广大干部教师对于信息技术的积极性与热度。

数字校园实验工作进一步推进了北京基础教育信息化的发展，使北京市基础教育信息化工作步上了新的台阶，逐步从以往的"项目供给制"向"规划导向制"转变，换言之，以建设为导向、以采购为导向的信息化发展已成为过去时，取而代之的是规划先行、需求导向、统筹集约的先进理念。北京市中小学数字校园实验项目便是在市级层面搭建新平台，为的是让参与学校更好地推进、展示教育信息化典型应用，使学校校长、信息化部门从传统的项目负责人向"校园 CIO"转变。在首都北京，实验项目启动的背后，不为人知的是一场悄然而至的基础教育信息化革命。这些年来，在北京市教委的领导下，在专家组的引领下，在区教委的推动下，数字校园实验校积极探索实践，实验工作取得显著成效。

2.2　北京市中小学数字校园实验项目推进策略

如背景部分所描述的那样，北京市中小学数字校园实验项目是北京市教育信息化基础设施、资源建设及应用居于全国前列，并率先进入整合和提升阶段的重要工程。在优势条件下，适应教育信息化进入发展"深水区"的特点，在基础教育领域处理好信息化建设和应用之间的关系，促进数字校园实验工作的协调发展，需要科学、合理的推进策略，这点显得尤为重要。这些策略的生成既是顶层设计的预设，同时更是实践智慧的生成。七年多来，北京市中小学数字校园实验项目在实践探索过程中采用了如下几条有效的推进策略。

2.2.1　策略 1：规划设计先行，课题研究引领

北京市中小学数字校园实验项目是在"数字北京"发展进程背景下展开的。在这一阶段，北京信息化发展及教育信息化建设都从普及阶段迈向了整合、提升阶段，而信息技术与应用业务的整合具有多样性、复杂性和动态性等特征，因此如何提高数字校园实验成效，如何引领实验校科学、理性发展等，都是实验项目首先考虑的问题。为此，项目组在整个实验项目前期就设立了规划研究课题，并就整个项目发展思路、发展阶段等方面进行深入规划，同时，通过课题承载的行动研究，聚合专家们的专业智慧，融合实践者们的实践思想与实践经验，自 2009 年年底开始，先后启动了"北京市中小学信息化规划及数字校园评估规范研究""北京市中小学数字校园规划及评估实施方案研究"等课题，为实验项目开展奠定了坚实基础。整个实验项目分为"试点探索阶段""模式建构阶段""推广深化阶段"三个阶段，有效引领了整个实验项目的实施进程。

2.2.2　策略 2：点面结合联动，上下视角协同

如果说规划课题研究给了北京市中小学数字校园实验项目前行的方向，那么具体落地的实践策略则生成了扎实前行的力量。在北京市中小

学数字校园实验项目推进过程中，由点到线再及面是始终坚持的实践策略。在个体实验校数字校园的方案及实践路径上，北京市教委提倡与学校办学特色结合，提倡"小而精"，不鼓励"大而全"；在阶段性的数字校园实践推进上，提倡选择典型、提炼模式、推广和宣传跟进；在实验项目自身的整体推进上，提倡分阶段选择典型，有成效地扩展推进；在各区数字校园发展上，提倡通过实验校带动，先试先行，由个体到批量。总之，实验工作的各个层面反映了这一策略的智慧。此外，在整个项目推进过程中，项目管理部门及各承担单位要善于把握"上下"关系，在整个项目推进上，上位规划先进，下位实践联动；在数字校园实验方案规律特征的呈现上，以批量化的个体方案为蓝本，通过文本分析，形成"统计特征"上位视图，揭示数字校园建设整体特征；在学校具体的数字校园实践方案上，北京市教委多次组织相关活动，包括方案评审、修订、考察、优化、交流、再审定等，整个建设方案形成过程"三上三下"（特别是第一批数字校园实验校的试点建设方案），反复锤炼，多方面研磨；在个体学校数字校园建设成效达成上，专家下校研讨指导与学校砥砺前行的实践相结合。总之，整个项目实施反映了教育信息化进入整合、提升期的内在特征及规律要求，迈开小步，勤于迭代，多域协同，做到了点面结合联动，上下视角协同。

2.2.3 策略 3：阶段发展推动，动态调优运行

由于中小学数字校园发展是信息技术在学校办学的全面系统化应用，涉及要素广泛，对学校、区市行政管理部门都具有挑战性，因此，北京市中小学数字校园实验工作采取了"阶段发展推动"的策略。北京市中小学数字校园实验项目启动时，确定了三个发展阶段，即"试点探索阶段"（2010—2013 年）、"模式建构阶段"（2014—2016 年）、"推广深化阶段"（2017 年以后），明确了上述发展阶段中数字校园实验校工作的阶段性目标，同时，将百所数字校园分为三批，即三个阶段：试点探索阶段（有 29 所学校）、模式建构阶段（有 38 所学校）、推广深化阶段（有 33 所学校）。伴随三个阶段，整个项目有策略地聚焦关键问题。在项目初期，在学校层面上的工作就是要顶层规划，科学实施，抓住特色，落地教育教学业务的核心，推动学校、企业深度合作，形成看得见、用得上、见成效的各种技术方案、软件系统及学校应用案例；在市、区层面

上，形成有效的项目管理机制、配套的项目服务、数字校园发展推动生态，实践上形成了项目监理机制及创新管理模式，先后颁布了《北京市中小学数字校园实验工作实施方案》《北京市中小学数字校园实验项目管理办法(暂行)》(京教财〔2012〕32 号)等规范性文件。在此基础上，北京市教委组织专家组开展阶段评估，提炼有效模式，总结深层次经验，以指导新一批数字校园实验校建设，并先后颁布了《北京市中小学数字校园实验项目评估指标体系(学校评估)》《北京市教育委员会关于进一步加强中小学数字校园实验项目工作的指导意见》(京教基二〔2014〕2 号)，对数字校园建设集约化，深度应用广泛化和常态化提出了更高要求。在此基础上，北京市教委就项目整体实施提出以云服务体系架构支持第三批数字校园实验校建设的发展性新思路，在案例分享、信息服务、系统建构等多个层面上构建云服务，支持实验校数字校园实验工作的开展，引领各区区域云平台建构，并为此发布了《北京市中小学数字校园云服务接入规范》《北京市中小学数字校园实验校信息技术应用水平评估指标》等文件。可以看出，整个实验工作是一个规划引领、动态调优运行的过程，是行动、总结、反思、优化的动态实践过程，呈现了阶段发展推动、动态调优运行的特征。

2.2.4　策略 4：案例深度挖掘，实践示范推进

基于数字校园实验工作的阶段性、动态性等特征，有效地实践智慧传播是最为重要的策略，而广大学校在案例写作、提炼、精化等方面需要指导和帮助。为此，在第一批数字校园三级验收工作完成后，在市区的组织下，协同跨专业的专家团队力量，每所实验校从"学校办学理念和特色、数字校园核心需求、数字校园优秀成果、存在的问题及后续思考、专家点评"五个方面进行案例撰写，充分呈现实验校建设与应用成果，体现信息技术与教育教学高度融合的应用效益。通过这些过程，北京市教委对实验校案例进行深度挖掘和总结，提炼出了来自 20 所学校的 42 个市级优秀成果，形成了"北京市中小学数字校园优秀成果集锦"(2014 年 10 月)，这些成果为推动北京市中小学信息化环境下的教育综合变革，传播数字校园实践智慧，提升后续数字校园实验校工作成效，起到了积极的推动作用，使后续学校能够站在更新、更高的起点上，并做到勇于创新，敢于尝试，大胆实践。

2.2.5 策略5：绩效评优引导，建设过程渗透

区别于先前的教育信息化建设，中小学数字校园建设是高起点、大投入的信息化项目类型，同时，也是北京市教育信息化发展进入整合、提升阶段后基础教育领域信息化首批重大探索性项目，其建设成效一直是该实验项目自始至终关注的重点。项目开始之初，就确立了以形成数字校园评估体系为重点工作内容，一方面，评估体系本身是项目成果，是新时期推动北京市教育信息化发展的指南；另一方面，项目通过生成、运用和优化评估体系，能够切合实际，追踪实践过程，"贴切地"评估数字校园建设成效，引领数字校园实践工作的指向性。因此，绩效评估贯穿于百所数字校园实验校建设的全过程，并通过评估指标体系框架的建立，突出数字校园实验项目业务引领，突出教育特色，在实验项目推进上，明确围绕评估体系达成目标，这是整个北京市中小学数字校园实验项目最为重要的环节。为把目标定"扎实"，把评估体系建"科学"，北京市教委开展了一系列调研与研讨活动，包括走访全市范围内部分中小学，召集由区信息化主管部门、教研部门、高校专家参加的座谈研讨活动等，从而在一定程度上保障了以评估体系具体引领数字校园实验项目的效果。北京市教委先后发布了《北京市中小学数字校园实验项目评估指标体系(学校评估)》《北京市中小学数字校园实验校信息技术应用水平评估指标》两个文件。从当前的评估指标体系框架来看，整体评估体系覆盖了数字校园建设与应用的全过程，既注重数字校园建设过程评估，也重视数字校园可持续发展、深化应用评估，保障了北京市中小学数字校园的长远可持续发展。

2.3 北京市中小学数字校园实验项目实施过程

2.3.1 北京市中小学数字校园实验项目实施过程概要

在北京市中小学数字校园实验项目启动后，北京市教委先后确定了

100 所中小学作为项目实验校，并分三批开展认定、建设及验收工作。其中，2009 年首批 29 所实验校于当年启动，2014 年前全部完成竣工验收；第二批 38 所数字校园实验校于 2012 年正式启动，2015 年前全部完成竣工验收；第三批 33 所数字校园于 2013 年正式启动，2017 年全部建成。数字校园实验校具体名单参见附录 4。100 所实验校分为三批建设，主要是实验工作推进策略选择的结果，因为这样做可以聚集市、区核心力量，更好地指导学校做好规划、找准方向、培育个体案例成果，有效避免盲目铺大求全，避免百所学校同步建设而造成服务不到位、成果不突出等问题。此外，三批分期建设可产生进阶递进效应，后者可有效借鉴前者工作中的经验，避免前者工作中的不足，并随着信息技术发展与教育教学的改革进程不断进化提升。其过程如图 2-1 所示。

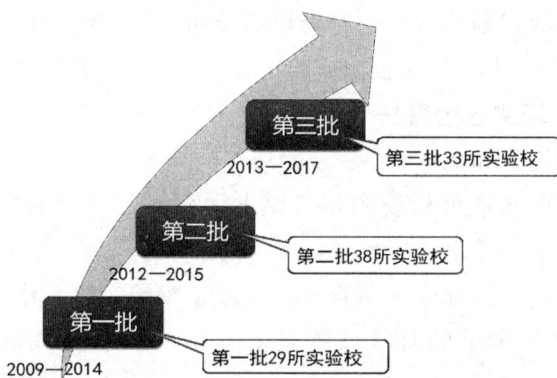

图 2-1　北京百所中小学数字校园实验项目实施过程

2009 年 7 月，为配合《北京市教育委员会关于开展中小学数字校园实验工作的通知》（京教基〔2009〕17 号）这一文件的出台，北京市教委组织召开了"中小学数字校园启动暨培训会"。会议意在从全市层面明确数字校园实验工作的目的、意义，介绍实验项目总体情况，部署下一步工作。各区教委主管领导、各数字校园申报学校校长参加了会议。在会议上，时任北京市教委副主任的郭广生同志在致辞中表示："进行数字校园的试点建设实验，就是要在推进中小学信息化工作均衡发展的同时，按照统筹规划、整合资源、加强服务、注重效益的原则，通过试点，创新模式，做出特色，把握新机遇，占领制高点，提升服务水平，引领教育发展。"

依据第一批数字校园实验工作的进程，为避免第一批实验工作中出现的问题，深化和优化推进第二批、第三批数字校园建设，北京市教委发布了《北京市教育委员会关于进一步加强中小学数字校园实验项目工作的指导意见》(京教基二〔2014〕2号)等文件。依据该文件的要求，数字校园实验工作迈上了新的台阶。

为保障实验工作有序开展，提高实验工作成效，北京市教委在《北京市教育委员会关于开展中小学数字校园实验工作的通知》(京教基〔2009〕17号)中明确了多方责任：

1. 数字校园实验的组织与管理

实验工作由北京市教委领导，由北京市教委基础教育处负责组织和协调，成立"北京市中小学数字校园实验工作专家组"，对实验校的选择以及建设方案的规划与实施进行全程指导和监督；组织相关部门工作人员成立"北京市中小学数字校园实验工作组"，负责项目日常工作。

2. 数字校园实验的责任分工

区教委的责任如下：

第一，按照北京市教委的相关要求做好本区实验校的推荐与初审工作。

第二，指定部门和专人负责本区的数字校园实验工作，承担与市级数字校园实验工作组的日常联络及对本区实验校工作的管理与服务工作。

第三，大力支持本区实验校的实验工作，为实验校的数字校园建设提供必要的政策与经费支持。

第四，做好本区中小学数字校园实验工作的统筹与监管，指导本区实验校在数字校园建设中，遵循相关管理规范的同时，努力体现本区特色。

第五，在中小学数字校园开展实验的基础上，研究制定本区数字校园建设的整体规划，逐步在全区推进数字校园的建设工作。

实验校的责任如下：

第一，组建由校领导牵头的数字校园工作小组，负责本校的数字校园规划(3~5年)、管理、实施及后期应用工作。实验校的数字校园规划与建设要突出学校办学理念和特色，注重以教育信息化促进学校教育现代化。

第二，整合学校已有及新建的信息资源与管理系统，为学校的管理者、教师、学生、家长服务，实现对学校核心业务的支撑与引领。

第三，数字校园软硬件建设要严格遵循国家、教育部及北京市教委颁布的教育信息化相关规范、标准及管理办法。

第四，数字校园建设应与市级重点应用项目相结合，如学校管理信息系统（CMIS[①]、课程管理系统、综合素质评价、办学条件管理系统）及学生卡的应用、市级资源平台等。

第五，共享数字校园实验项目成果（部分核心技术、管理制度、信息资源等），并允许在全市推广使用。

2.3.2　数字校园实验校的遴选与认定

中小学数字校园实验校的遴选，采取校级申报、区级初选、市级评审的规则，基本流程如图 2-2 所示，基本过程描述如下。

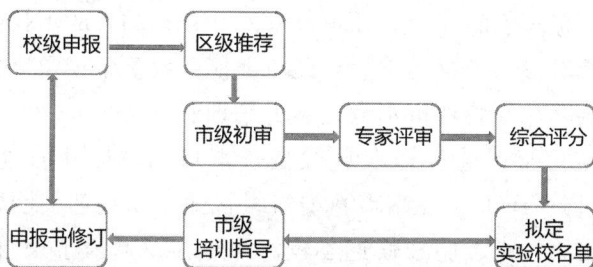

图 2-2　中小学数字校园实验校申报流程

第一，校级申报。各中小学填报《北京市中小学数字校园实验校项目申报书》，申报书由市级统一定制，分别从基本情况、建设目标、建设内容、重点任务说明、组织保障等方面进行阐述。

第二，区级初选。区汇总后，结合实际，由区教育信息化主管领导牵头，组织中学教育管理科、小学教育管理科、信息中心、研修学校等部门或单位，对各学校申报书进行初选，原则上初选与入围比例不得低于 3∶1。

---

① CMIS，Content Management Interoperability Services 的缩写，意为内容管理互操作性服务标准协议。

第三，市级评审。北京市教委首先对申报书进行初审，主要为形式审查，针对申报书材料的齐整度、政策依据、项目需求、必要性进行初审。初审通过后，组织召开专家评审会，专家组由区域信息化建设、教育教学、教育技术、项目管理、产品集成与研发等多领域交叉组成，学校主要负责人进行现场方案汇报并接受答辩。专家在合议后给出评审结论，并进行综合打分。最终，根据评审结论，拟定数字校园实验校名单。

第四，方案修订。确定实验校名单后，北京市教委组织不同层级、专题的培训会议，根据实际对各学校方案进行"一对一"指导，支持促进各实验校做好方案修订工作。

在实验校遴选工作过程中，在坚定数字校园建设方向的基础上，北京市教委充分发挥好各区、专家团队、有关部门的作用，尤其是在实验项目申报初期，部分学校由于经验不足，准备不充分，要点领会偏差等，所提交的方案不健全，这就需要各方协力，挖掘学校内在需求，提炼核心思路，梳理实施路径。评审及一对一培训的目的不仅仅是打分排名，而是使所有参与申报的学校借此机遇能够明确学校数字校园发展路径，有所收益，从而将评审本身延展为培训。

因此，实验校评选过程本身就是一个培训、提升的过程。例如，2010 年 9 月 15—16 日，北京市教委组织召开一期数字校园建设方案评审会，遴选出第一批实验校候选学校。评审会议邀请了来自高校、区、教研、信息化等部门的专家十余人，分为两个会场，对参与申报的 30 余所中小学进行逐一评审。经过申报初审、学校整体汇报、专家质询、材料查阅和综合评审等环节，初步遴选出了 29 所中小学数字校园实验校。一些申报方案特点鲜明，举例如下。

针对北京市第九十四中学（现更名为对外经济贸易大学附属中学）的方案，专家点评道：

> 从学校核心业务出发，按照每一种角色人员的教学活动和管理活动，提出了系统建设的目标和内容。

> 以项目模型、课程教学研究、有效分析为核心，构建了下一步数字校园的试点建设方案。方案思路清晰，服务对象明确，目标定位准确，业务模型突出。

学校信息化工作中建立了"统一业务模型——项目"的通用工作流,指导项目开发,并以"高三年级教学目标"项目为例,介绍了学校信息化研发流程。这个工作流程很务实,很有创新性,值得推广。

学校自主开发的"双基测验分析诊断系统"是一款专业的、符合新课程教育改革的学生学业评价系统。

针对北京理工大学附属中学的方案,专家点评道:

对学校现有信息化条件下存在的问题分析具体,使数字校园试点建设目标明确、针对性强。

数字校园建设整合与统筹的指导思想和方法策略明确,"整合原有系统"的方法,整体考虑并处理好各个不同系统间关系的思想很好。

所确定的设计原则有利于指导规划的设计与实施,有利于对实施情况的评价。

学校重视信息安全管理。

针对顺义区牛栏山第一中学的方案,专家点评道:

方案突出了农村寄宿制学苑小镇的学校特色,结合学校办学理念和办学思想,提出了该校数字校园由学园(教师、学生、学校成长中心)、乐园(运动、健康、娱乐中心)、家园(资源管理中心、家校通交流中心、生活服务中心)、公园(一卡通中心、校园文化中心、安全中心)四部分组成,并由十二个中心具体组成相应的结构和内容,紧密结合学校核心业务,很有创意和特色。整体规划结构清晰,总体设计体现了"以人为本""整合""开放"和"先进"的要求。

整个评选过程严谨、规范、扎实,专家对一期 29 所实验校方案进行了"三上三下"式的评审与优化。2010 年 9 月,北京市教委组织召开北京市中小学数字校园申报方案专家评审会,一批本领域内的权威专家学者对 29 所实验校的数字校园规划方案进行了点评。2010 年 11 月,北京市教委先后组织两场中小学数字校园建设培训会，包括中学组和小学组，以专家讲座和优秀学校规划案例分享的形式，围绕"如何制定合理的数字校园规划方案和如何建设数字校园"这一主题对 29 所实验校进行了培训。2011 年 3 月，北京市教委举行了北京市中小学数字校园实验校方案交流会，再一次组织专家对 29 所实验校修改过的方案进行评审。至此，每所实验校形成了较为成熟的数字校园规划方案。实验校签订数字校园建设任务书，承诺在规定时间内完成相关内容的建设，然后由北京市教委根据申请经费拨款资助实验校的建设。2010 年 11 月，北京市教委正式认定第一批 29 所中小学数字校园实验校，这标志着实验工作进入落实推进阶段。

经过上述流程的多轮次评审优化，数字校园实验校方案符合了实验精神。在数字校园方案评审过程中，北京市教委要求学校申报的建设方案严格贯彻北京市教委文件精神，体现北京数字校园实验工作的内涵，充分利用学校已有基础条件，围绕学校核心业务进行优化整合，整体提升学校信息化应用与服务水平，以更好地服务于学校的办学理念和特色，促进学校内涵发展。方案明确了以下要求：

第一，方案体系结构清晰，完整。有目标，有设计，有实施，有预算。重点突出，层次分明。

第二，方案中确定的数字校园建设目标明确、务实，能够体现学校的办学理念与特色。

第三，设计方案要包含现状分析、设计蓝图和建设要点。要紧扣建设目标，对数字校园进行总体规划，要有整体的设计蓝图，必要时增加蓝图中各部分的总体设计图，总体设计要体现"特色""以人为本""整合""开放""先进""务实"等文件要求。

第四，实施方案要包含技术要点与难点、实施计划和组织保障；要结合学校的实际情况，采用合理的技术方案；要考虑到人员、政策、制度、经费等各方面的保障措施，实施计划要细致可行。

第五，经费预算要科学合理。预算项目与规划的内容相对应，避免大规模的软硬件采购，充分考虑前期设计、后期维护培训、数据安全及整合方面的预算，避免重复性采购。

第六，方案中要充分考虑与市级重点项目的结合。关联北京市现有重点教育信息化类项目，如学校管理信息系统，包括 CMIS、高中课程管理系统、高中综合素质评价、办学条件管理系统等，以及学生卡的应用、市级资源平台，含北京市中小学数字图书馆等，避免重复建设。

第七，方案中要体现系统或数据层面的整合，要充分利用已有条件、系统，不能"凭空重建"或"推倒重来"。

第八，方案中所采用的技术方案务实可行，具有较好的拓展性和发展性。

第九，方案要遵循相关标准，要体现开放与共享，支持学校内部、学校与区域、学校与社会的交流与共享。

2.3.3　数字校园项目管理办法的出台

伴随实验工作的开展，其他关联性的文件相继出台。2012 年 11 月，为配合第二批 38 所数字校园的遴选与认定，以及第一批 29 所数字校园的试点建设实施，北京市教委联合北京市财政局颁布了《北京市中小学数字校园实验项目管理办法（暂行）》（京教财〔2012〕32 号），该管理办法紧密结合数字校园实验工作的管理需求，初步形成了一套全市范围内开展数字校园建设管理与推进机制，分别在资金使用、招标采购、建立制度、验收制度等方面形成了较为清晰的制度体系，并全面适用于北京市教委确定的百所数字校园实验校。该管理办法重点关注以下三项内容：

一是进一步明确了实验项目的组织管理。明确数字校园实验项目管理要按照"统一管理、分级负责、强化监督、提高效益"的原则，实行市、区、校三级管理体制。在此框架下，北京市教委负责制定相应的政策、技术标准、评估规范，对实验校进行审批。各区教委具体负责本地区实验校项目推进，做好本区实验校的管理与服务工作。各实验校负责本校数字校园实验项目的管理、实施及其后期应用工作。通过规范性文件将三级管理体制再次强调与确立，是强化数字校园实验项目规范性推进的重要举措。

二是首次从政府财政投资视角，规范项目经费的管理。明确提出项目所需经费应纳入市、区两级财政预算。按照市级总体规划，按批次对实验校给予经费补助，用于支持和引导项目实施。补助不足部分由区及学校根据实际需求和财力合理安排项目经费。进而明确了以市级财政投入为牵引，区级财政投入做配套，校级投入做补充的总体格局。此外，规定了经费申请、经费审批、经费用户、监理制度、经费跟踪等一系列工作规程，使各项操作流程清晰、透明，有依据。

三是对项目的验收与监督提出了明确要求。具体提出了三级验收的工作要求，即校级根据任务书内容，自行组织验收，区教委依据本地区财政、信息化有关规定组织区级二次验收，验收合格后，由北京市教委组织专家对实验校进行整体验收。三级验收是为了更好地履行三级管理责任，确保实验项目的完成质量。

综上，在数字校园实验项目第一批实施、第二批评审的关键节点，依据实践工作发展进程，北京市教委适时出台了数字校园管理办法，从项目分工与管理、政府投资与申报两个层面进行了规范，实现了在市级统筹下项目良性的发展态势，为各学校具体实施数字校园建设指明路径，做到有据可依。这一管理办法颁布后，同年12月，北京市教委完成了第二批38所数字校园的认定工作。

2.3.4　一期数字校园实验总结与反思

2013年年初，第一批29所数字校园实验校建设工作到了项目验收、评估阶段。第一批数字校园建设工作总体上形成了以下成果：

第一，各方力量通过合作，生成了一批具有代表性、能够反映学校信息化深化发展需求的中小学数字校园解决方案，并在实践中进行部署、应用、验证和优化。

第二，在实践中深化了数字校园建设的认知，各区、学校在数字校园建设内容、建设模式、推进方式、建设的艰巨性与复杂性等方面的认识显著提升。建设内容上从"硬件购置"向"软件应用"过渡，从"建设管理"向"融合教育教学主流业务"过渡；建设模式从"分散建设"向"区域统筹协同"过渡，从"单一部署"向"全局云模式部署"过渡。

第三，初步探索形成了一套全市范围内开展数字校园建设管理、推进的机制，在资金使用、招标采购、专家队伍、监理制度、项目管理等方面形成了较为清晰的制度体系，为数字校园推进机制的科学化、规范化奠定了基础。

第四，在教育教学主流业务方面开展了深入的信息化应用探索，如在 iPad 类平板电脑支持下的教育教学应用、互动反馈技术支持下的高效课堂、网络和多媒体技术支持下的教师专业发展（含备课、听评课、课例分享、校本资源等），有效带动了学校办学水平的提升。

第五，培育和涌现了一批对数字校园有深刻认识的校长、学校信息化主管、懂得信息技术教学应用的学科骨干教师，为全市、各区数字校园的深入应用和持续发展奠定了基础。例如，北京师范大学第二附属中学信息中心主任罗明勇老师就数字校园实验工作总结道："数字校园建设实践让我深刻体悟到其综合性与复杂性，涉及对学校文化的理解、教育本质与发展的探索、师生信息技术素养的培育与发展引领等方面，其建设不可能一蹴而就。只有遵循特定文化背景下学校的自身发展规律，瞄准数字校园建设的核心价值，才能有效推动数字校园向纵深方向发展。"罗老师的体悟代表了第一批深度参与到数字校园实验中的管理者、一线教师的心声，他们对实验工作的认可，也是推动这一挑战性工作前行的动力所在。

第六，形成了一批各具特色的数字校园解决方案，体现了不同阶段的数字校园建设模式变迁，从管理应用向教学应用核心迁移，从学校个体探索向区域整体联动，这其中包含了互动教学、自主学习、学生成长、教师发展等许多典型案例。

当然，数字校园实验工作在开展过程中，不可避免地呈现出了一些问题，如大家对数字校园建设内涵的整体认识存在差异，部分学校在实验初期会呈现出"大而全、重点不突出""重硬轻软""重管理轻教学"等实践现象，方案设计并没有与此次实验目的紧密耦合，游离于教学活动之外的"轻应用"较多，或者单纯依赖"技术驱动"，呈现"企业主导"等特征，这集中代表了此阶段基础教育信息化发展过程中建设和应用的普遍问题，也是后续实验项目力求化解、突破的难点之一。举一个例子，某中学实验项目设计伊始构建了该校数字校园体系框架，涵盖两个中心、四个基础库、六大平台，梳理十余个业务流程，延伸至管理与教学领域各个方面，也包含面向师生提供丰富的终端设备。就该学校的方案设计而言，学校全面地规划校园信息化支撑环境，但问题是照顾了实施全局，却忽视了核心的切入点。在有限的实验期当中，找到"痛点"，精准打击，逐步延展，是实验工作所倡导的。实验项目目标中所提及的"典型案例"，可以是解决学校教育改革进程中的问题，或者是聚焦某一个具体环节的"案例点"。比如，在学生学习情况诊断过程中的应用，或在校本教师研修当中的应用等，注重的是案例深度，而非广度。

此外，在实验过程中我们也发现，学校信息化规划能力、管理能力和实施能力有待提升，学校由于受专业能力、资源条件等的制约，存在着依靠企业产品引导数字校园构建思路的现象，管理上并不抵触和排斥企业，且要适度推广经过市场检验、技术规格较高、符合学校业务实际的信息化系统产品。但任何信息化产品、装备的应用都不能忽视学校规划和办学理念，更不能忽视学校自身的核心诉求，不应当形成由产品导向的数字校园发展需求观。

再有，数字校园建设机制需要进一步健全和完善，需要发挥区教育部门的主导作用，细化实验校的工作责任，保障数字校园运行长效机制，消除低水平重复建设的现象，推动数字校园建设向着整合、集约的方向发展。在这些方面，数字校园实验工作依然有很大的提升、改进空间。

以上就是第一批数字校园实验工作所呈现的整体特征。为总结、提炼一批数字校园工作成果，克服实验工作中所存在的问题，2013 年 11 月，在第一批 29 所中小学数字校园实验校开展市级验收之际，《北京市教育委员会关于进一步加强中小学数字校园实验项目工作的指导意见》（京教基二〔2014〕2 号）的编制工作同步启动。

2.3.5　推进全市范围不断强化的政策性指导

2014 年年初，数字校园实验项目第一批实验校陆续完成了验收工作，为总结推广阶段性经验与做法，解决推进过程中各区、学校遇到的共性问题，结合第一批实验校的实施经验，北京市教委编制印发了《北京市教育委员会关于进一步加强中小学数字校园实验项目工作的指导意见》（京教基二〔2014〕2 号）。该意见是全市数字校园实验校工作从"试点探索阶段"迈向"模式建构阶段"的重要成果，是全市数字校园实验工作向深化发展方向迈进的标志，其目标是引领数字校园建设方向、规范管理、突出效益，将数字校园实验工作转为常态化的项目，推动形成市、区级教育信息化平台建设与学校教育信息化特色建设统筹融合的建设格局。

该意见集中回答、诠释了实验项目开展过程中各区、学校普遍关注的许多"如何"问题，包括"如何做好建设规划""如何确立建设重点""如何加强应用推进""如何加强整合意识""如何均衡资金投入"等，全面系统地论述了数字校园要解决的关键问题以及实现途径。为了呈现这一阶段的工作思考，下面对相关内容进行介绍。

1. 如何做好建设规划

数字校园建设工作在把握建设原则的基础上，进一步从以下方面入手，做好数字校园的试点建设规划。

一是制定科学的数字校园建设规划，根据学校办学特色与总体发展需求，制定数字校园可持续的发展规划。规划是数字校园建设的基石，是设计、建设、应用、评估和发展数字校园的总纲，各实验校要在结合学校办学特色和办学方向的基础上，厘清学校信息化建设的整体现状，对基础环境、应用系统、资源积累、业务应用和学校信息化能力等方面进行全面分析，进而提出学校信息化建设的整体思路、发展路径、推进方式、重点和特色、组织与保障，并从数据、功能、流程、应用体验等多个层次综合选取软件架构及技术路线。

二是开展多方参与的业务驱动需求分析。数字校园设计要通过需求牵引，做规范的业务需求分析，特别是在重点和特色应用方面，要发动广泛的参与，要让学校管理者、教师、业务部门工作人员、学生、家长等各种角色人员参与需求表达，尤其是加强、重视学科教师的参与，充分调动学科教师参与的积极性，并通过教育与技术类复合型的教育技术人才，将非系统化的需求表达转换为系统、规范的需求分析，并在具体实施方案中将业务和技术融合起来，避免"两张皮"现象。

三是根据业务需求采纳企业的技术与解决方案，处理好学校业务需求与企业解决方案之间的关系，并以需求为基本依据来决定方案的采用。数字校园建设的责任主体是学校。企业是教育信息化研发投入的重要参与者，是技术路线的提供者，是教育信息化产品和服务供应的主体，要营造开放灵活的合作环境，推动校企之间、区域之间和企业之间的广泛合作，推动企业技术创新，提升企业服务水平。学校要努力提升自身信息化水平，加强与企业的协作，培养对企业的有效掌控能力，做到与企业"在技术上同等对话"，加强对需求把控的水平，通过专家咨询、原型系统验证、优秀方案和特色应用推介、规范化软件工程文档管理等方式增强学校与企业协作的能力。

2. 如何确立建设重点

在具体落实建设规划的过程中，各实验校应按照"统筹规划，分步实施"的要求，从以下方面着手确定本校数字校园的试点建设重点。

一是着力发掘特色应用。特色应用是反映学校办学方向、彰显学校办学特色、承载学校发展理念、紧密契合学校工作重点的应用，拥有复合特征的功能需求，具有常态化应用的可行性、行政推动的可控性、业务迁移的可实施性。实验校要以特色应用为抓手，谋求信息技术与教育教学过程的深度融合，有限目标，重点突破，以特色应用为数字校园建设与应用的关键纽带，先点再面，逐步推广，提升学校信息化能力。

二是深化信息化教学。中小学教育信息化的主阵地是课堂教学，数字校园应该建设新型的智能化教室环境，多渠道整合应用优质数字教育资源，支持教与学方式的转变，促进知识传递性教学范式整体转型为认知建构性教学范式，以信息化引领教与学方式的创新。整合现代教学装备条件，综合、有效应用媒体及信息技术环境，实现教学目标的高效达成、认知目标的有效实现和差异化教学的可行实施。在支撑交互式高效课堂、丰富的知识呈现方式、创新的教学评价方式等方面打造高可用性业务系统。深化信息化教学各类辅助系统建设，建构高可用性学科化校本资源库，支持教师整合、应用、优化校本资源环境（如学科系统化微课），推动教研、教学和生成性资源联动的信息化应用环境的发展。

三是推动数字化学习和学生成长。教师要关注学生数字化学习体验，重视将技术作为认知工具的使用方式，有意识地引导学生利用信息技术获取信息、加工处理信息、探索问题、解决问题和建构知识的意义，利用信息技术进行自主学习和协作学习。开展基于项目的学习、研究性学习、一对一学习（移动学习），提供数字化学习环境，满足学生多样化、个性化学习需求，使学生在获取学科知识、培养能力的同时，提高信息技术应用能力。满足中小学生身心发展要求，打造学生身心健康发展的互动与服务环境，促进学生的健康成长。

四是推进面向信息化的教师专业发展。各实验校根据教师专业发展规范提供多样学习机会，包括在线学习课程及混合学习课程；提供适应不同水平教师的教育技术能力学习、培训资源与培训活动支撑服务；提供教科研数字资源服务；提供教师培训课程资源服务；提供教科研网络社区服务；提供针对学科内容互动交流的服务；提供跨校区域互动交流、互动评价服务；提供跨校区域协同备课服务；提供教师专业发展的成长档案袋服务。基于教师档案为教师提供个性化发展方案，使教师能够借助网络便利地获得同事、领导、专家对具体教学过程、教学设计、教学资源等方面的指导与支持。建设备课、教学贯通的教学系统，使教师能够便利地获取、加工和集成教育教学资源，并能利用它们为学生创建恰当的学习环境。

五是推广高效管理类应用。管理类应用是数字校园建设中的重要业务类型之一，各实验校要总结和提炼已有中小学数字校园建设的成功经验，梳理成熟的管理类应用及模块加以标准化和规范化，并将这些应用在学校切实地加以推广，谋求实现常态化应用，务实推动广大师生信息化应用的行为和习惯养成。各实验校结合校情，优先推荐发展以下高效管理类应用，包括沟通交流类(如即时通信)、办公类(如 OA[①]、校历、通知、调查问卷等)、效率提升类(如排课系统、试题分析和试卷统计等)、日常服务类(如工资推送、报修、办公用品领用等)等应用。

3. 如何加强应用推进

推进系统应用是确保数字校园建设成果发挥长期效用的关键。首先，要坚持持续有效的应用，推动应用常态化。各实验校结合学校实际情况，积极稳妥地推进数字校园各类设施、资源和系统的有效应用，确立科学的推进路线，发掘有效的推进策略，形成合理的保障措施，制定积极的评价制度，聚合行政、教研、教学及学校常规业务诉求等各类资源，推动全体师生信息化应用习惯的养成，发挥数字校园各类系统的潜能。其次，聚焦高效课堂、有效教学及学生学习，推动教与学方式变革。教学应用是数字校园建设的核心指向，学校要鼓励和倡导一线学科教师积极参与数字校园建设，并围绕高效课堂、有效教学等现实诉求推动资源、数据、软件及服务的发展，积极吸纳新技术，以高可用性的技术系统和资源服务打造高效课堂的支撑基础，以学科教师广泛参与优化、融合创新技术要素的系统和服务实现技术与教育教学的双向融合。加强校本生成性和创生性资源建设，整合、优化各类外部优质资源，建构面向学科的校本资源服务，促进资源动态化建设和常态化应用，促进

---

① OA，Office Automation 的简称，即办公自动化。

有效教学和教学创新；提倡生成教师参与的学习环境（如关联学科课程的系统化微课），推动校本课程的网络化，为学生提供多元的数字化学习体验，推动学习方式变革。最后，打造以教研、课题引领的教师专业发展氛围，推动数字校园建设持久化发展。信息化环境下的教与学是一个创新的实践过程，是教与学关系重塑、教学流程重构、评价方式变迁的过程。要加强教师的协同化教研，增强专家的专业化引领，推动新技术应用的研磨。坚持以教研推动、科研课题联动，通过参与高校专家的教育研究课题、学校独立承担的各级科研课题、学校自设的内部科研课题等多种途径，围绕学校教育教学中的难题开展多层次、多方面的技术应用研究，深化认识，培养意识，提升能力，推动数字校园建设持续深入发展。

4. 如何加强整合意识

整合是提升系统整体效果的重要手段。在实施过程中，各实验校的首要任务是建设开放整合的数字校园。数字校园建设要强调开放性、可扩展性和可持续性。加强数字校园建设中数据、功能、系统和安全接入等层次的开放接口规划，明确对实施企业在承担数字校园过程中开放接口及其规范的要求。积极关注和利用来自数字校园建设过程中关联的其他系统和平台所供功能接口，加强开放性对接与整合，减少建设投入，提高建设成效。另外，各实验校要加强整合，充分利用市、区级公共服务，充分应用市、区已有资源、平台、系统及服务，提升数字校园建设成效的集约性。原则上，对于市、区两级已有的信息化软硬件基础设施，学校不得进行重复采购和建设运维。强化各类数据及系统功能的互联互通性。要充分利用北京市教委提供的数据交换接口，保证 CMIS 数据的规范性、一致性，并及时进行维护更新。建立数据资源交换接口，增强对市级资源平台的引用及回馈能力。整合应用各类市级课程视频、学习资源、在线学习、社会交互等服务，提升公共优质资源服务的辐射能力。大力提倡市、区级公共服务平台的建设、使用和发展，提升数字校园建设成效。最后，要转变观念，整合应用商业化的各类服务。数字校园建设要能够集成外部云平台提供的各类服务，将其进行有机集成，创新建设思路，探索建设方式，变"建"为"用"，有意识地进行机制创新，购买、整合来自商业的各类服务，加速推动教育信息化建设的社会服务生态建构，推动教育信息化商业化服务的专业化、协同化和持久化，加速教育信息化服务环境创新。当前，数字校园建设处在国家教育信息化新的发展进程中。在"三通两平台"等重大工程任务的推动下，国家层面推动的网络环境改善、教育管理数据体系建立、资源服务的优化、学习空间的生成等工作，将产生新数字资源生态、新形态的教与学的公共服务。数字校园建设要关注、对接、整合来自这一进程的资源与服务，提升数字校园建设的质量。

5. 如何均衡资金投入

在数字校园资金投入方面，各实验校需要制订预算计划，精打细算，树立数字校园建设成本分析和核算意识。信息时代下，服务化已成为信息技术发展的基本特征，从基础设施、服务平台到应用系统，推动着信息化建设与实践的新的成本观和绩效观。数字校园建设应结合区情、校情分析，有效整合、使用各类服务化元素，要关注投入产出比，要在总体使用成本和总体拥有成本分析基础上提升数字校园建设绩效。应综合考虑以建立数字校园可持续发展的机制，在计划、建设、应用、管理、运行、培训等方面持续投入经费。要结合实际和不同建设阶段的需求在上述数字校园建设要素中安排合理的投入比例，不能只关注硬件投入而忽略软件应用系统的投入。

正是在《北京市教育委员会关于进一步加强中小学数字校园实验项目工作的指导意见》（京教基二〔2014〕2 号）的引领下，第二批数字校园实验校项目取得了区别于第一批的差异化发展，信息技术呈现出深度切入教育教学过程的特征，并在教育数据的积累与应用等方面呈现了有效案例。与此同时，区级层面上开始出现了以区整体推进数字校园建设的实践案例，数字校园实验工作明显地迈上了新的台阶。

2.3.6　充分发挥市级业务支撑与引领作用

在整个数字校园实验项目推进过程中，北京市教委、北京教育网络和信息中心充分发挥了支撑与引领作用。截至 2017 年 10 月，第一批和第二批数字校园中的 67 所数字校园已进入常态运行阶段，第三批数字校园的 33 所学校正在验收，数字校园实验工作告一段落。在整个项目实施的过程中，在北京市教委的领导下，北京教育网络和信息中心发挥了积极支撑与有效引领的作用。

1. 编制指导文件和管理办法，引领业务方向，规范建设过程

在数字校园项目启动伊始，北京市教委陆续发布了《北京市中小学数字校园实验工作实施方案》、《北京市中小学数字校园实验项目管理办法(暂行)》(京教财〔2012〕32 号)、《北京市中小学数字校园实验项目评估指标体系(学校评估)》等指导性文件，并根据项目推进情况，适时发布了《北京市教育委员会关于进一步加强中小学数字校园实验项目工作的指导意见》(京教基二〔2014〕2 号)、《北京市中小学数字校园实验项目验收细则》(京教办函〔2013〕35 号)等文件，做到规范工作过程；为满足新的工作内容和要求，近年又陆续发布了《北京市中小学数字校园云服务接入规范》《北京市中小学数字校园实验校信息技术应用水平评估指标》等文件。上述文件的发布为数字校园实验项目的统筹化、科学化和规范化管理奠定了坚实基础。

2. 提供专家级咨询指导，为学校答疑解惑，提供引领

为提升数字校园建设过程中的专业化咨询水平和理论高度，北京市教委精心筛选、组建了市级专家库，通过现场交流会、专题培训会、在线论坛、现场指导、材料评审等多种方式，为数字校园参与学校答疑解惑，其中既包括对区、校顶层设计层面的宏观建议，也包括具体环节、步骤的技术指导。同时，由专家组牵头开展学校成果梳理和模式凝练，为数字校园示范引领和推广应用提供了关键指导。

3. 广泛开展成果宣传推广，促进经验知识交流传递

为发挥实验校成果的"示范引领"和"辐射带动"效应，北京市教委组织专家开展了系统性成果提炼梳理和总结凝练，形成了一套能够充分彰显首都教育信息化特色的数字校园典型案例体系，并制作了宣传视频、宣传册、应用集锦、案例教材等系列成果集，促进了经验成果的交流共享，充分展现了数字校园的集成效益。

4. 搭建云服务技术平台，支撑实验校共性需求

针对数字校园建设中的共性技术和数据需求，北京市教委建立了数字校园云服务平台(v. bjedu. cn)，面向全市提供班级微空间、移动听评课、会议活动站等服务，满足了学校共性需求，实现集约化供给。截至2017 年年底，市级数字校园云服务平台各类应用累计访问量达 300 万次。校园微调查、会议活动站、移动听评课等新推出的服务进一步满足了学校多样化需求，提升了市级基础服务水平。

5. 依托市级应用访问监测平台，建立应用情况大数据量表

信息化应用访问监测平台提供了各实验校应用系统访问情况的数据采集机制，可动态掌握各个信息化应用使用情况。目前该平台已接入百所数字校园实验校近 1000 个应用系统，每日采集的系统访问量约 10 万次，高峰时期约 60 万次，上线以来，累计数据访问量 2.4 亿条。这些数据成为评价各个学校应用系统使用情况的有力支撑，也为实验校下一步推动信息技术融入教育教学提供决策数据支撑。

当前，北京市教委继续发挥市级业务引领作用，对已建数字校园学校(特指第一批、第二批)进行应用深化及进一步发展指导，同时，建立健全市级数字校园信息化服务体系，推动各区在数字校园发展方面前行，为各实验校提供全方位支持。

2.4 北京市中小学数字校园实验项目进展事件及描述

为全程再现北京市中小学数字校园实验项目的发展过程，以给其他地区推进中小学数字校园和智慧校园建设提供参考和借鉴，笔者特将数字校园实验项目实施过程中的关键事件以年度方式描述如下：

2.4.1 2009 年

2009 年 6 月，北京市教委发布《北京市中小学数字校园实验工作实施方案》，提出实验目标、要求，明确职责分工和实施步骤。

2009 年 7 月，北京市教委启动中小学数字校园实验校项目，召开北京市中小学数字校园实验项目启动会，鼓励区和学校积极参与数字校园实验探索。

2.4.2 2010 年

2010 年 9 月，北京市教委召开数字校园建设方案评审会，遴选出第一批实验校候选学校。

2010 年 11 月，北京市教委完成第一批 29 所数字校园实验校的认定工作，数字校园实验工作进入具体落实阶段，并多轮次地开展培训与指导等工作。

2.4.3　2012 年

2012 年 5 月，北京市教委召开第二批数字校园实验项目工作启动会，各区学校积极参与。

2012 年 12 月，北京市教委联合北京市财政局颁布了《北京市中小学数字校园实验项目管理办法（暂行）》（京教财〔2012〕32 号），为实验工作推进提供政策依据。

2012 年 12 月，北京市教委完成第二批 38 所数字校园实验校的认定工作，数字校园实验工作进入"模式生成"的发展阶段。

2.4.4　2013 年

2013 年 4 月，北京市教委召开第一、第二批数字校园实验校建设方案培训会，指导各校编制建设方案，与此同时，成立了跨专业背景的市级专家咨询团队。

2013 年 7 月，北京市教委发布《北京市中小学数字校园实验项目验收细则》（京教办函〔2013〕35 号），进一步明确市、区、校三级验收要求，健全数字校园项目管理制度体系。

2013 年 9 月，北京市教委召开第三批实验校工作启动会，再掀数字校园实验项目浪潮。

2013 年 11 月，北京市教委完成第一批数字校园实验校验收工作，完成第三批数字校园实验校的认定工作。中小学数字校园实验项目进入"深化推广"阶段。

2013 年 12 月，北京市教委召集第二批实验校工作会，针对数字校园建设规划、项目管理等方面进行培训。

2.4.5　2014 年

2014 年 1 月，北京市教委发布《北京市教育委员会关于进一步加强中小学数字校园实验项目工作的指导意见》（京教基二〔2014〕2 号），强化以人为本、应用导向、机制创新、深度融合、集约推进的工作原则和注重业务导向等建设要求。

2014 年 3 月，北京市教委召开第一、第二批实验校工作会，引导实验校围绕办学理念、特色，聚焦课堂开展并深化实验工作，强调市区集约推进数字校园工作。

2014 年 6 月，北京市教委发布《北京市中小学数字校园实验项目评估指标体系（学校评估）》，引领中小学从注重数字校园建设向注重规划、应用、效益等方面转变。

2014 年 7 月，北京市教委启动第一批实验校建设与应用评估，以评促建，以评促用，全面带动全市中小学数字校园建设工作。

2014 年 10 月，北京市教委召开第一批实验校建设与应用评估现场会，向全市直播学校汇报和专家点评过程，产生良好的引领、培训和示范效应。依据数字校园项目评估指标体系，完成了对第一批数字校园实验工作的评估。

2014 年 11 月，北京市教委发布"北京市中小学数字校园实验成果展示交流平台"和《北京市中小学数字校园建设与应用实践》《北京市中小学数字校园优秀成果集锦》等成果宣传材料，带动全市中小学信息化全面发展。

2014 年 12 月，北京市教委完成"数字校园星级学校"的评定工作，使星级学校的优秀成果得以在全市推广。

2.4.6　2015 年

2015 年初，北京市教委对第一批实验校优秀成果进行总结提炼，对数字校园实验成果进行提炼与宣传推广，并通过编制各类图文、视频宣传材料在全市范围内宣传推广。在对第一批实验校成果总结提炼的基础上，围绕"教与学、学生成长、教师发展、校园管理、教学互动、校际协同、资源建设"等多个方面形成了 19 种典型创新教育教学模式，这些创新模式为我市基础教育改革积累了宝贵的经验。北京市教委把这些经验在全市进行推广，发挥了实验校的示范带动作用。

2015 年 3 月，北京市教委召开"北京市中小学数字校园应用成果阶段总结暨交流研讨会"，对第一批数字校园实验工作成果进行了总结和表彰。北京市教委李奕委员出席会议，北京市教委相关部门、区教委、百所数字校园实验校参加了会议。北京市教委会上总结了数字校园工作建设历程、取得的成果以及下一步推进思路，并依据第一批实验校评估结果对实验校进行年度数字校园星级学校评定。表现突出的星级学校在会上分享了各自的优秀成果及经验。李奕委员在会上发表讲话，充分肯定了数字校园实验项目5年来所取得的成绩，并要求各校在下一步工作中继续总结经验，转变思路，强化创新，强调数字校园发展要重点关注学生作为教育消费主体的实际获得。

2015年3月，北京市教委召开"第三批数字校园实验项目工作启动会"。大会邀请第一批优秀实验校代表分享了数字校园建设经验，并对第三批数字校园实验项目工作进行了细致安排，开展了相关业务培训。

2015年6月，北京市教委开展第三批实验校的任务书评审工作，对第三批实验校的建设内容及建设方向给予了明确的指导，帮助实验校提取出建设重点及建设亮点。

2.4.7　2016年

2016年3月，为发挥实验校成果的"示范引领"和"辐射带动"效应，北京市教委开展第二批实验校成功征集活动，组织专家开展了系统性成果提炼梳理和总结凝练，形成了一套能够充分彰显首都教育信息化特色的数字校园典型案例体系，促进了经验成果的交流共享，充分展现了数字校园的集成效益。第二批实验校成果凸显出"混合课堂模式助力信息技术生根教与学""教师研修和资源建设逐步融入教与学""协同办公推动集团校管理效率大幅提升""多元协作成为数字校园领域的联合军""大数据分析、数据体系建设先行"五大特点。这些成果为全市基础教育改革信息化成果积累形成了宝贵的经验。

2016年5月，北京市教委在北京师范大学附属实验中学组织召开"2016年度中小学数字校园星级学校评估工作部署暨应用培训会"，全市各区教委中小教科及区信息化主管部门以及全市100所中小学数字校园实验校校长参加本次会议。会上，北京市教委发布了《2015年度基础教育信息化发展报告》，并对2016年基础教育信息化工作进行了部署。

会议重点对全市数字校园实验校自 2015 年取得的新一轮阶段性成果进行了总结、分享，凸显了各学校在围绕教与学、学生成长、教师发展等几个方面产生的丰硕成果。同时，会上正式启动了 2016 年度数字校园星级学校评估工作，并部署了相关要求。

2016 年 6 月，为进一步巩固数字校园实验项目成果，北京市教委启动了"2016 年度实验校应用评估与星级评定"工作。评估对象涵盖第一、第二批共 61 所实验校，分六个环节开展，经过前期学校自评、区级选送、专家预评，以及现场评估、师生满意度调查后，由专家组综合评议形成最终结果。共评定五星级学校 21 所、四星级学校 21 所、三星级学校 19 所。评估工作以《北京市中小学数字校园实验校信息技术应用水平评估指标》为依据，围绕信息化与"教与学"核心业务的深度融合，从信息化"应用情况""实际效益"和"持续发展水平"三个视角切入，以常态化支撑水平和融合创新能力为核心考察点，开展对 31 类指标的量化打分和综合考评。

2.4.8　2017 年

2017 年，北京市教委开展第三批数字校园验收及验收后的推广工作、数字校园实验校工作总结以及数字校园实验项目后续规划工作。

第 3 章　北京市中小学数字校园总体框架与服务体系

3.1　数字校园总体框架

3.1.1　总体思路

随着数字校园实验工作的逐步深化，市级依托第一批、第二批实验校工作成果，开展了深度梳理、分析总结和统筹引领，推动了"北京市中小学数字校园云服务平台"的建设运行，促成了市级数字校园发展总体框架的初步形成。该框架可以概括为"一个目标、七大创新、五层架构、两大保障"。其中，数字校园的"五层架构"包括基础层、资源层、支撑层、应用层、服务层，"两大保障"为标准规范与管理体系和创新模式体系。基于数字校园五层架构体系和两大保障体系，北京市教委围绕教与学、学生成长、教师发展、校园管理、教学互动、校际协同、资源建设等方面逐步建设一系列典型创新应用，最终实现由市、区提供基础服务，实验校开展特色建设和创新应用的"市区做基础 ＋ 学校做特色"双轮驱动数字校园服务体系。北京市中小学数字校园总体框架如图 3-1所示。

1. 五层架构体系

北京市中小学数字校园五层架构体系包括基础层、资源层、支撑层、应用层和服务层。具体如下：

（1）基础层

基础层主要是指北京市现有的主机设备、存储设备、网络及安防和其他存储设备，为北京市中小学数字校园提供基础支撑。目前，北京市中小学已达到标准办学水平，基础设施服务体系完备，全市基本覆盖了万兆骨干环网与互联网，各级资源或服务平台主要通过北京市教育主干网或互联网联通。

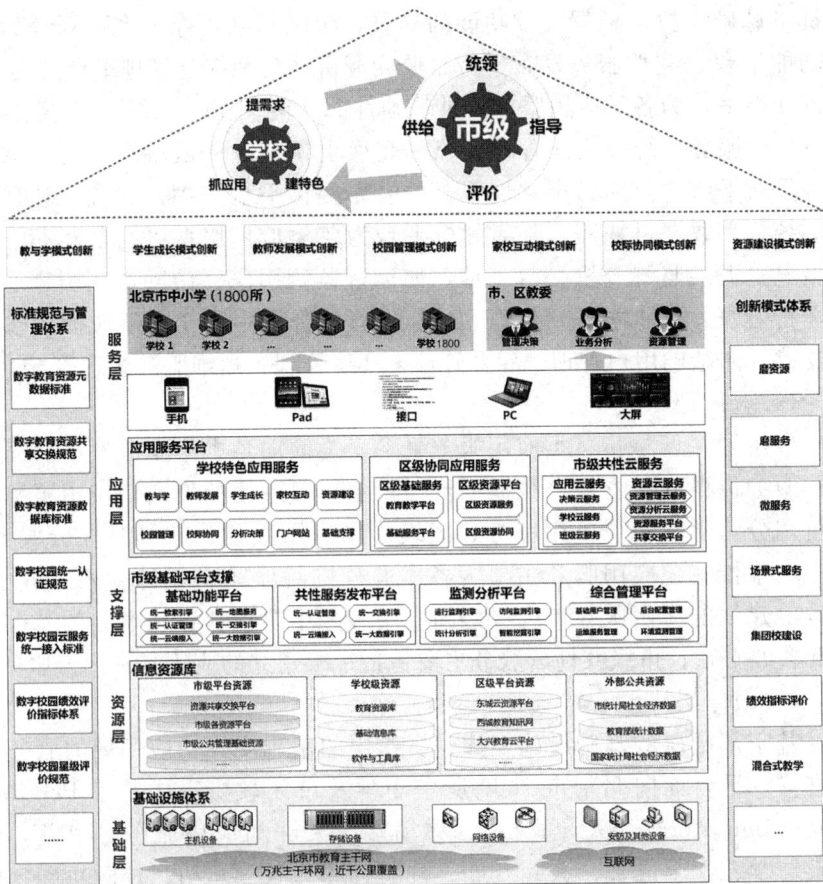

图 3-1　北京市中小学数字校园总体框架

（2）资源层

资源层主要是指信息资源库。根据来源不同，信息资源库可划分为市级平台资源、学校级资源、区级平台资源及外部公共资源四类，为各类基础平台及应用服务平台提供资源基础。其中市级平台资源主要为市级建设的平台资源，如市级资源共享交换平台、市级公共管理基础资源平台等；学校级资源主要为各学校独自建立的资源库，如教育资源库、基础信息表、软件与工具库等；区级平台资源主要为各区级建立的资源库；外部公共资源主要为基础平台或应用服务平台的其他资源，如市统计局数据、教育部统计数据、国家统计局数据等。

（3）支撑层

支撑层主要是指市级基础支撑平台，为中小学数字校园各类应用服务提供基础支撑。根据支撑功能的侧重，市级基础支撑平台可划分为基础功能平台、共性服务发布平台、监测分析平台和综合管理平台。其中，基础功能平台为各类应用服务提供基础性的功能支撑，如统一检索引擎、统一地图服务、统一认证管理、统一交换引擎、统一云端接入等；共性服务发布平台主要为各类共性服务的发布提供平台支撑，如统一认证管理、统一大数据引擎等；监测分析平台为各类应用服务平台的运行、访问情况等提供监测分析平台支撑，如运行监测引擎、访问监测引擎、统计分析引擎、智能挖掘引擎等；综合管理平台为中小学数字校园提供管理支撑，如基础用户管理、后台管理、环境管理、运维服务管理等。

（4）应用层

应用层主要是指各类应用服务平台，为面向各中小学校及市、区教委的服务提供基础支撑。根据平台建设主体及应用的不同，应用服务平台可划分为学校特色应用服务、区级协同应用服务、市级共性云服务。其中，学校特色应用服务主要为各实验校围绕学生、教师、教育教学、学校等建立的应用服务；区级协同应用服务主要包括各区建立的基础服务和资源平台；市级共性云服务主要包括市级建立的应用与资源云服务。

（5）服务层

基于基础层的基础设施支撑、支撑层的基础支撑、应用层的服务平台支撑，平台面向北京市 1800 所中小学及市区教委提供基于 PC（Personal Computer，个人计算机）、移动端、大屏的应用服务，由此，形成教与学、学生成长、教师发展、校园管理、教学互动、校际协同、资源建设等方面的创新应用，实现"市区做基础＋学校做特色"的双轮驱动服务体系。

2. 两大保障体系

北京市中小学数字校园的"两纵架构"包括标准规范与管理体系和创新模式体系。具体如下：

（1）标准规范与管理体系

通过建立数字教育资源元数据标准、共享交换规范、数据库标准、统一认证规范、接入规范、评估规范等一系列数字校园标准规范与管理体系，北京市教委为中小学数字校园的试点建设提供规范保障。

北京市通过调研国内外数字校园相关文献，咨询国内、国际知名企业区域云服务模式技术架构，开展北京市中小学教育云服务分析及基础架构需求分析与风险分析等，最终编制了《北京市中小学数字校园建设指南》，具体包含中小学数字校园建设总则、中小学数字校园顶层设计框架、中小学数字校园建设模式、区域推进下的数字校园建设整体设计与实施策略等。在标准规范的建设方面，北京市教委编制了《北京市数字校园基础设施建设内容规范》《北京市数字校园应用系统建设内容规范》《校园信息化基础设施技术规范》《软件系统及开发技术规范》《项目管理规范》《运维管理与服务规范》，在数字校园的建设内容和相关技术方面进行了规范。同时，北京市教委编制了《北京市中小学数字校园分级标准》《北京市中小学数字校园建设评估规范》《数字校园应用效果评估质性分析系列量表》以及《北京市中小学数字校园评估规范解读》，为北京市数字校园建设的分级评估工作提供了规范指导。

（2）创新模式体系

通过建立磨资源、磨服务、微服务、场景式服务、集团校建设、绩效指标评价、混合式教学等创新模式体系，北京市教委为中小学数字校园的建设提供创新保障。

北京市在推进资源共享交换工作中，探索"磨资源"服务推广模式，旨在解决资源到教师的"最后一公里"的问题，帮助教师解决使用资源过程中的各类技术支撑和服务的问题。具体地，以课程为主线，引入"资源＋平台＋服务"相结合的模式，基于共享平台和现有数据资源，定制开发和引入中小学课件制作工具，由技术人员给予辅导和支持，共同研究，反复打磨精品资源，提升教师资源运用能力。同时，为有效衔接市级服务和学校已有应用，提出"磨服务"思路，探索与学校"共建"的服务模式。

3. 七大特色创新模式

北京市中小学数字校园基于基础层、资源层、支撑层、应用层、服务层五层架构体系和标准规范、管理体系创新模式两大保障，围绕着教与学、学生成长、教师发展、校园管理、家校互动、校际协同、资源建设等方面逐步建成一系列创新应用，最终实现双轮驱动的服务体系。

（1）教与学模式创新

北京市中小学数字校园提出以教育教学为核心，充分利用校内校外资源，有机连接教师、学生、家长、学校等主体对象，强调突出学生主体地位，以学生发展为中心，不断引导学生自主学习、个性化发展，鼓励教与学模式的不断创新。

（2）学生成长模式创新

从学生成长角度出发，北京市中小学数字校园注重提升学生交流技能、团队能力、综合能力等，倡导创新学生成长模式，并在此模式下，引导各实验校发展特色应用，创新学生成长模式。

（3）教师发展模式创新

北京市中小学数字校园注重学生成长，不断把传统师生教与学的关系转变为教师有效引导、学生自主学习的模式，注重培养教师个性化发展，提升教师专业化能力，充分利用信息化技术促进教师信息化应用水平的提高。在此模式下，鼓励北京市中小学不断创新教师发展模式，并逐步建成一批能够引导教师发展的特色应用。

（4）校园管理模式创新

在以教育教学为核心，注重学生自主发展与教师能力水平提高的同时，北京市中小学数字校园强调校园管理模式的不断完善，鼓励实验校有机整合教务和教学工作，打造高效、便捷的校园管理模式。

（5）家校互动模式创新

北京市中小学数字校园充分调动校内、校外力量，紧密联系学生、学校与家长，强调家长对学生在校情况实时全面掌握，鼓励实验校不断探索创新家校互动模式。

（6）校际协同模式创新

北京市中小学数字校园注重校际资源的共享、协同，鼓励实验校建立资源共建、共享的有效模式，发展多种方式、不同资源的协同共享模式。

（7）资源建设模式创新

北京市中小学数字校园鼓励各实验校探索在教师、部门以及学校层面的管理模式，通过建立校本教育教学资源库，促进资源的流动共享与更新发展。

4. 双轮驱动服务体系

形成"市区做基础＋学校做特色"的双轮驱动服务体系是北京市中小学数字校园建设的重要目标之一。具体地，实现由市级、区级提供基础服务，着力从"统领、指导、培训、服务"四个方面提供驱动力。其中市区"统领"作用是要建立统一的标准规范体系，引领全北京市教育信息化的建设方向；"指导"作用是要组织市级专家团队，为学校提供有针对性的专业咨询指导；"培训"作用是要组织开展专项培训，为学校提供全程业务、技术培训；"服务"作用是要依托数字校园云服务平台推出市级数字资源共享、校园微服务等市级云服务，提供免费、快捷、实用的基础服务。为实现开展特色建设和创新应用的目标，学校专注于"抓应用、建特色、提需求"，充分利用市级资源、服务，开展学校特色建设和创新应用，形成信息化、常态化应用和实际效益，并根据实际业务提出资源、服务等需求，再由市区推出基础共性服务供给。

3.1.2　系统总体架构

北京市中小学数字校园共性云服务依托教委 IaaS(Infrastructure-as-a-Service，基础设施即服务)，开展三个层面的建设：SaaS 层（Software-as-a-Service，软件即服务）、PaaS 层（Platform-as-a-Service，平台即服务)和 DaaS 层（Data-as-a-Service，数据即服务)。SaaS 层平台，开发云服务在线应用子系统，包括教育教学云服务、内部管理云服务两部分应用，并在此基础上，搭建云服务门户子系统，为各类中小学提供成果应用和服务。PaaS 层平台，为云平台中的云服务提供数据交换、身份认证、基础数据资源、后台综合运行管理等各类基础平台支撑。DaaS 层平台，抽取各个学校的学籍数据、资源数据、服务数据、应用数据等基础性的支撑数据，从而为各个学校提供支撑性的数据资源服务。市级数字校园共性云服务总体架构如图 3-2 所示。

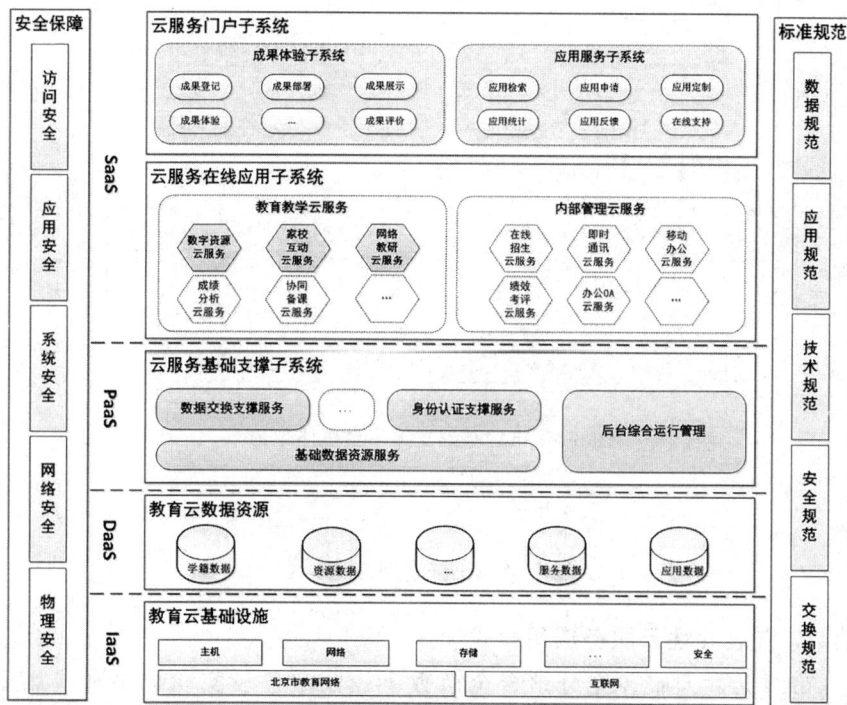

图 3-2　市级数字校园共性云服务总体架构

其中，市级数字校园共性云服务基于"北京市中小学数字校园实验成果展示交流平台"，形成了市级数字校园基础支撑平台基础，并整合来自北京教育网络和信息中心的其他基础公共服务功能，为全市数字校园发展提供了进一步支撑基础。市级基础支撑平台总体架构如图 3-3 所示。

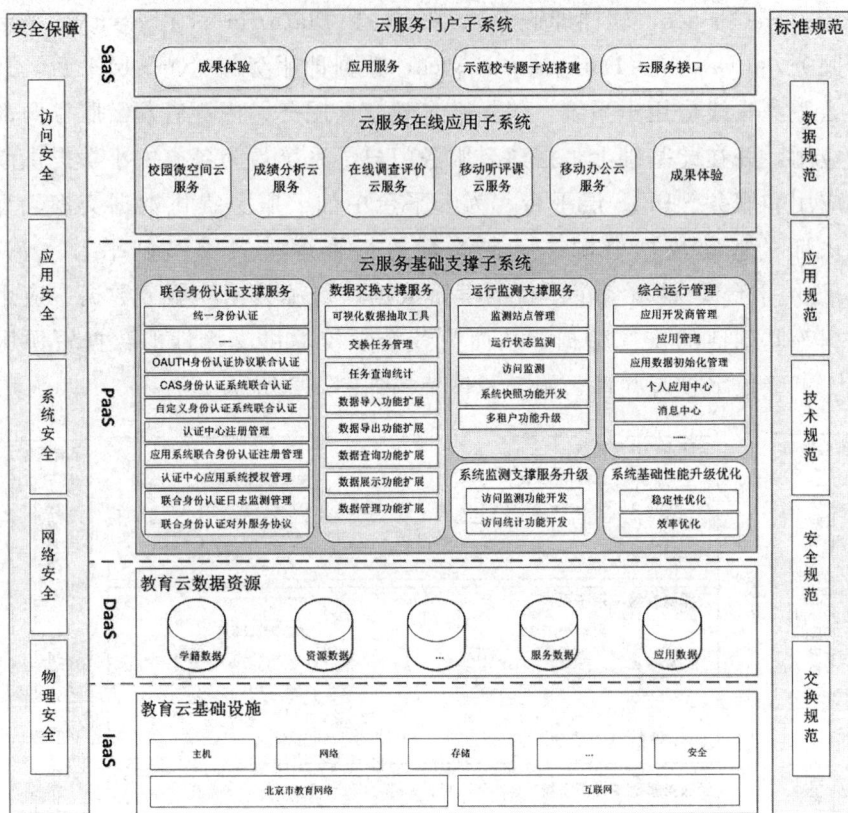

图 3-3 市级基础支撑平台总体架构

3.1.3 系统应用模式

1. 市级共性云服务应用模式

市级共性云服务充分整合全市数字校园实验校实验成果和应用服务，构建了一个数字校园云服务支撑平台，实现百余所数字校园实验校实验成果和应用服务的技术封装。同时，支持教育部平台、市教委信息平台、区县教委平台，以及商业云服务应用提供商的功能和数据的接入。在此基础上，开发资源服务、家校互动服务、网络教研服务、数据分析服务、移动办公服务等多类云服务在线应用，通过搭建数字校园云服务门户，将各类应用在 1800 所中小学进行成果应用推广并提供服务。当前，已经依据第一批、第二批数字校园实验校建设的情况分析，开发并提供了 10 项共性云服务。市级共性云服务应用模式如图 3-4 所示。

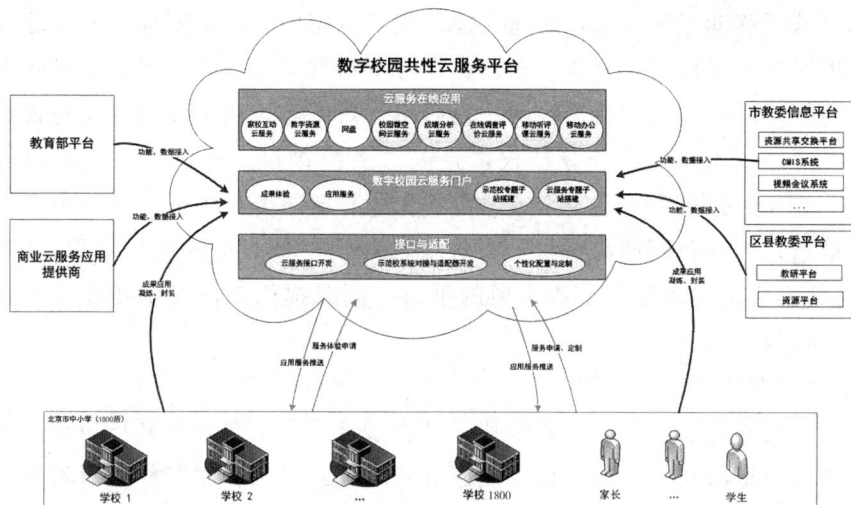

图 3-4　市级共性云服务应用模式

（1）班级微空间系统

班级微空间面向各学校教师、学生及家长提供免费、便捷、绿色、实用的家校互动服务，人们通过关注微信公众号即可使用。班级微空间提供快速扫码建班、班级通知、私信、微相册、资料共享和班级管理等功能。教师通过微信关注"班级微空间"创建班级，并可发送邀请码邀请学生和家长；教师可通过"通知消息"向班级成员发送班级通知，布置作业，同步免费发送短信；班级成员之间可以通过私信交流；"微相册"提供独立的班级相册空间，供师生随时记录班级生活中的点点滴滴；"资料共享"可同步向成员发送邮件，提供资料在线预览及下载功能。

（2）移动问卷调查 App 系统

移动问卷调查 App 系统面向学校管理人员、教师及其他有在线调查评价需求的用户，用户通过关注微信公众号即可使用。此系统提供在线问卷调查，在线投票，在线评价，评价结果的汇总、统计、分析等功能，学校和教师可以在线创建调查评价任务并进行发布，各类用户可基于移动端或网页版进行反馈评价。此系统还提供问卷设计、在线答卷、问卷结果汇总等功能，其特点是支持多种题型，大量模板可一键复制，支持移动端答题和结果自动汇总。

（3）微通知云服务

微通知云服务面向数字校园中班级、教研室、社团、年级等不同群体，基于移动互联技术，构建便捷高效的网络空间，主要提供各类综合管理服务。提供通知公告、私信、学习资料共享、空间相册、成果管理等功能，同时可面向协会社团、教研室、班级等定制不同的空间配置模块，可以按用户类型分级授权，并提供系统接口，可以和学校本地的OA或门户系统对接，"通知公告"可以将消息同步发送至微信，实现消息推送；"空间相册"为成员提供独立的相册空间，记录成长过程；"微通知"为成员提供私信交流沟通的平台，同时提供邮件发送功能，实现学习资料共享。

（4）在线学习云服务

在线学习云服务主要提供移动端在线互动和资源发布共享功能。用户可以以班级或小组为单位，发起和建立在线学习群组，并邀请其他成员加入，共同开展在线学习讨论，包括利用图片、文字、语音、小视频等媒体形式，进行在线习题、个人辅导、作业交流等互动。同时，群组管理员可统一发布如文档、图片、多媒体等各类格式的共享资料，发布后，群组成员即可下载和在线浏览。同时，在资料发布时同步发送邮件，以邮件形式将资源共享至群组成员。

（5）资源评审云服务

针对数字资源征集、评选活动，市级共性云服务提供了资源评审云服务。该服务主要面向资源管理人员及参与评审的专家，可建立资源评审任务，并分配给相应的评审专家，同时提供各类打分表和指标模板，由专家结合资源参照打分表按指标进行评审打分，填写评审意见，最后汇总打分结果，利用可配置的加权、汇总等计算模型，输出最终评审成绩。另外，资源评审云服务还具有专家库管理、评审进度管理、通知提醒、资源上传、资源分组、设置奖项等功能。

（6）成绩分析云服务

成绩分析云服务主要面向学校、教师及学生个人，提供与考试、成绩等相关的数据管理和数据综合分析服务。面向学校提供考试管理、试卷管理及分数管理，提供学校、班级层面的考试成绩分析和监测成果，宏观把握学校、班级、学科的成绩动态，为学校提供决策支撑。面向教师提供班级、学科及个人层面的考试成绩分析和成果监测，方便教师掌握班级、学科及学生的成绩动态，为教师提供教学管理支撑。面向学生提供个人成绩管理、成绩监测、个性化分析等功能，实现精准化服务。另外，还包括对学生考试数据进行采集、导入导出、维护，以及对学生成绩进行统计、分析、模型预测并生成分析报告等功能。

（7）移动办公云服务

移动办公云服务面向各学校校长、教师及其他办公人员提供移动端办公服务。提供通知公告、会议管理、活动组织、场地预订等常用功能等。学校管理员可通过移动端办公平台发布、推送相关教务信息，并对待办事项定时提醒；提供移动端办公平台会议发布功能，记录会议纪要及参会人员签到情况等；提供活动通知发布、追加功能，用户可在线互动、反馈意见；提供考勤、休假情况记录功能；提供学校日常事务的管理功能，实现软硬件设施的在线报修，用户可在线进行物品申领、会议、教学、活动等场地预订，学校教务人员通信方式查询等；提供对学校教务人员、岗位、权限及数据信息的管理。

（8）教育数字资源云服务

教育数字资源云服务面向各学校教师和学生，基于统一元数据标准和资源目录树，实现多源数据的逻辑汇聚和有序组织，从而提供一站式资源检索服务。通过统一的元数据标准，该服务可实现不同来源、不同结构的数字资源元数据汇聚，从一个出口提供多个来源的资源服务。除了门户式的目录智能检索外，还提供灵活的对外资源接口，以云的方式提供资源服务，包括通过灵活可配置的身份互信认证接口，无须二次登录，即可轻松实现其他系统用户对资源的全权跳转访问。同时提供 API（Application Programming Interface，应用程序编程接口）接口，其他系统可按需求接入元数据检索、元数据浏览等应用功能。

（9）移动听评课服务

移动听评课服务主要针对学校的会议活动、现场观摩课及评课需求，基于移动端开展会议议程发布、课程发布、快速听课和评课。其他相关人员可通过微信扫码浏览会议内容及下载查看会议资料等，或报名参与听评课活动并通过移动端对课程进行图文评价、量化打分。管理人员可快速汇总各类评价情况并开展信息统计。

(10)校园微服务

校园微服务基于微信开发，主要提供校内各类综合管理服务，可以按用户类型分级授权，并提供系统接口，可以和学校本地的 OA 或门户系统对接，同步发送消息至微信，实现消息推送，并可在此基础上结合学校实际需求进行二次开发。为方便教师使用，此服务平台还提供网页版服务，可与移动端同步使用。

2. 市级基础支撑平台应用模式

市级基础支撑平台涵盖联合身份认证、访问监测、运行监测、数据交换、在线网盘、分析引擎等底层支撑功能，借助统一技术平台及支撑服务接口，为市级共性云服务及各区、学校提供基础功能支撑，如图 3-5 所示。

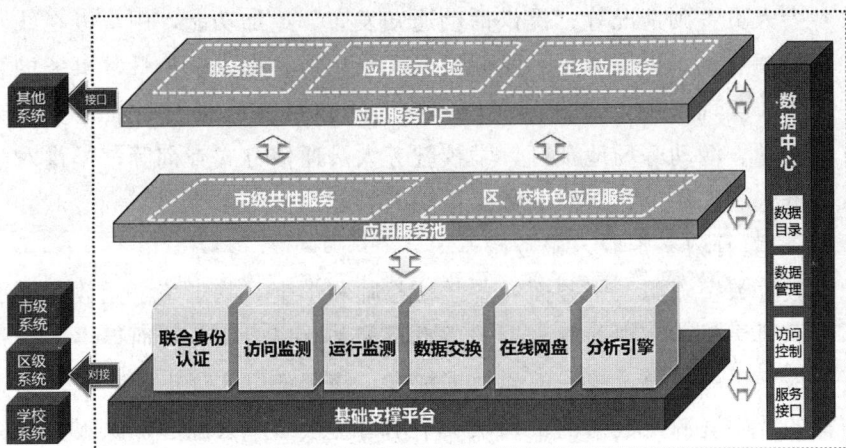

图 3-5 市级基础支撑平台应用模式

(1)联合身份认证

目前，市、区、校层面分别采用不同的身份认证系统管理用户，这导致学校在访问不同应用系统时需要使用不同身份认证系统的用户名和密码，跨系统的用户难以实现漫游。针对这一现状，平台建设了基于国际开放认证协议(OAuth2[①])的联合身份认证云服务。此项服务可将北

---

① OAuth2：Open Authorization 2.0 的缩写，在线身份互信认证协议。

京市教委 CMIS 身份认证系统和各个学校及区的统一身份认证系统进行对接，形成相互信任的认证体系。用户可以使用互信体系中的任一账号进行登录访问。

服务主要包含两部分功能：一是"一号登录"，即各个学校的应用系统通过联合认证的开放接口，使教师和学生等用户可以使用任一账号（本校统一身份认证账号、市 CMIS 账号、百度账号等）登录各个对接了联合认证云服务的应用系统。二是"用户漫游"，即用户登录过一次之后，再访问其他各个已经对接了联合认证系统的应用时，系统直接进入登录状态，无须再次输入账号和密码。

（2）访问监测

访问监测主要用于提供对系统访问量的监测功能，监测页面浏览量、用户人次等信息，并开展统计分析。通过访问监测，各级管理者可以快速了解学校各个系统的应用情况，便于信息化管理。例如，2015年雾霾停课期间，北京市教委利用访问监测服务，记录并统计了各学校系统访问人数、访问量排名、访问集中时段、是否有二次操作等信息。目前，已有 100 所数字校园实验校的 1000 多个应用系统接入访问监测，这既为学校提供了日常管理、监测的工具，也为北京市教委提供了各学校信息化应用情况的窗口。

（3）运行监测

市级基础平台为学校用户提供其网络环境中的服务器、应用软件等运行状态的实时监测，用户可设置监测的时间周期，如可设定为每隔10 分钟对设备或应用软件状态监测一次，监测结果以图表形式展示，如果出现监测异常的情况，可以以邮件方式通知系统管理员，从而帮助学校系统管理员快速锁定校内各应用的异常情况，并及时处理。监测内容包括网络连通监测、端口状态监测、网页状态监测、网页快照监测。

（4）数据交换

教育信息化建设过程中形成了大量应用系统和数据。随着信息化的推进，各个学校往往需要从多个系统中抽取和整合数据，以便数据分析和系统之间的联动。针对这一问题，公共服务平台提供数据交换云服务，具体包括如下内容。

可视化数据抽取工具。用户利用工具可以方便地配置各类数据源，设置各类数据提取规则、数据输出规则，实现不同类型数据库、Excel

文件等格式数据的抽取、合并、输出等。抽取支持各类数据库（Oracle、Sql Server、MySql 等格式），支持在公共服务平台上部署的应用数据抽取，也支持学校本地应用的抽取。

交换任务管理。用户将可视化数据抽取工具配置形成的抽取脚本上传到云端，并配置执行任务，设定执行任务的周期。系统将自动根据任务设置定期执行数据抽取工作，并记录任务执行情况。

任务查询统计。用户可以对各类数据抽取和查询任务进行查询。

（5）在线网盘

网盘服务主要向用户提供文件的存储、访问、共享等文件管理功能。无论在家中、单位还是在其他任何地方，人们只要连接到互联网，就可以管理、编辑网盘里的文件。网盘服务提供在线的文件上传、文件分类管理、文件分享等功能，并开发与各类应用系统对接功能，人们可通过接口查看网盘资源，上传文件，转发文件等。网盘服务提供文件访问、下载、上传、智能分类浏览、批量转移、复制、共享、删除、一键收藏以及超大共享空间等功能。

（6）分析引擎

市级基础平台提供统一统计分析引擎，支持饼状图、柱状图、折线图等各类图表联动配置。基于报表引擎，提供可视化的报表配置功能，实现快速在线图表配置，提升满足定制化需求的能力。支持动态配置报表类型，自动得到运算结果。可配置的报表类型主要为柱状图、扇形图、折线图和交叉表等统计类图表，分析引擎通过各类图表统计方式进行数据挖掘分析，提升数据分析效率。

3.1.4 信息资源系统体系结构

数字校园市级基础平台为国家级资源、市级资源、区级资源、学校资源及其他外部资源的汇聚提供了统一支撑，也为全市中小学开展共性云服务接入应用提供了统一支撑。基础教育资源云服务平台整合对接国家、市级、区级及各学校的平台资源，并针对各类资源提供统一的管理、应用、推送、评价与统计服务，基于市级统一的支撑平台，依托市级共性云服务平台，面向北京市各中小学及市、区教委提供应用服务，如图 3-6 所示。

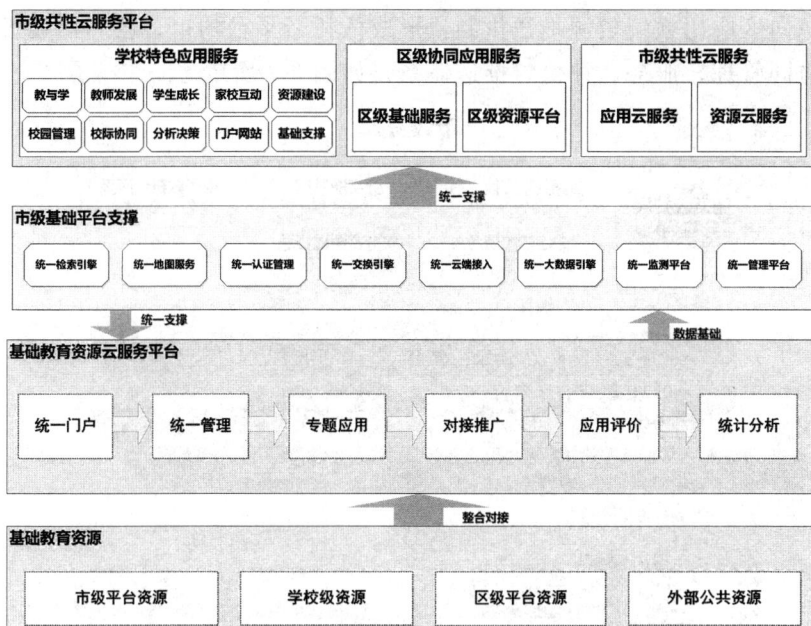

图 3-6　北京市中小学数字校园信息资源系统体系结构

3.1.5　信息资源架构

北京市中小学数字校园信息资源建设包括对接国家公共服务资源平台、整合对接市级数字化教育资源体系、对接区和学校应用系统及数据资源三部分。

依托云服务平台，向上对接国家公共服务资源平台，实现同国家教育资源供给服务平台的系统对接和资源对接，并建立平台之间的动态更新和资源共享机制，实现海量国家资源统一纳入云平台。

横向整合对接北京市数字化教育资源共享交换平台、北京市数字图书馆、北京市数字学校、北京市中小学电子教材资源网、北京教育资源网，形成涵盖视频课程、电子教材、课件资源、数字图书等各类资源，并建立平台之间的动态更新和资源共享机制，实现市级海量资源统一纳入云平台。同时，市级还广泛接入各类优质互联网资源，如百度文库、读秀知识库、龙源期刊等商业资源。

基于云平台和整合的数字资源，开展区和学校资源应用对接工作，实现平台和各区、学校的统一身份认证及应用系统对接工作，建立市级资源向区应用系统资源推送机制，形成依托云平台的市、区、校三级资源协同管理、服务、评价、推送体系，如图3-7所示。

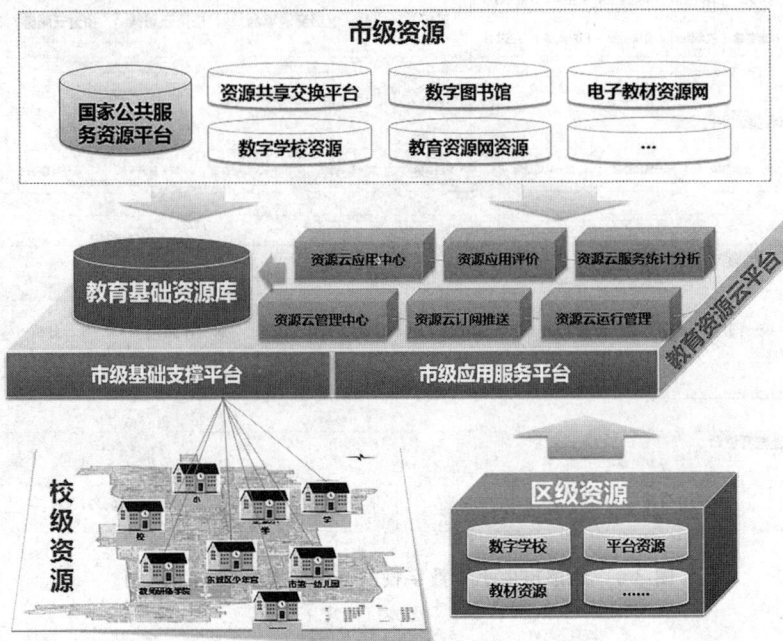

图3-7　北京市中小学数字校园信息资源架构

3.1.6　总体云平台功能架构

北京市中小学数字校园总体云平台功能架构包括市级共性云服务平台和基础教育资源云服务平台两部分，如图3-8所示。

1. 北京市中小学数字校园市级共性云服务平台

北京市中小学数字校园市级共性云服务平台围绕教育教学和内部管理两条主线，从平台建设、资源整合、服务提供三个层次出发，整合云服务应用成果，搭建数字校园云服务门户，将百所实验校实验成果进行技术封装，并面向1800所中小学应用开展推广和服务提供，为中小学数字校园提供统一数据管理、统一身份认证、统一运行监测、统一应用管理、统一接入管理等市级支撑平台和系统应用云服务、教育教学云服务等市级应用服务平台。具体功能设计如图3-9所示。

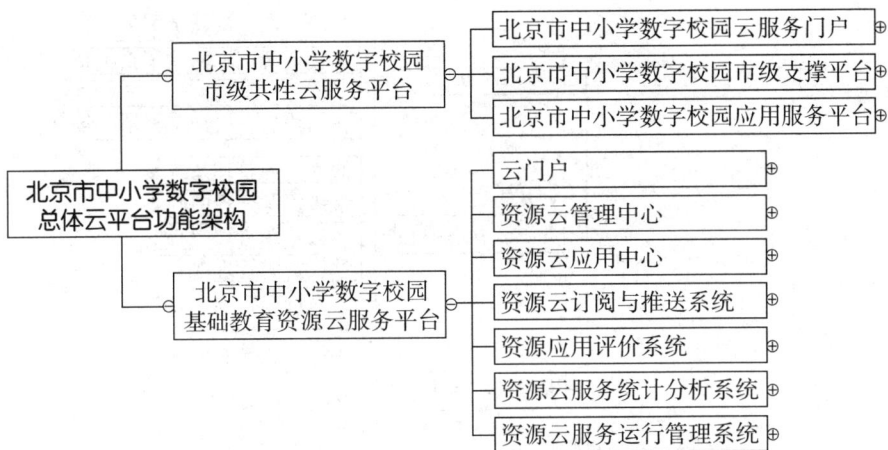

图 3-8　北京市中小学数字校园总体云平台功能架构

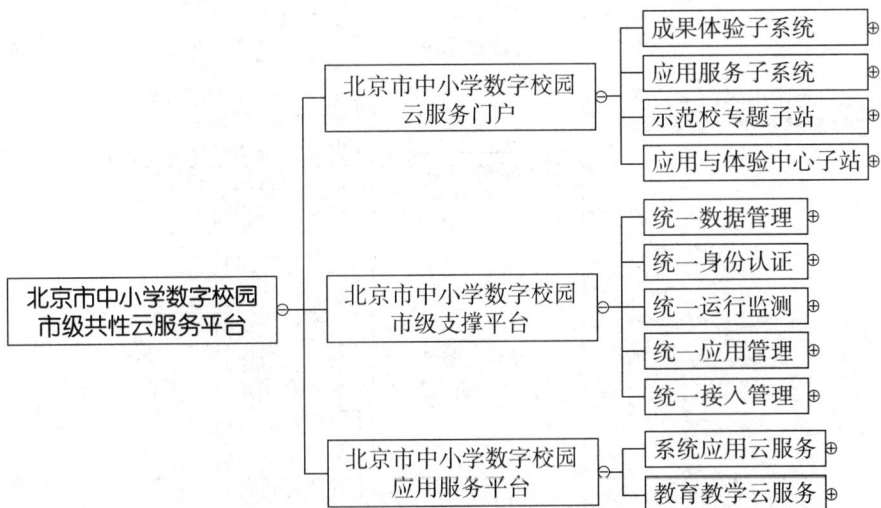

图 3-9　北京市中小学数字校园市级共性云服务平台功能结构

2. 北京市中小学数字校园基础教育资源云服务平台

北京市中小学数字校园基础教育资源云服务平台支撑全市数字化资源应用需求，集资源管理、资源应用、资源推送、资源评价、统计分析及运行管理于一体，向上对接国家教育资源公共服务云平台和数字资源，向下对接各个区和学校应用系统及数据资源，横向整合对接市级基础教育数字化资源体系和应用系统，为全市中小学提供"平台＋资源＋服务"的三合一基础教育数字化云服务。具体功能设计如图 3-10 所示。

北京市中小学数字校园基础教育资源云服务平台

- 云门户
  - 资源云门户网站子系统
  - 学校资源门户网站子系统
  - 云资源互动社区
  - 云门户后台管理子系统
- 资源云管理中心
  - 通用资源管理系统
  - 市级资源管理中心
  - 区县资源管理中心
  - 学校资源管理中心
  - 个人资源管理中心
- 资源云应用中心
  - 在线云课堂
  - 微课频道
  - 教师工作室
  - 学生学习中心
- 资源云订阅与推送系统
  - 国家资源中心资源订阅与推送
  - 区县与学校资源系统对接与推送
  - 个人资源订阅与推送
  - 资源智能推荐与推送
  - 移动微信公共服务资源推送
  - 课程同步资源推送
- 资源应用评价系统
  - 资源评价指标体系管理
  - 资源评价模型管理
  - 资源评价报告
- 资源云服务统计分析系统
  - 注册机构统计
  - 注册用户统计
  - 资源情况统计
  - 资源生成统计
  - 资源利用统计
  - 资源跨流动统计
  - 资源推送统计
  - 资源评价统计
- 资源云服务运行管理系统
  - 云服务申请管理
  - 云服务初始化配置
  - 云服务存储空间管理
  - 客户账户管理
  - 云服务访问监测
  - 资源访问权限管理
  - 用户身份认证
  - 服务日志管理
  - 监控与事件管理
  - 在线交流与服务支持

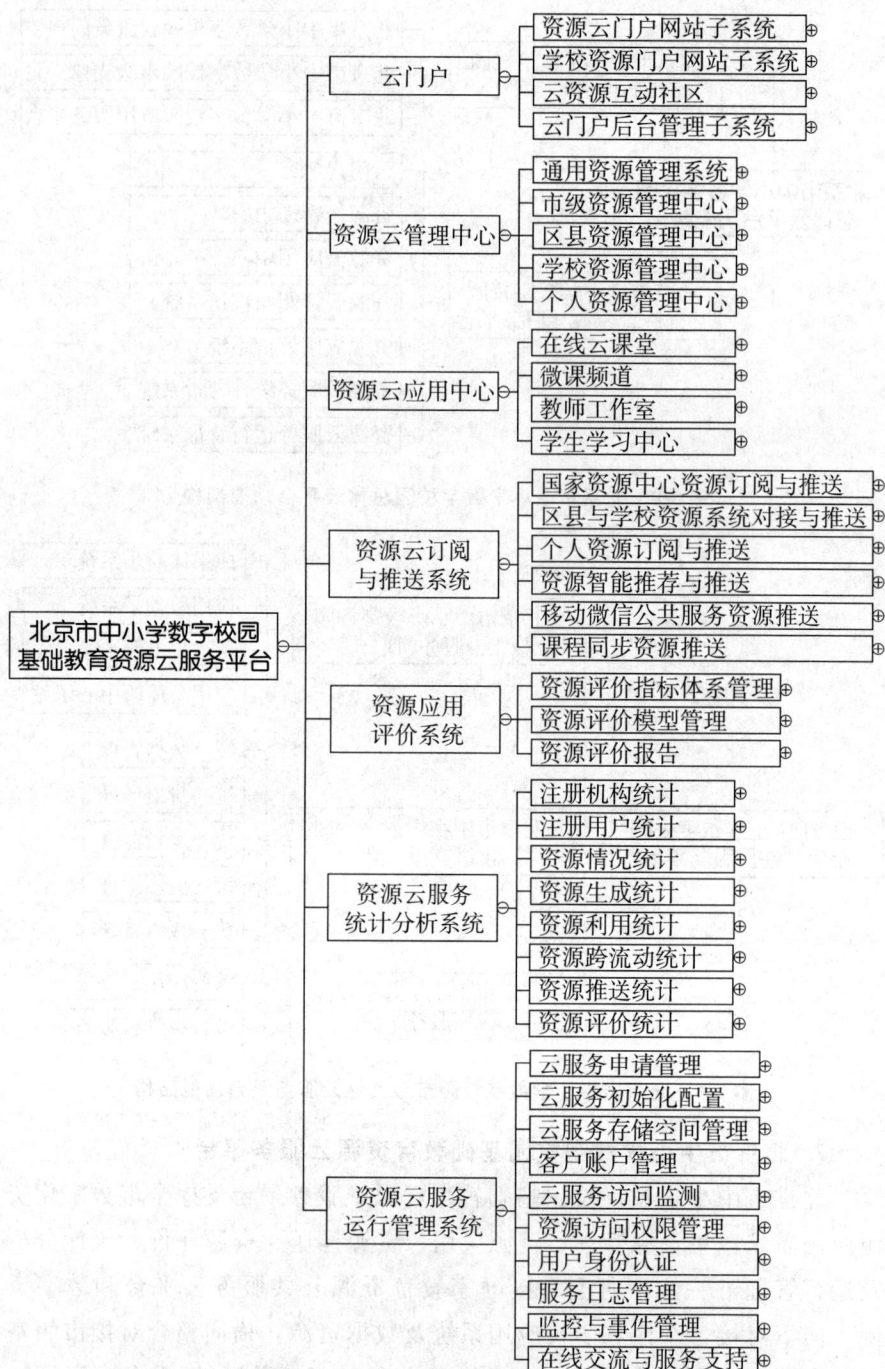

图 3-10 北京市中小学数字校园基础教育资源云服务平台功能结构

3.2　数字校园总体技术体系

3.2.1　基础服务平台关键技术路线

1. 市级共性云服务关键技术

(1)基于分层、分区、分级的平台框架设计技术

云服务中心涉及诸多业务部门用户和各类业务数据。为保障业务数据和业务系统的相对隔离，市级共性云服务必须对云服务中心设施、平台和服务进行分区管理，在不同区内，将不同的系统和数据划分成不同级别，并通过统一管理平台，对存储设备、网络设备、服务器设备等进行动态分区管理，对必要的涉密系统进行网络物理隔离，确保系统的隔离。

(2)基于 IaaS 架构的云服务基础设施和基于教育数字资源协同平台及资源交换的云平台服务技术

IaaS 云架构提供了一组基础服务，如虚拟服务器、数据存储和数据库。将这些服务一起纳入一个平台，不但可以方便部署和运行应用程序，还可以轻松地搭建和拆除系统。IaaS 云框架是可完全脚本化的环境，它们非常适合创建随需应变的框架，快速地组装好并能根据对资源的需求扩展或收缩的应用程序部署环境，这种能力是当今 IT 部门的重要价值主张。基于 IaaS 服务，通过 API 使用基于 SOAP(Simple Object Access Protocol，简单对象访问协议)或 REST(Representational State Transfer，表述性状态转移)消息访问，即可实现开放式云基础设施架构。在此基础上，构建新型的教育数字资源协同平台，实现动态资源和数据交换。

(3)基于 SaaS 三级成熟度模型的云架构开发路线

SaaS 三级成熟度模型的云架构借助单个实例来满足不同客户的需求，并采用可配置的元数据为不同用户提供独特的用户使用体验和特性集。授权与安全性策略可确保不同客户数据彼此区分开来。从最终用户的角度看，他们不会察觉到应用是与多个用户共享的。这使云平台管理部门不再为不同客户的不同实例提供大量服务器空间，大大提高了使用

计算资源的效率，直接降低了成本。为有效加强服务连续性，提高服务效率，充分提升资源应用效率，平台采用分布式计算、列簇式存储、虚拟化、负载均衡等云计算技术，通过多租户单实例（Multi-Tenant）的应用架构，有效降低 SaaS 应用的硬件及运维成本，最大限度地发挥 SaaS 应用的规模效应。

（4）基于 SOA 的服务集成技术

平台涉及多类云服务的集成，建设过程中既要考虑各服务之间良好的交互关系，也要避免各云服务之间因高度耦合而造成可扩展性、可维护性降低。因此，考虑采用基于面向服务的体系结构（Service-Oriented Architecture，SOA）实现服务集成。SOA 是一个组件模型，它将应用程序的不同功能单元（称为服务）通过服务定义良好的服务接口和契约联系起来。接口是采用中立的方式进行定义的，它独立于实现服务的硬件平台、操作系统和编程语言。这使得构建在这种系统中的服务可以以统一和通用的方式进行交互。这种具有中立的接口定义实现了服务之间的松耦合。松耦合系统有两点好处：一是它的灵活性；二是当组成整个应用程序的每个服务的内部结构和实现结果发生改变时，系统能够继续良好运行。

（5）企业服务总线技术

为实现对各类接口的有效管理，实现在分布式异构环境中的服务交互，平台采用企业服务总线（Enterprise Service Bus，ESB）技术。企业服务总线是基于 SOA 服务集成的基础架构，主要具有如下特点：

第一，提供服务标准和接口，方便各种处理按照服务方式来实现。

第二，提供基于消息的处理，支持消息队列和处理服务的绑定。

第三，提供基于文件队列的处理，支持文件队列和处理服务的绑定。

第四，提供智能路由，提供不依赖网络的智能寻址，方便应用于不同网络情况。

第五，支持同步调用方式和异步调用方式。

第六，支持断点续传，保证数据的可靠性传输。

同时，分布式服务方式的调用可以通过服务代理、消息队列绑定、文件队列绑定来实现。

（6）基于开发标准的联合身份认证技术

目前，北京市教委所属各个单位采用不同的身份认证系统管理用户，用户访问不同系统时需要使用不同的身份认证系统的用户名和密码，跨系统的用户难以实现漫游。针对这一现状，北京市采用基于国际开放认证协议的联合身份认证技术。同时，平台基于 J2EE(Java 2 Platform Enterprise Edition，Java 2 平台企业版)体系结构所有功能模块定义服务提供者接口(Service Provide Interface)，支持第三方服务提供者。在身份认证系统设计中，为适应今后系统的建设发展需要，采用的技术实现手段包括 LDAP、PKI、SSO、SSL[①] 等。平台提供认证接口的异构支持，支持多种语言的接口方式，包括 Java、Net、PHP、ASP、C、C++等；对于不易改造的应用系统，引入代理认证机制；提供 LDAP 目录服务接口，以满足高并发的需求。单点登录从实现技术上基于 session、cookie、rewrite 技术和采用 portal 等几种方法。平台支持 UAS、oAuth、SAML、OpenID、LDIF、Active Directory、CVS 等方式的 SSO 和单点登录。

2. 资源共享交换及一站式服务关键技术

(1)基于开放数据模型的多源异构元数据统一存储模型

由于来源和类型不同，各个系统的数字资源元数据标准也不一致。因此，在系统设计中，平台采用开放式的元数据模型架构。系统将元数据划分为核心元数据、扩展元数据和补充元数据。对于每类数据，系统允许定义该类数据个性化的扩展元数据，各类扩展元数据将结构化的存入系统数据库，并可以被结构化检索。此外，各类教育资源还可以将其他个性化的属性定义为补充元数据，方便检索。

(2)基于全文和结构化数据混合过滤的智能检索技术

在资源检索中，用户一方面习惯使用搜索引擎的便捷搜索方式，但是同时由于角色不同，也需要按照属性进行快速过滤。例如，小学语文教师用户往往需要首先将资源按照科目和年级进行过滤，然后再根据关键字和资源发布日期等字段进行检索。这就要求资源检索不能单独靠传统的结构化数据检索方式或者单独的全文检索方式，而是要将这两者结合起来进行检索。

(3)基于可定制模板的异构资源展现技术

针对资源类型不同、属性不同的特点，一般系统可以进行定制，对每类资源开发相应的检索和显示页面。但是，这样的架构往往在新资源

---

① LDAP：Lightweight Directory Access Protocol，轻量目录访问协议。PKI：Public Key Infrastructure，公钥基础设施。SSO：Single Sign On，单点登录。SSL：Secure Sockets Layer，安全套接层协议。

加入平台后需要对系统进行再次开发，不利于系统扩展。因此，需要采用模板技术对不同类型的资源配置不同的模板。每类数据可以配置不同的展示模板，通过模板和后台模板执行引擎，实现定制化的查询和展示。这样，当各区或者其他资源提供方的资源接入系统后，现有系统架构不需要调整，只需要配置相应的资源显示模板即可，从而提升系统的可扩展性。

(4)基于列式数据库的资源浏览轨迹记录与分析技术

做好智能检索和推荐服务是资源共享服务门户成功的关键。智能检索和推荐服务的基础是用户的资源浏览历史记录。但是由于系统点击流数量大，采用传统的基于关系数据库方式往往难以满足性能需求，采用文件模式的日志方式又往往由于分析困难而不好使用。因此，在本共享服务门户系统建设中，考虑采用基于 Mongo 的列式存储系统，记录用户的搜索和浏览记录。Mongo 列式数据库在此类数据插入和分析方面速度极快，可以有效解决传统关系数据库在此方面的不足。同时，这一数据库也可以方便供综合管理分析系统进行数据挖掘。

3.2.2 市级资源共享交换技术路线

北京市中小学数字校园依托"北京市数字化教育资源共享交换平台"开展全市基础教育资源的逻辑汇聚和分布式开放服务，与各类市级、区级平台开展数据同步交换，开展基于统一标准的市级教育资源元数据汇聚管理，为各区、学校提供基于统一标准的基础资源元数据管理服务，为数字校园提供基础性数据支撑。

"北京市数字化教育资源共享交换平台"采用"数据物理分布、服务逻辑集中"的业务模式，将不同来源的教育数字资源进行汇集，通过网络提供一站式的智能检索功能，使得不同地区不同类型的用户可通过该门户系统，实现对全市范围内的教育数据资源的统一智能化检索。该系统一是能对接现有的区级资源平台，包括北京市数字学校系统、北京市中小学数字图书馆系统、北京市中小学课程教材资源网、北京教育资源网等平台，二是为对接各个区的资源节点留有接口，以方便各个区的资源共享交换工作。

在数据管理上，北京市数字学校、北京市中小学数字图书馆、北京市中小学课程教材资源网、北京教育资源网等资源节点对各自数据进行管理、更新和授权，通过服务或者数据交换方式将其资源元数据同步到共享服务平台。

在数据服务上，数字化教育资源共享服务门户作为服务请求的总入口，统一对外提供数字化教育资源元数据智能检索、查看等服务，形成覆盖全市资源服务节点，各区属和市属高校、中小学、其他教育机构及社会大众的数字化教育资源服务体系。

1. 资源共享交换平台技术应用模式

平台通过数据同步、分布式智能检索技术，将北京市中小学课程教材资源网、北京市数字学校、北京市中小学数字图书馆、北京教育资源网以及各区的资源平台等资源系统的元数据进行汇聚，通过共享服务门户统一入口，为学生、教师、家长、管理人员以及其他各类用户提供数字化教育资源的元数据智能检索、查看等数据服务功能以及统一的展现，具体如图 3-11 所示。

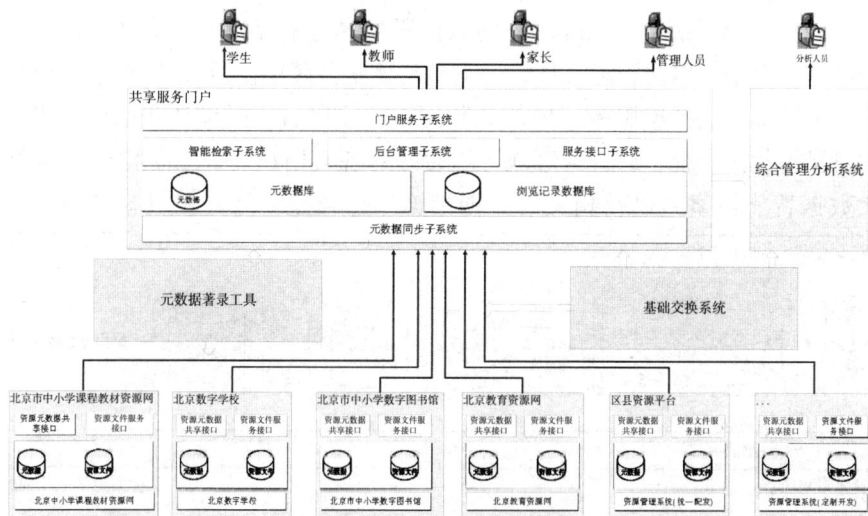

图 3-11　市级教育资源共享交换平台技术应用模式

其中，共享服务门户主要通过汇聚各类教育共享资源，面向教师、学生、家长等各类用户，构建北京市信息资源共享交换门户系统，将北京市数字学校、北京市中小学课程教材资源网、北京市中小学数字图书馆、北京教育资源网等平台以及将来各个区和学校丰富的教育数字资源的元数据进行汇集，形成教育数字资源物理分布、服务逻辑集中统一的一站式资源服务门户，为全市各类用户提供智能浏览、智能检索、智能推荐、资源评价等服务，提升北京市数字资源的集成化服务能力。目前完成的功能主要包括门户服务子系统、智能检索子系统、元数据同步子系统、后台管理子系统、服务接口子系统等。

综合管理分析系统主要利用报表引擎、分析模型、智能分析等技术，针对全市各类教育数字资源被使用、被访问等情况进行管理分析，构建集监测、统计、分析、评价于一体的综合管理分析平台。目前完成的功能主要包括系统运行监测子系统、资源综合统计子系统、用户行为分析子系统、资源评价子系统、报告加工子系统、统一用户对接子系统等。

基础交换系统主要实现平台的基础服务总线管理和数据交换管理，目前完成的功能主要包括服务注册、服务路由、服务调度、优先级控制、数据传输等一系列特性与功能的企业服务总线；交换目录管理，支持数据库对数据库交换、文件级交换、交换进程管理、接口开发、安全管理等。

2. 资源共享交换平台资源组织架构

建立各个资源节点系统统一的数据服务区，系统将可提供共享的教育资源的元数据，以及资源文件统一发布到该服务区中。通过基础交换平台，将各个资源节点数据服务区中的元数据，经注册后，同步到共享服务平台的目录汇集区，统一通过共享服务平台，对各类用户提供数字化教育资源元数据智能检索，以及相关的数据浏览、下载导引等。如图 3-12 所示。

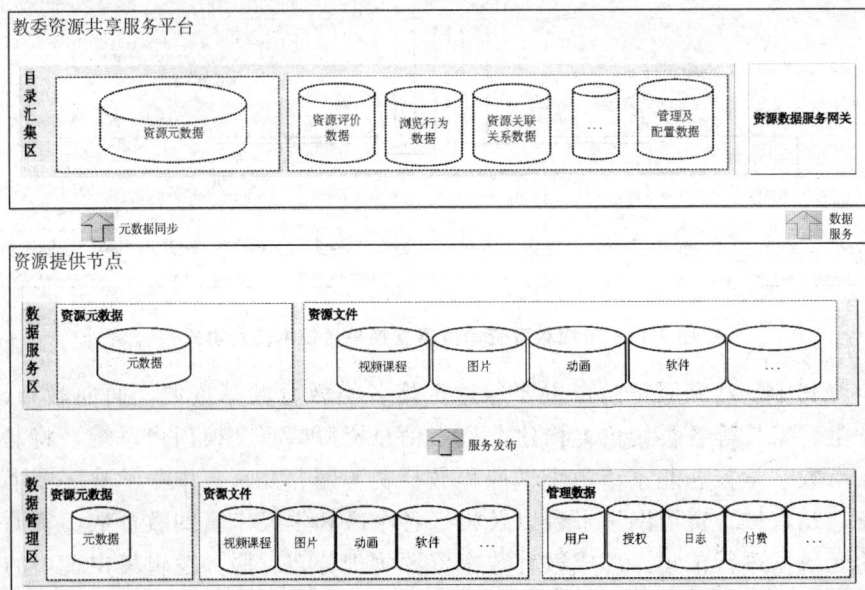

图 3-12　市级教育资源共享交换平台资源组织架构

　　具体地，资源元数据采集工具为用户提供各类教育资源的元数据采集、信息智能提取、元数据编辑、格式转换等功能，方便用户对各类教育数字资源的加工处理。元数据管理系统面向各个区教委和学校对区级和校本数字资源管理利用的需求，提供对资源的导入、管理、检索、浏览、全文查询、统计分析等功能，同时系统可以对接相关资源元数据至共享服务门户，通过门户提供服务。

3.2.3　市、区、校三级数据协同技术路线

　　市、区、校三级数据资源协同主要通过建立基础教育云服务平台同区、学校应用系统及数据资源的对接推广实现。基于云平台和整合的数字资源，开展区和学校资源应用对接工作，实现平台和各区、学校的统一身份认证、应用系统对接工作，建立市级资源向区应用系统资源推送机制，形成依托基础教育资源云服务平台的市、区、校三级资源协同管理、服务、评价、推送体系，具体如图 3-13 所示。

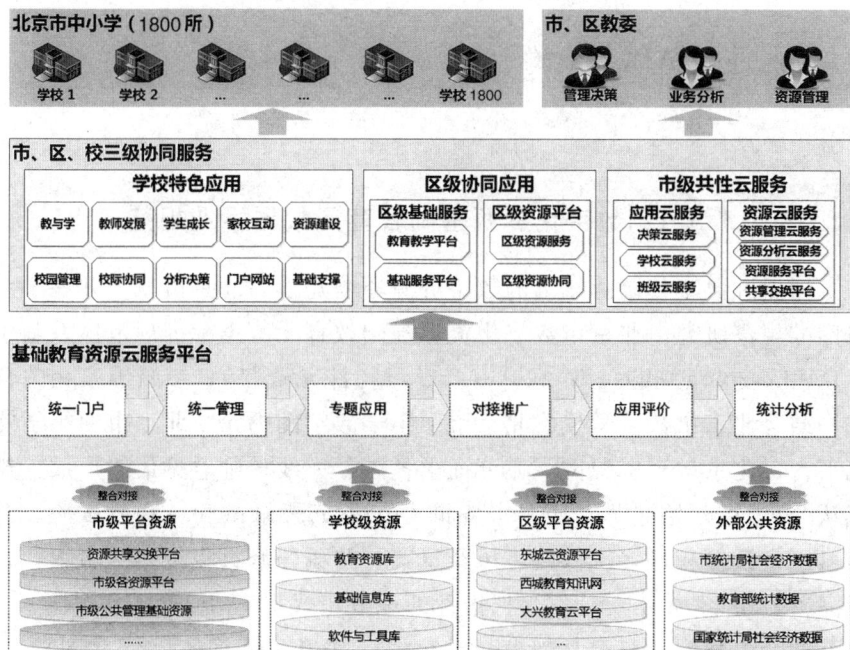

图 3-13　市、区、校三级数据协同技术路线

1. 市级共性服务

市级基于建设的资源平台、支撑平台、服务平台，面向区级与学校提供共性服务，在应用服务方面建设面向决策、学校、班级的服务，在资源方面建设资源管理、分析、服务与评价体系，并面向区级平台与各学校提供共享资源。

2. 区级协同应用

在市级建设共性服务，学校创建特色应用的发展模式下，区级一方面提供基础教育教学、应用等服务平台，另一方面建设区级基础教育资源平台，为学校共享教育基础资源，同时整合、对接上级资源提供平台。

3. 学校特色应用

学校充分利用市、区级共性服务与共享基础资源，从学校实际情况出发，立足自身特色，以教育教学为重点，以学生、教师、家长、校内管理等为主体对象，围绕教与学、教师发展、学生成长、校园管理、教学互动、校际协同、资源建设等方面创新校本特色应用。

3.3 标准规范体系架构

3.3.1 数字化资源基础教育元数据标准规范

为促进数字校园背景下的数字资源环境建设，北京市教委开展了系列标准规范研究。北京市数字化资源基础教育元数据标准规范体系基于LOM(Learning Object Meta-data，学习物件元资料)，参照国家相关标准，结合北京市数字学校、北京市中小学数字图书馆、北京市中小学资源平台、北京教育资源网，充分征求各区、一线教师意见最终形成。规范从 2014 年开始起草，经专家咨询会、手工著录试验、开放试验、总项目组审议等程序多次修改，历经草案、初稿、修订稿等多个版本，日臻完善，于 2014 年 5 月作为拟推荐的规范正式提交。

北京市数字化资源基础教育元数据标准规范体系包括《北京市数字化基础教育元数据应用规范》《北京市基础教育教学资源元数据重点资源扩展指标规范》《北京市基础教育教学资源元数据规范词汇表》《北京市基

础教育教学资源元数据规范操作指南》以及《北京市基础教育教学资源元数据 XML 绑定规范》5 个规范，它们分别从业务、技术等层面对元数据指标的命名、编码、含义、构成、格式、约束、应用示例等进行了详细定义，从而形成了覆盖 4 大类教育资源 9 个元数据类别近 200 项指标的元数据体系，为基础教育资源的共享、流通、再利用提供标准保障。其中：

第一，《北京市数字化基础教育元数据应用规范》规定了基础教育教学资源学习对象元数据的数据元素，从元数据结构、数据元素、列表项、词汇表、最低峰值、字符集、表示等不同方面对基础教育教学资源进行了明确定义，适用于北京市基础教育教学数字资源的内容、形式及其他特征的描述。

第二，《北京市基础教育教学资源元数据重点资源扩展指标规范》针对北京市中小学教育资源的建设情况，结合当前北京市基础教育的特点与特色，在 2014 年教育部《基础教育教学资源元数据规范》的基础上，针对现有的北京市数字学校、北京市课程资源网（在建）、北京市中小学数字图书馆、北京市中小学资源平台等市级资源平台上的典型教育资源以及未来其他平台上发布的同类型资源，按照元数据元素在不同资源中的应用差异，设计网络视频课程、电子教材、图书资源三类重点资源的扩展元数据信息采集表，从而充分采集现有线上教育教学资源的元数据信息，进一步提高对市级资源平台发布的各类数字化基础教育资源的检索和管理能力。

第三，《北京市基础教育教学资源元数据规范词汇表》依照教育部颁布的《基础教育教学资源元数据词汇表》《义务教育各学科课程标准（实验稿）》以及《学习对象元数据规范》，同时参考《都柏林核心集元数据（DC-MES)》《中国图书馆图书分类法》，结合北京市基础教育的本地化特征和需求，定义了一组用于元数据元素编目的受控词汇及相应的词汇表，给出了推荐的取值集合。

第四，《北京市基础教育教学资源元数据规范操作指南》描述了北京市基础教育教学资源组织管理过程中，将元数据用 XML（Extensible Markup Language，可扩展标记语言）模式来定义的方法和准则，适用于所有需要将各种基于元数据标准的基础教育数据用 XML 模式来定义的场合，可为开发人员实现学习对象元数据标准提供指导。

第五，《北京市基础教育教学资源元数据 XML 绑定规范》针对北京市数字学校，北京市中小学资源平台，北京市中小学数字图书馆，北京市课程资源网（在建）以及各区、校资源平台发布的各类教育资源内容在元数据信息采集过程中给予实例说明，落实规范教育系统内部资源的元数据内容形式，为今后中小学教育资源的综合管理和一站式资源检索乃至个人推荐系统进行必要的前期建设。

北京市数字化基础教育元数据标准规范体系的建设取得了以下四方面的效果：

一是有效规范了数字化基础教育资源的管理与组织，规范了全市数字化教育资源的统一特征描述，形成各类资源的"统一名片"，使管理者在海量的资源仓库中打破来源、结构、版本的界限，有效形成资源建设、编目、更新、统计、分析的规范化、系统化管理，为资源的有效共享与服务做好铺垫。

二是有效提升了数字化基础教育资源的共享与交换，约束规定数字化教育资源交换与共享的基本规则，做好资源重要指标的关联与映射，为各级教育机构提供基于网络环境下的资源交换准则，大大提升共享、融合、流动效能，也为系统间的资源整合交互提供有效参照。

三是深化了数字化基础教育资源的应用与服务，帮助资源使用者提升查找、获取、评估、使用资源的整体效率。

四是建立多维资源组织形式，实现个性化定制与推送的基础工作，为资源的精准定位与智能检索提供必要的保障。

3.3.2　数字资源共享交换管理规范

数字资源共享交换管理规范体系是针对北京市 2014 年建设的北京市数字教育资源管理与共享交换平台编制的一系列管理规范，具体包括《北京市教育数字资源共享交换平台对接技术规范》《北京市数字教育资源共享交换管理办法》。

《北京市教育数字资源共享交换平台对接技术规范》为满足各区、学校不同的资源共享要求，进一步规范现有接口编制的对接技术规范，明确了页面对接、搜索框对接、元数据对接三种对接方式，并从各对接方式的目标、内容、实施流程等方面进行了详细的阐述。

《北京市数字教育资源共享交换管理办法》的编制，旨在加强和规范北京市数字教育资源共享和交换的管理，更好地为基础教育提供各类优质数字教育资源服务。本办法规定了教学素材、多媒体课件、主题学习资源包、电子书、专题网站等各类与教育教学内容相关的数字教育资源的产出与汇交、管理与共享、使用与评价等方面的管理。

3.3.3　市级基础服务接入规范

北京市在市级层面上向区级、各学校提供统一的基础服务，为规范各类服务的接入与共享，逐步编制并形成了基础服务接入规范体系，具体包括《联合身份认证系统对接技术规范》《访问监测云服务对接技术规范》《网盘云服务对接技术规范》和《运行监测云服务对接技术规范》四个规范。下面对这四个规范进行介绍。

1.《联合身份认证系统对接技术规范》

针对各单位身份认证体系各异、跨系统用户难以无缝漫游的问题，平台建设了基于国际开放认证协议的联合身份认证云服务，编制了《联合身份认证系统对接技术规范》。联合认证云服务将北京市教委 CMIS 身份认证系统和各个学校及各区的统一身份认证系统进行对接，形成相互信任的认证体系，用户可以使用互信体系中的任一账号进行登录访问。《联合身份认证系统对接技术规范》从应用场景、对接方式等方面详细地阐述了服务功能，明确了联合身份认证对接有 CAS 对接、OAuth2 对接、自定义对接三种实现方式。

2.《访问监测云服务对接技术规范》

为帮助用户改善访客在网站上的使用体验，不断提升网站的投资回报率，北京市建立了专业的网站流量分析工具访问监测云服务，编制了《访问监测云服务对接技术规范》。访问监测云服务提供网站流量统计，帮助用户跟踪网站的真实流量，为学校用户提供对其应用系统访问情况的监测和分析服务。《访问监测云服务对接技术规范》明确了页面链接和脚本嵌入两种对接方式，并从对接方式的目标、内容、实施流程等方面进行了详细的阐述。

3.《网盘云服务对接技术规范》

本规范主要介绍在各区、学校、第三方系统中如何引用网盘云服务。网盘是一款存储用户资料和共享资料的工具，用户可以在网站打开网盘里的资源，并进行预览、编辑和分享等操作。同时，用户也可以把网站的资源一键保存到自己的网盘。规范中明确了页面嵌入和程序接口两种对接方式，并从目标、内容、实施流程等方面进行了详细阐述。页面嵌入的方式简单，程序耦合度低，只需要完成用户对接即可。如果用户不需要把网盘云服务完全嵌入自己的应用中，就可以采用程序接口对接方式，通过程序接口实现服务的对接。

4.《运行监测云服务对接技术规范》

本规范明确了网页链接和页面嵌入两种运行监测云服务对接方式。网页链接方式简单，程序耦合度低，只需要完成用户对接即可。页面嵌入对接方式中，运行监测云服务提供一个没有页面标题和横幅广告的基本页面，学校和其他第三方可以将该页面嵌入本地系统中。《运行监测云服务对接技术规范》针对两种方式从对接目标、对接内容等方面进行了详细阐述。

3.4　数字校园服务体系

"互联网＋"时代的到来，造成了学生认知方式、教师教学方式、校园管理方式等发生着根本性的变化。本节从新时代、新方式、新需求、新问题角度出发，讨论如何借助市、区、校三级结构下，以"市级抓统筹、区做整合、学校建特色"为指导的三级联动数字校园推进模式建构，探索云服务模式的数字校园发展方向，转变传统的学校信息化发展和管理服务方式，建立适应个性化服务需求与教育信息化深化发展要求的数字校园。

北京市作为教育信息化发展水平较高、信息化教育公共服务体系较为完善的地区，具有独特的首都教育信息化发展特色。与此同时，随着发展步伐的不断迈进，一些问题也日益凸显。"双轮驱动"管理服务体系的提出和实践正是基于这一现状，在实践摸索基础上总结形成的一套具有北京市特色的信息化服务体系。

3.4.1　市、区级共性服务供给

1. 面向学校的共性服务供给

通过自 2009 年以来的数字校园实践探索，我们发现市、区、校协调推进，可以较好地调动学校的积极性，但是容易出现重复建设的问题；以北京市教委为主体推进信息化，可以有力统筹全市资源，提升集约化程度，但难以满足个性化需求。针对这一问题，北京市梳理共性和基础需求，前端以移动服务为切入点，后端以云计算技术为支撑，基于微信，围绕"班级、学校、教委"三个应用主体，推出"三个微服务"，即面向班级的"微班"、面向学校的"微校"、面向教委的"微决策"。

在"微班"服务层面上，北京市于 2015 年 9 月完成"班级微空间云服务"建设和试点应用。该服务为班主任、家长、学生提供了移动端家校互动平台。由于该平台是基于微信开发的，并集成短信、微信、邮箱等常用功能，零安装、零部署，故得到广泛应用。例如，北京市第九十四中学利用班级微空间发布的资料开展"一对一"学习辅导，取得了良好效果。该项服务自 2015 年 10 月上线，短短几个月内即有 500 多所学校、幼儿园自发使用"班级微空间"，系统用户超过 10000 人，共组建班级 1079 个，累计访问量超过 86 万人次，逐步成为家校互动沟通的重要桥梁。2016 年 1 月雾霾停课期间，微空间当日访问量高达近 5 万人次，成为部分学校主要沟通方式之一。

在"微校"服务层面上，北京市整合推出了移动听评课云服务、移动办公云服务、移动问卷调查云服务等多项服务，实现共性服务集约化供给。其中，移动听评课云服务面向学校的各类观摩课、公开课、考评课活动，提供便捷的课程发布、资料上传、二维码分享、扫码报名、课程资料查看、现场签到报名、课堂交流互动、考评数据自动汇总等实用功能，使教师可以通过手机快速、自动地采集、汇总各类数据，既方便了听课评课人员，也方便了管理人员采集反馈评价数据。

在"微决策"服务层面上，北京市面向北京市教委监测和督导的需求，规划建设基于移动端的一组微服务，包括基础数据查询、运行监测、指标评价、预测预警、舆情动态等，为北京市教委实时掌握全市教育工作和信息化系统运行情况，通过移动端快速获取各类决策指标数据，为实时应急响应提供支撑。

总体来说，面向学校的服务实现了基础性、共性服务的市级直接供给，大大降低了学校技术门槛，使学校能够专注于应用，不仅有效调动了学校用户的积极性，又能进一步满足教职工和家长用户希望通过手机便捷获取数据、开展工作的需求。

2. 基于资源的服务供给

依托教育资源网、数字图书馆、课程电子教材网、数字学校等工作，北京市建设了大量高质量的数字资源。但是，由于资源相对分散，共享渠道缺乏，大量优质资源的价值不能充分发挥。因此，北京市搭建了以"资源物理分布，服务逻辑集中"为思路的数字教育资源共享交换平台。该平台以元数据为核心，在保障各个资源建设单位对资源的所有权和管理权的前提下，通过技术手段汇集数字资源元数据，并依托元数据提供统一检索服务，既保障了原有资源建设单位的权益，又满足了师生的统一检索需求。为保证资源整合的顺利推进及后续资源整合工作的规范有序进行，北京市采取标准先行的做法，先后制定了《北京市教育资源元数据规范》和《北京市数字教育资源共享规范》。基于这两个规范，本着"盘活存量、扩大增量"的工作原则，北京市充分挖掘整合存量资源，实现了一站式汇聚服务，通过探索取得了以下五项成效。

一是实现了数字教学资源的横向汇聚、整合。一方面，横向整合北京数字学校、数字图书馆、教育资源网、课程教材网四大市级平台现有资源，共纳入 1.2 万节同步课程、微课、混合式课程，2300 个主题的 6000 多节中小学微课，253 节涵盖数学、国学、书法等各类校本课程；整合中小学数字图书馆各类电子图书、精品图片、工具图书、音频视频、期刊等海量资料；汇聚北京教育资源网中的海量课件、案例、素材以及读秀知识库、龙源期刊等优质服务类教育资源；汇聚北京课程教材网中北京版电子教材、教学课件、微课程、教学案例等大量教材资源；整理录入近十届中小学师生电脑作品大赛获奖作品。另一方面，向上实现了与国家教育资源公共服务平台对接，接入"一师一优课"视频资源 3 万余条，接入国家基础教育综合配套视频库资源 2000 余条。目前，北京市教育资源共享交换平台已纳入各类优质资源 160 余万条并在持续更新中，已成为全市最大、最集中的教育资源服务平台，实现了资源的广泛覆盖。

　　二是探索提出了"十字资源包"的整理模式，构建整装化资源包。以教材课程章节为纵线，梳理了 23 家出版社、485 册北京市适用教材、4.3 万条教材目录和章节，形成了一棵以教材目录为核心，涵盖章节、知识点的资源组织树，并通过智能匹配等技术，将各类零散资源挂接到章节树下，教师可以根据教材章节，快速定位到所需资源；以课前、课中、课后全过程为横线，通过工具和人工识别相结合的方式，把教案、教材、课件、题库等资源有机组织起来，从而构建贯穿教学全过程的整装化资源包，在破解资源多而不用、零散不全的难题方面取得了一些实际效果。

　　三是探索"场景式"资源推送服务模式。在资源推送方面进行了探索，尝试面向备课、组卷、在线学习、测评、课堂互动、教研等环节的应用场景，主动推送相应的优质资源，变"有资源，人来查"为"依场景，自动推"。例如，市级资源平台同北京市教委推出的"班级微空间"家校互动平台对接，班级微空间用户可以通过 API 接入市级资源平台，并根据当前教师所教课程和学生学习情况获取和推荐相关资源，实现将资源嵌入家校通信和互动学习等场景中。又如，同步课程云服务，通过整装打磨北京市数字学校 15000 节精品课程资源，以云服务形式直接推送至网页、移动应用、电视等各类载体，使师生获得资源的途径灵活便利，服务的广度和深度自然有效加强。2015 年 12 月雾霾停课期间，同步课程云服务累计访问 380 多万人次，点播课程 12000 余节，累计播放 700 余万分钟，为全市"停课不停学"发挥了重要的资源供给与支撑。名师在线云服务，集合全市 100 名优秀教师，为全市提供优质教师学业诊断和在线答疑服务，并开展在线作文评选、英语听说大赛等一系列 O2O 互动主题活动。

　　四是探索 API 嵌入式资源二次开发利用模式，努力实现资源的精准供给。传统的资源共享服务往往将资源共享服务门户作为重要的成果，通过门户对外直接服务。但是北京市在建设资源共享服务平台的过程中发现，由于市级资源共享服务平台建设部门不是直接的教研部门，如果直接通过共享服务平台对外服务，往往难以调动学校的积极性，因为这改变了师生的应用习惯，师生往往更倾向于通过区和学校这些自己熟悉的应用系统获取资源服务。针对这一情况，北京市提出"淡化门户、强化 API 接入"的思路，由市级资源平台提供灵活的服务接口，面向各区、学校开放资源服务，为学校教学教研等业务系统提供嵌入式服务。例如，北京理工大学附属中学将市级资源接口嵌入学校自己的在线学习平台中，根据教师学科和课程进展，通过接口查询当前教学阶段所需资源，形成资源包，通过学校平台分发给学生，学生在线使用资源、评价资源，最终，评价数据又反馈至市级资源平台，这就使资源真正融入学习过程中。这种模式极大地调动了区与学校使用市级资源共享交换平台的积极性。

五是探索"磨资源"服务推广模式。在推进资源共享交换工作中，北京市意识到数字资源的应用推广不只是有了资源就可以，要使资源真正能用起来，必须解决资源到教师的"最后一公里"问题，也就是帮助教师解决使用资源过程中的各类技术支持和服务问题。为此，北京教育网络和信息中心专门设立"资源常态精准供给与应用策略研究课题"，由十余所学校参与研究和实验，以课程为主线，以"资源＋平台＋服务"相结合的模式，基于共享平台和现有数据资源，定制开发和引入中小学课件制作工具，由技术人员给予辅导和支持，共同研究，反复打磨精品资源，提升教师资源运用能力，从而破解资源应用的"最后一公里"问题。在此模式支撑下，自 2014 年年底上线以来，北京市教育资源共享交换平台已经累计服务超过 270 万人次，市、区、校三级资源融合对接已初具规模，已有东城、西城、丰台、石景山、大兴等 8 个区完成了资源对接工作；北京理工大学附属中学、北京师范大学第二附属中学、七一小学等53 所学校完成了对接。资源共享交换平台已成为重要的数字资源集约化共享服务工具。

3. 面向决策的服务支撑

为构建闭合化监测管理体系，建立量化考评机制，形成推动信息化深入应用的仪表盘，北京市教委建立了信息化应用访问监测分析平台，提供对资源和云服务应用访问情况的数据采集，实时掌握市级对接资源服务各类系统的页面访问量、用户访问量、访问时长等基础指标，以及跳出率、转化率等质量指标，并将采集到的数据加工形成专题分析信息产品，所有的监测数据可通过手机端实时获取。目前，该平台已经接入100 所数字校园实验校的 1000 多个应用系统，每日采集的学校系统访问量约 15 万次，年度累计访问量超过 3500 万人次。这些"大数据"为评价各个学校应用系统使用情况提供了有力支撑，也为下一步推动信息技术融入教育教学提供了决策支撑。

3.4.2　学校特色创新应用

在学校驱动轮方面，北京市各学校在市级共性服务基础上，挖掘自身特色和核心业务需求，积极探索与信息化资源的有机融合，形成了教与学、教师发展、学生成长、校园管理等典型应用，下面进行简要介绍。

1. 基于平板电脑的互动教学模式创新

北京市基于"双向""平等"的理念，组织开发和引进了适用于平板电脑的优质教学资源，借助平板电脑、智能笔等终端设备，探索形成了网状、交互、融合、自主的教学模式，实现了教育工作从"单向教育"向"互动教育"的转变。举例如下：

北京市顺义区天竺中心小学的"睿课堂互动教学系统"：教师利用平板电脑推送校本、区级及市级平台对接的资源，学生通过平板电脑开展课堂互动学习与课后自主学习。北京市教委"访问监测"云服务监测数据显示，其日均访问量超过 1400 人次，已初步实现常态化应用。这充分调动了学生的学习积极性，增强了课堂互动性。

北京市丰台区师范学校附属小学（以下简称丰师附小）的 iTeach 和 iExam 教学应用平台，形成了以学生为主体、以课堂教学和学生发展为中心、以 iPad 为智能学习终端的互动教学特色，日均访问量在 1100 人次以上。

北京师范大学第二附属中学的"基于 iPad 的课堂互动教学软件"：教师借助 iPad 手持终端开展项目式学习、探究性学习活动，实践了翻转课堂教学模式，授课期间访问量超过 3500 人次，实现了数字课堂互动教学实验的主动化、常态化。

顺义区牛栏山第一中学的"综合课堂互动教学系统"，利用电子教材将阅读信息媒体化，利用智能笔将书写内容快速同步到教学平台，让信息呈现形式更加形象和多维，更加尊重学生的主体地位，实现了教师与学生的数字化交互，在不改变学生书写习惯的前提下，实现了快速、准确的课堂交互。

2. 基于微课的在线学习模式创新

各实验校通过探索以微课资源为核心的在线交互教学环境，实现自主学习模式的创新。举例如下。

北京理工大学附属中学的"微课社区",探索了基于短视频形式的微课学习方式。通过接入市级微课专题服务接口,将市级微课资源和学校的微课资源有机结合,形成可按学段、年级、科目搜索的资源集合。学生利用学校微课社区可浏览、自主选择感兴趣的课程,并参与评论,有效地变被动式学习为自主式学习。微课社区已成为该校学生课余时间自主学习的主要平台,在寒暑假期间使用效果尤其突出,其日均访问量超过 5000 人次。

北京市第九十四中学的"美术精品课堂",实践了自主学习和课题教学联动化的教学方式,除基于学校自主开发的资源开展课程外,还接入市级整装推送的美术精品课程资源,以"微课程"形式储存于学校资源库中。自上线以来,课程日均访问量维持在 800 人次以上,且多为晚间非授课时间,可见学生在课前预习和课后复习期间的自主学习热度。学生利用课前预习上课内容并选择不同的学习主题,提前进行技能、技巧的学习,进入实际课堂后便可直接进入操作阶段,大大缩短了课堂教学过程,提高了教学实效。教师通过分组教学满足不同学生的学习需求,激发了学生的创作欲望,构建了开放式的学习氛围。

3. 基于流动再生理念的资源动态创新模式

各实验校以解决校内教育资源流动不顺畅、资源再生效率低等问题为出发点,促使资源在流动和应用过程中创新再造。借助云服务平台,将资源融入教师备课、研讨、教学等工作环节中,实现资源在教学工作中创造产生、共享流动、重复利用、再生创新,形成一种全新的资源建设模式。举例如下。

海淀区七一小学的"教师云资源系统",将学校资源平台与市级平台贯通,联合构建云端资源中心和资源"圈子",推动多个人员圈子内的资源共享流动,实现对资源的创造产生、共享流动、重复利用、再生创新等关键环节的支撑。依托该平台,教师可利用手机等移动终端采集教学素材,在个人云空间中整理、开发采集到的素材,并可方便地分享和下载。自上线以来,其教研资源量累积达到 15.6 万条,日均访问量在 300 人次以上。通过该系统,素材和资源在流动过程中有效汇集了大众的知识与智慧,实现资源建设中预设性资源向生成性资源的转变,最终沉淀为学校的智慧资产。

4. 基于大数据的分析诊断模式

在传统教育工作中，由于学习过程数据采集困难，面向单个学生进行个性化诊断与评价比较困难。随着大数据分析等新技术的普及以及基础教育信息化的日益深化，日常过程数据的积累已逐步成为人们关注的焦点。各实验校围绕日常学习过程数据积累形成了个性化的分析诊断创新模式。例如，北京市第九十四中学深化应用双基检测分析诊断系统，其每月成绩分析汇总全部通过系统完成，并面向每个学生提出 29 个基础数据指标、132 个过程分析指标，实现学生弱点精确诊断、教学内容精准优化。

相关的创新应用还有很多方面，笔者将在第 6 章做更全面的总结。

3.4.3　数字校园带动下的信息化发展新模式

北京市借助数字校园实验工作，探索了市级层面为学校提供服务的方式，经过实践初步形成了"市级做基础 + 学校做特色"的双轮驱动模式，有效厘清了市和学校在信息化服务供给中的角色定位，即由市级提供基础性、共性普适性服务，与各区提供的基础性服务相整合，学校做定制、做应用，形成"上下联通、共同打磨、动态优化"的信息化应用服务体系。通过"磨服务"，形成双轮驱动，不仅为全市信息化"填平补齐"提供了普适性服务，也为学校创新信息化应用模型提供了明确思路，有效地推进了北京市教育教学同信息技术的深度融合。

第4章　北京市中小学数字校园建设与应用评估

4.1　北京市中小学数字校园评估指标体系的研究意义

建设中小学数字校园绝不是单纯意义上的校园网提升，不是软硬件系统的堆砌，不是一种模式化的框架，而是要挖掘教育信息化的丰富内涵，实现技术发展与教育理念更新，并将它们真正有机地结合起来，开辟一条信息化时代下的数字教育创新之路，实现教育公平、优质、特色和创新发展，促进学校核心业务水平的提升。北京市中小学数字校园实验校定位为以学校为主体推进基础教育信息化建设的一项整体化、系统性工程，是推进我国基础教育信息化整体从"接触、应用"迈向"整合、创新"阶段的发展途径，是构建数字时代背景下的一种新的教育信息化环境和新的教育形态。北京市自 2009 年启动中小学数字校园实验校工作时起，就面临着一系列需要回答的问题。例如：面对数字校园建设发展的丰富内涵、巨大的挑战性、发展的多途径化，如何覆盖具有广泛差异性的数字校园发展形态与内涵？在大的方向上，中小学数字校园建设在全市范围内要引导什么？

因此，北京市迫切需要形成一个科学合理的中小学数字校园建设评估规范，一方面指导和促进全市中小学数字校园建设，另一方面衡量与评估中小学数字校园建设的成果与效益。开展实验校的建设评估，并在优化、验证的基础上，向区域性数字校园建设评估标准的方向努力，以推进更多数字校园建设工作的开展。评估指标体系具有地域性和动态性，基于实际需求以及实际问题的解决，基于不同类型的学校、处于数字校园建设不同阶段的学校对应不同的评估指标体系。

综上，北京市中小学数字校园实验工作一开始就被列入全市基础教育重点工作之中，初始目标聚焦在三个方面，其中就包含制定北京市中小学数字校园建设评估规范，促进中小学数字校园建设在全市逐步推广和实施，研制北京市中小学数字校园建设的评估指标体系。数字校园评估自实验校工作开展之日起就被定位为这一工作的核心和主线，它是新时期推动教育信息化深化发展的有效抓手。

4.1.1　引领北京市中小学数字校园建设的发展方向

数字校园建设是一项极其复杂的工程，它要实现一个从管理者、建设者到各类用户的观念更新，实现各类教育教学资源的重组、优化和共享，实现各类系统的连通和业务的高度整合。因此，市级评估标准中不仅要罗列出数字校园建设过程中需要解决的问题、建设的重点和发展趋势，而且要体现出北京市中小学数字校园的建设特点和发展思路，在建设过程中充当着一个科学规范的指挥棒，以指导和引领全市中小学数字校园的建设，实现以学校为主体推进区域教育信息化发展，充分调动学校的主动性和积极性，结合校情及区情，从教育教学业务出发开展数字校园建设。

此外，基于中小学数字校园评估体系研究，充分调动在京高校资源，在以国际化视角把握北京市中小学数字校园建设现状、特征、存在问题和未来发展趋势的基础上，制定具有动态性和发展性的规范，是面向中小学数字校园建设过程的评估依据。北京市教委通过评估规范的引导，帮助实验校明晰地认识和理解中小学数字校园建设的内涵与意义，指导结合本校实际情况确立数字校园的建设规范方案，细化建设阶段性目标，明确建设的重点内容。同时，评估规范中积聚国际教育信息化新态势，拓展了中小学的建设视野，使中小学在建设过程中能随时把握技术的发展方向和教育理念的变迁，实现信息技术与教育教学的高度融合，深化信息技术在学校核心业务中的应用。

因此，中小学数字校园评估指标体系研究能促进和引领北京市中小学数字校园建设。

4.1.2　评估北京市中小学数字校园的建设成效

在中小学数字校园建设过程中，硬件环境的更新、应用软件的开发、资源的建设、师生信息素养的培训等工作都需要投入大量的人力、物力和财力，数字校园的建设需要较为庞大的投入，决策者、管理者、建设者、用户和社会都会从心底拷问："建设数字校园能产生多大的效益？"因此，需要有一个可信度高、可操作性强的评估规范对数字校园建设的过程性成果和效益进行衡量与评估，为人们进行价值判断提供一定的依据，帮助学校在实际建设过程中及时发现问题，找到差距，提供改进意见，促进数字校园工作沿着科学的可持续性道路发展。此外，评估规范要考虑到不同学校建设数字校园的起点水平的差异性，以保证评估结果的公正性和科学性，以真正突出效益增量。

因此，北京市中小学数字校园建设评估规范的另一个重要作用就是评估与诊断，以衡量北京市中小学数字校园建设的成果和效益，这对于促进数字校园发展具有重要的实际意义。由于评估规范具有差异性和过程性，因此首先可以面向不同建设起点的学校进行评估，使评估具有针对性和合理性，实现分层指导；其次评估是面向数字校园建设过程的评估，可帮助学校及时发现数字校园建设过程中的问题，给予建设性、指导性意见，促进数字校园更好地发展。通过评估，信息化的业务主管部门和专家团队可以发现规划数字校园建设中的问题，从而能够及时给予建设性的指导意见，更好地支撑学校各项业务的开展和提高核心业务水平，促进数字校园建设与应用真正产出教育教学效益。

4.1.3　推动适应中小学数字校园建设的信息化体系整体发展

中小学数字校园建设是推动教育信息化建设面向教育教学过程深度融合的阶段性趋势，其发展将内在地驱动教育信息化体系的再建构，以超越传统教育信息化发展中的"项目"范式、"技术"范式、"观摩"范式。"项目"范式导致教育信息化建设不可持续、可用性不高，"技术"范式导致教育信息化建设难以有效深入教育教学核心业务，"观摩"范式导致信息技术应用难以常态化地在教育教学中进行应用。数字校园建设将推动教育信息化面向教育教学应用的范式转型，其内在是更新信息化体系，而这一过程是渐进的，具有发展性的，北京市教委通过评估规范可引导市级、各区和学校三个层面的发展，从而建构这一体系。

1. 在市级层面

北京市教委通过在全市范围内开展中小学数字校园建设与评估工

作，一方面引领中小学数字校园建设内涵的走向和重点，关注数字校园建设的应用情况和产生效益，引领全市基础教育信息化从建设阶段向应用和效益阶段转变，充分发挥技术对学校核心业务的支撑作用；另一方面为北京市教委、北京教育网络和信息中心等领导部门指导学校实践工作和衡量建设成效提供依据，在数字校园发展经过一定时期后，展开评估，总结经验，发现问题，及时总结，然后再引导新一轮区域数字校园建设的规划、建设、应用与评估工作。

此外，数字校园建设是一项系统化推进全市基础教育信息化发展的关键举措，为了解决信息孤岛、应用孤岛、优质教学资源无法共享等问题，北京市推出市级数据互操作规范，旨在统一各中小学建设数字校园规范标准，实现统一的教育信息化管理。基于这些背景，在北京市中小学数字校园建设评估规范中，尤其需要强调的是数字校园建设要坚持数据标准的规范性，实现各校建设的各类应用系统和平台相互之间能够实现数据交换，以及与市、区级共享大平台进行对接和整合，打破过去学校各自为战、重复建设、系统封闭等局面，加速全市范围内优质教育教学资源的共建共享。

2. 在区级层面

各区要充分理解市级评估规范精神，积极发挥领导和组织力量，结合本区实际情况，制定适合本区的数字校园建设评估实施细则，指导本区各中小学数字校园建设工作，提醒注意事项，并提供一定的人力、物力、财力和技术支撑，统一建设规范，实现区域级优质教育教学资源共享环境的建设。

3. 在学校层面

各中小学在评估规范精神的引领下，对数字校园建设内涵、重难点及关键问题有了全面的理解，对整个数字校园建设项目的具体实施过程有了全局性概貌认识，然后结合全校信息化现状和存在的问题，制定个体学校数字校园建设目标、总体架构、应用系统、保障措施等，以指导实际建设和应用。

在上述发展进程中，市、区、校基于数字校园评估工作的持续推动，建构、优化教育信息化发展生态，建构起适应数字校园发展的新型教育信息化发展体系。

4.2　北京市中小学数字校园评估指标体系的发展过程

4.2.1　发展过程回顾

数字校园建设是一项复杂的系统性工程，包括规划、设计、实施、应用、评估、优化等多个环节。在建设过程中，管理部门、行政部门以及各建设学校注入了大量的资金和人力，如在校教职工、学生、家庭和社会的多方参与，因此，对数字校园建设进行评估具有多重复杂性。从整体来看，"北京市中小学数字校园实验校"是建设项目，更侧重于数字校园"建设"。伴随着数字校园的发展，信息技术融入学校教育教学过程的深度逐渐加深，就会更侧重于数字校园"应用"，进而更能呈现出发展水平特征。因此，就北京市中小学数字校园发展历程回顾来看，整个指标体系建构适应了这一内在特征要求。

为适应数字校园建设要求，北京市首开先河，在持续行动研究的基础上，于 2014 年 6 月发布了《北京市中小学数字校园实验项目评估指标体系（学校评估）》，这也是北京市建立的首套专门针对数字校园建设的指标体系。这套体系包括信息化项目规划、建设等维度指标，旨在对数字校园实验校建设和应用情况开展评价，实现"以评促建、以评促用"。这套指标体系为当时的数字校园建设提供了指导和决策依据，对项目建设发挥了重要的引领作用。

随着北京市数字校园实验工作的快速发展，原有评价指标体系已不再适应当前发展阶段，不利于引导学校转变"重建设、轻应用"的传统思路，需要聚焦信息化深度融合和应用创新模式，强化对实际效益的考察。经过新一轮的研究，2016 年 6 月北京市发布了《北京市中小学数字校园实验校信息技术应用水平评估指标》。

由此，在数字校园实验项目推进下，形成了系统化的中小学数字校园发展评估指标框架。这一框架由两个指标体系构成，即建设评估与应用评估。其中，建设评估也是指向应用的。依托这两个评估体系，数字校园从"建设态"走向了"常态化项目态"，北京市中小学数字校园建设进入了常态化发展阶段。

在上述指标体系研制过程中，我们对中小学数字校园的发展进程做了深入的研究，基于国内外教育信息化发展的比较分析，从"硬环境"（技术环境）、"软环境"（应用环境）的内涵阐述建构了中小学数字校园建设发展阶段模型。该模型依据教育信息化发展趋势和数字校园软硬环境之间的适配关系（见图 4-1 左侧），将中小学数字校园发展分为五个阶段——基本级、发展级、应用级、融合级和创新级，如图 4-1 所示。

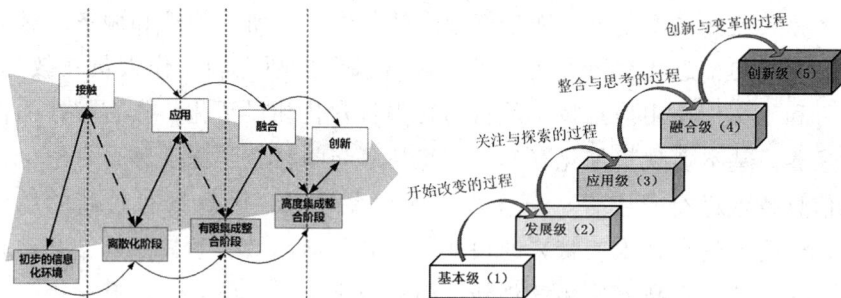

图 4-1　中小学数字校园建设发展的五个阶段

第一级，基本级。学校领导意识到技术促进教育教学的作用，开始改善和提升校园的信息化硬件水平，引进一些应用软件或平台，购买资源库和精品课程，但系统之间的互联互通性不高。学校颁布相关政策和组织简单培训，大部分教师和工作人员都能够使用信息技术处理一些简单的事务，如制作课件，浏览校园信息，在论坛发帖等，学生在学习中使用技术的概率不高。信息技术在校园中的应用停留在管理与交流层面上。

第二级，发展级。学校领导非常重视学校的信息化建设，通过规划合理地购买硬件设施和软件资源，对部分系统进行集成，与其他学校或区信息中心进行优质资源共享，以政策手段推动在校工作人员在工作中使用信息技术，实现无纸化办公，并通过组织培训来提升在校师生的信息素养，使大部分教师都能够在教学中应用信息技术，促进其教学与专业技能的提升。学生在学习中能够使用技术帮助学习与知识拓展。教学平台和交流平台访问量较高。

第三级，应用级。学校根据实际需求合理地购买或置换硬件、软件和资源等，实现系统的集成整合以及在区范围内进行教育教学资源共建共享，在建设和开发时采用统一的数据标准规范。学校领导和教师非常重视信息技术在教育教学中的应用，根据学校实际情况进行信息技术与学科教学的整合。90％的教师都能在日常教学中较好地实现技术与课堂教学的有效整合，并促进教学与教师专业发展。学生在平时也能熟练应用信息技术进行学习。信息技术在校园中的应用从管理交流层面迁移到教育教学核心层面，并且在技术应用方面能发挥出新意与特色。

第四级，融合级。学校硬件设施水平较高，并且应用系统集成性强，相关业务高度整合，能较好地支持教学、教研、管理和服务。领导具有开阔的信息化视野和先进的国际观，全校师生和工作人员在教学、学习和工作中使用信息技术的行为变得日常化和灵活化，具有较好的信息素养。基本实现精细化管理、信息技术与学科教学深度整合，学生使用信息技术进行自主性、合作性、探究性学习。用户具有较高的体验性，感受到信息技术所带来的快捷方便和灵活高效。学校能够结合本校的办学特色进行技术应用的创新，凸显数字文化，整合、提升学校办学品质。

第五级，创新级（理想级）。学校的硬件设施水平高，系统、平台、资源都遵循统一的数据标准，系统之间互联互通，在广大范围内实现数据资源共享，数字校园软件设施具有开放性和可扩展性，能很好地支持教学、教研、学习、管理和服务。实现高效、精准的信息化管理，支持教师的有效教学，发展互动式教学，课堂教学与在线学习深度融合，促进教师专业发展，实现学生学习方式的创新，突破教育教学时空的限制，实现移动学习、在线学习、自主学习，丰富校园文化，拓宽学校的时空维度。以面向服务为基本理念，基于泛在互联通信网络技术，构建业务流畅、资源共享、智能灵活的教育教学环境。

基于对中小学数字校园发展的认识，我们认为，构建中小学数字校园发展评估体系也必将是一个伴随实践而持续发展、深化的进程，需要结合时间、地域、区情、校情等要素动态优化。基于上述理解，下面对北京市中小学数字校园发展评估体系框架的两阶段发展进程进行介绍。

4.2.2 阶段1：数字校园实验项目评估指标体系研究

第一阶段的数字校园评估指标体系是伴随"北京市中小学数字校园

实验项目"的驱动而进行的，其发展是为了有效引导项目实施，提升项目实施绩效，它以课题研究的方式，采用文献分析法、访谈法、问卷调查法、特尔斐法等，主要分三个阶段完成了北京市中小学数字校园建设评估规范的研究。评估指标体系行动研究分三个阶段进行：第一阶段，确定评估的"四个层面"；第二阶段，确定一级和二级指标项；第三阶段，确定三级指标项并形成具有可操作性的评估规范。如图 4-2 所示。

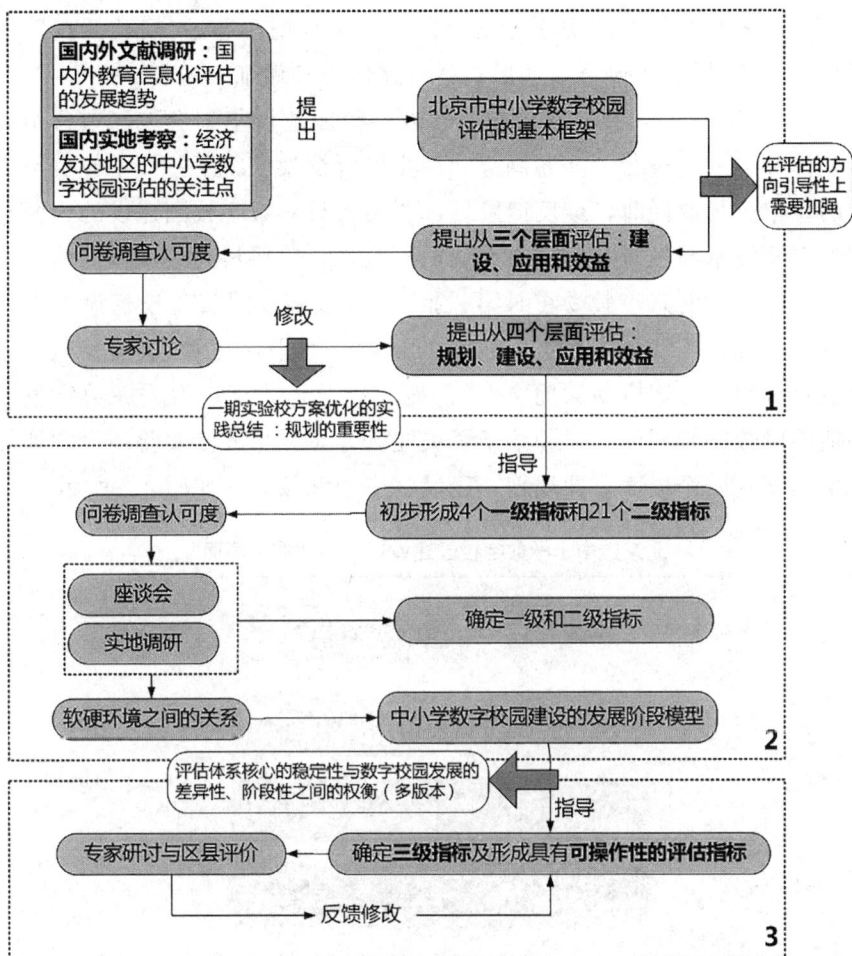

图 4-2　评估指标体系行动研究过程

2009 年 4 月，北京市教委启动了"北京市中小学信息化规划及数字校园评估规范研究"项目，通过文献调研国际上发达国家、国内代表性区域基础教育领域教育信息化发展现状，同时开展实地调研，对包括北京、上海、江苏等地的国内外中小学针对基础教育领域信息化评估的关注重点开展调研，初步确定了数字校园实验项目评估的三个层面，即建设、应用和效益。

2010 年 7 月，北京市教委进一步启动了"北京市中小学数字校园规划及评估实施方案研究项目"，对数字校园评估规范开展进一步的细化研究，在一级维度基础上，细化二级指标项，修改、调整和落实指标项分值，以形成可操作的实施方案。在这一过程中，通过"问卷调查""座谈会""实地走访"等研究活动形式，将评估指标做细、做实。

2010 年 11 月，在北京市中小学数字校园建设培训会上，项目组面向全体参会人员进行了问卷调查，初步评价框架获得了一线学校负责人员的肯定。与此同时，经反馈发现，与会人员对数字校园建设的内涵和重点以及技术与教育之间的关系认识不全面，需要得到进一步的明确与引领。此外，北京市教委在对第一批 29 所数字校园实验校建设方案的评审中发现，一线学校在这一阶段的建设方案中存在着"重硬轻软、重建设轻应用，方案容易大而全"等问题。因此，北京市教委在数字校园评估中对数字校园的"规划"给予了关注，并将数字校园实验项目的评估框架拓展到四个层面，即规划、建设、应用和效益，如图 4-3 所示。

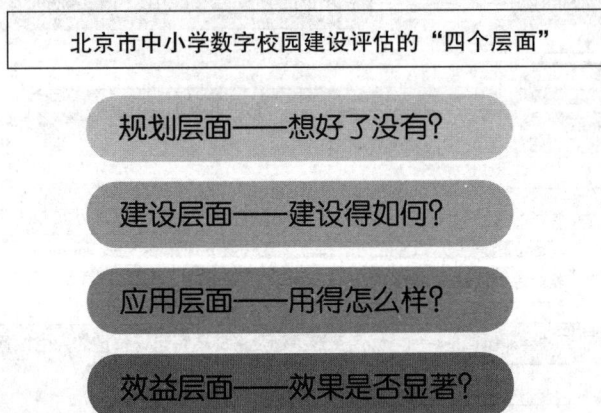

北京市中小学数字校园建设评估的"四个层面"

规划层面——想好了没有?

建设层面——建设得如何?

应用层面——用得怎么样?

效益层面——效果是否显著?

图 4-3　北京市中小学数字校园建设评估的"四个层面"

2011 年 3 月，结合北京市中小学数字校园实验校方案交流会的召开，项目组就评估体系的一级指标项和二级指标项的适切度再次进行了问卷调查。同期，项目组邀请了一些数字校园建设走在全市前列的学校管理者和区信息中心主任，围绕研制中的数字校园评价指标体系开展系列研讨。项目组走访了北京市朝阳区实验小学、北京市海淀区七一小学、中国人民大学附属中学西山学校、北京师范大学第二附属中学、北京市第九十四中学等学校，综合问卷、调查、研讨反馈等结果对指标项内容和分值做出了调整。

2011 年 6 月，北京市教委启动了"北京市中小学数字校园建设与评估规范实施方案"（新一期）项目，就评估指标体系建构进一步结合专家咨询、各区反馈开展提交前的调整，于 2012 年 4 月正式提交项目研究成果，形成了适应北京市中小学数字校园实验项目的研究成果，即"北京市中小学数字校园建设评估指标体系"。

"北京市中小学数字校园建设评估指标体系"研究是一个理论体系框架建构的过程，是教育信息化发展理念与一线学校实践深度融合的过程，是一个将数字校园建设这一复杂任务"简单化"和"概括化"的过程，为全市中小学数字校园建设奠定了良好的基础。

本评估规范是面向过程的评估，在数字校园实验校主要应用系统上线至少两年以后才能实施。同时，该评估规范是为促进中小学数字校园的建设和发展而制定的，用以指导不同水平的数字校园建设，而非数字校园发展水平评估。

4.2.3　阶段 2：数字校园应用水平评估指标体系研究

2014 年 12 月，伴随第一批 29 所中小学数字校园实验校验收评估工作的完成，第二批 38 所数字校园实验校建设工作的开展，数字校园实验项目的评估进入了新的发展阶段，即数字校园应用水平评估的发展阶段，由此，我们启动了数字校园应用水平评估指标体系研究。

2014 年建立的指标体系重在"评项目、推建设"，核心是从学校项目实施的角度给予评价。与此不同，2015 年、2016 年已处在数字校园发展新阶段，对数字校园的绩效评价也不能停留在推动项目的层面，而是要深入评价其常态应用程度与实际效益的层面。评价指标体系的变革直接反映了数字校园工作指导思想的变革。无论学校信息化建设怎样精彩宏大，最终判定其优劣的核心标准依然回归到应用情况，回归到"信息化支撑教与学"的本源，强化对实际效益的考察，并进一步聚焦到信息化深度融合、应用创新和发展态势。因此，新的评价指标体系在最初就定位为"数字校园应用水平评估指标体系"，意在围绕各领域、各层次的应用情况，多角度描绘数字校园实际效益。

基于这一思路，2015年12月，北京市教委启动了"北京市数字校园应用水平评估指标体系"第一轮专家咨询与学校调研，深入结合学校建设应用的突出成果、集中关切和普遍特点，针对当时数字校园建设依然存在的"重建设、轻应用"的问题，从"教与学"核心业务定位入手，多角度分析其成因、表象，通过逆向思维，由问题入手，明确了三个方面的核心矛盾点：一是信息化在教育教学及管理中是否实际应用；二是通过实际应用使学生、教师、学校分别取得了哪些实际效益；三是哪些手段、条件、资源将制约学校信息化的发展。同时，对北京市数字校园发展阶段的认知也基本达成共识，即当前已进入深化应用阶段，应用深度、应用实效、持续发展能力正逐步成为当前关注重点，因此新的评估指标体系必须将应用深度、应用实效、持续发展能力作为考察重点。

通过持续研究分析，指标体系雏形逐步清晰。2016年3月，"数字校园应用水平评估指标体系"三级指标体系初步建立，明确了以"应用情况""实际效益""持续发展"3项一级指标引领，以"教育教学""教育管理"等11项二级指标为框架，共31项三级指标构成核心评价项。

2016年6月，北京市教委进一步细化了三级指标下的评分依据，给出了操作层面的实践指导，明确了具体可量化的评分项，《北京市中小学数字校园实验校信息技术应用水平评估指标》正式发布。

在此基础上，2016年年底开展的全市数字校园星级示范校评选活动首次应用这套评价指标开展评选，其操作性强，契合学校特点，直指学校痛点，取得了良好的应用效果，发挥了显著的指导作用。

实践证明，只有信息技术融入教育教学业务并保持良好的发展状态，才有可能获得实际效益，从而促进教育教学质量和效率的提升，其建设才有可能被认为是成功的。北京市教委以评价指标体系为基础，根据实践效果，遵循信息化发展客观规律，适时调整思路，逐步回归教育教学核心业务，再度完善扩展，形成了信息化应用水平评估指标体系。该指标体系从学校核心业务角度考察信息技术对教育教学全要素、全过程的支撑作用，重点聚焦信息化应用情况和实际效益，关注技术与业务的创新融合，加强对可量化指标的考察，在现阶段发挥着重要的导向作用，为全市数字校园评估提供了参考和指导，为引领数字校园发展方向提供了重要的风向标。

4.3　北京市中小学数字校园实验项目评估指标体系

4.3.1　基本定位

基于北京市中小学数字校园建设的现状、基本特征以及结合参与建设的实践性感受，北京市教委委托专家团队构建中小学数字校园建设发展阶段模型，并在模型指导下，借鉴美国教育信息化评估 STaR 表，形成了具有动态过程性和发展性的北京市中小学数字校园建设评估指标体系。中小学数字校园建设评估是面向过程的评估，是评估数字校园的建设过程、建成的应用系统上线后的应用情况以及应用之后产生的效果，是一个具有动态过程性和发展性的评估，实现了"以评促建"和"以评指建"。

4.3.2　指标体系建模

通过研究，评估覆盖规划、建设、应用和效益四个层面，它们代表了整个数字校园从最初构想到变为现实和产生效益的整个过程，这"四个层面"的评估确保了评估规范具有动态发展性。

1. "规划"评估

"规划"不仅标志着数字校园建设进入准备阶段，同时也决定了未来建成的数字校园形态和发展方向。数字校园实验项目初期开展过程中暴露出了一些共性问题，如信息孤岛、软件孤岛、应用孤岛、投资不合理、大量教育资源重复建设等，这皆是由于数字校园建设在准备阶段缺少统一规划工作造成的。因此，对"规划"的评估，旨在提高数字校园管理者和建设者对该环节的重视程度，思考如何对数字校园建设进行科学合理的规划，解决孤岛难题，促进数据和资源共享等。对该层面的评估包括建设前的实际调研工作和需求分析，数字校园规划方案的科学性、合理性以及建设经费的预算问题等内容，重点关注规划方案是否关注学校未来几年的发展，是否结合学校的实际情况和突出特色，建设所需要预算是否合理准确。

2."建设"评估

在"建设"阶段，我们首先要明确数字校园建设的具体内容和关键问题，并根据存在的问题提供解决对策。比如，通过遵守统一的数据规范解决信息孤岛问题，通过强调数字校园软环境建设以防止学校片面追求"硬指标"建设，通过强调领导力和师生信息素养以引起学校对这些问题的重视，通过添加特色应用建设引导学校结合校本特色进行应用创新。其次，要强调建设的规范性，以及实施方案、工程管理、建设采用的技术路线、经费投入等的规范性，保障数字校园建设顺利完成。最后，要关注数字校园的未来，建设具有开放性和可持续发展性的数字校园，开阔人们的建设理念与思路。这一维度包括对效益层面的评估，这一层面的评估是面向结果的评估，主要关注数字校园的建设对师生、学校、区内其他学校和社会产生的影响，包括一些显性的方面，如获奖情况、环境提升、社会评价和教学效率提升等方面，还关注各类用户的信息化生存。

综上，对该层面的评估要包括是否依据科学的规划方案完成了建设及建设取得的成果，关注点包括数字校园领导力建设、保障机制、各应用系统的开发（如管理交流类应用系统、教育教学类应用系统和生活服务类应用系统等）、数据资源共享的实现（如建设时是否遵循统一的数据标准和互操作规范，资源库的建设等）以及特色应用建设等内容。

3."应用"评估

"应用"发展是数字校园建设的关键环节，体现北京市基础教育信息化发展方向的转变——由关注建设转向关注应用，在评估中需要通过一些改变，如加大分值以突出该阶段的重要性，同时也要强调各类学校对校本资源的过程性累积，借助技术手段搜集隐性的教育教学资源。所以，除了对系统或平台中数据、资源和信息的过程性积累量的评估，还需要增加与学校核心业务相关的行为改变等方面的鉴定，包括描述出教师如何应用建设的系统来支撑日常的教学过程和专业发展，学生如何利用技术来辅助自主学习等。对该层面的评估包括所建设的各类业务系统的应用情况等。对于这些情况，我们可以从后台的数据统计结果得出，包括各个系统的注册登录情况、网页的点击率、资源的上传下载情况，也可以随机访谈和实地观察，以了解管理者、教师和学生对所建系统的使用状况。对于中小学的核心业务——教育教学的相关业务系统的应用、家校互动和特色应用，我们需要重点关注。

4."效益"评估

"效益"层面的评估，即数字校园建设并使用起来之后带来了什么。它主要衡量中小学数字校园建设所带来的效益如何，是否提升了学校的教育教学质量，是否促进了数字校园建设的可持续发展。可持续发展是关键。数字校园建设要能提升学校的核心竞争力，建设时所采用的技术要便于后期进一步发展与维护。

对效益层面的评估是面向结果的评估，不仅关注数字校园的建设对师生、学校、区内其他学校和社会产生的影响，包括一些显性的如获奖情况、环境的提升、社会的评价和教学效率的提升等方面，而且关注各类用户的信息化生存现状和主观感受，体现出"面向服务和以人为本"的建设宗旨，实现了技术为人服务的基本思想。因此，评估需要增加"用户幸福感"等非量化指标项，以判断数字校园是否真正地为人类带来便利和快捷、高效的服务。对该层面的评估包括前面三个方面对学校综合发展的影响，如学校的信息化领导力提升，师生的信息素养管理效率提高，交流更加快捷，教育教学质量提升以及对外辐射作用增强。

其中，应用层面和效益层面的评估在中小学数字校园整体评估中所占份额偏多，这反映出教育信息化的发展方向——由建设向应用转变。

从四个层面进行评估，实现了以评促建和以评指建。

4.3.3　指标权重分布

在面向过程评估思想的指导下，我们在北京市中小学数字校园建设评估规范基本框架中设定了四个一级指标——规划层面、建设层面、应用层面和效益层面，经过反复研究，形成了北京市中小学数字校园建设评估指标体系(含一级指标和二级指标)。该指标体系共有 4 个一级指标、21 个二级指标以及若干个三级指标。一级指标项坚持评估的"四个层次"，二级指标项是对一级指标项的细化。其中，考虑到数字校园建设的起点水平不同和动态发展性，在二级指标项中增加了一些后标注为

O 的指标项（Option，代表"可选"），它们代表着高层次数字校园的发展。考虑到实验校的差异性及建设目标不同，这些指标分值可在评估时依据学校实际情况及其所提出的要求，调整到本指标所在一级指标范围内的其他项中。完全采用这 3 项进行评估的学校，其总分将被奖励这 3 项评估得分（满分为 8 分）的 25% 的得分。

我们对 C1 至 C4 指标项增加了备注说明——"建议每个学校可以侧重不同方面进行组合"，即考虑到不同学校的教育教学特点和实际需求不同，在实际建设中可能侧重方面有差异，因此允许学校根据自身特点进行灵活选择和自由组合。评估将视学校实际情况而重新调整分值。

表 4-1　北京市中小学数字校园建设评估规范研究

一级指标	分值	二级指标	分值	评估依据
A 数字校园规划	15分	A1 数字校园建设规划的制定	2分	是否有数字校园规划
		A2 规划中学校特色的体现	4分	规划中是否用信息化支持学校特色的发展；技术支持特色发展的可行性
		A3 规划的科学性与合理性	6分	规划是否符合学校实际情况；是否能够执行
		A4 规划中预算的合理性	3分	规划中硬件、软件、资源、培训和运维等的预算是否合适
B 数字校园建设	20分	B1 数字校园的组织机制	3分	是否建立起了推进数字校园发展的组织结构
		B2 数字校园建设的管理与实施	5分	数字校园建设的过程是否有清晰的管理和实施过程
		B3 数字校园建设的规范性	3分	数字校园建设过程是否遵循市、区的管理要求
		B4 数字校园建设任务的完成情况	5分	对照任务书的项目完成情况
		B5(O)数字校园系统的整体架构开放性	2分	数字校园平台或系统是否具有开放性
		B6 应用维护的可持续性	2分	数字校园建设所带来的硬件及软件系统是否可持续、可运维

续表

一级指标	分值	二级指标	分值	评估依据
C 数字校园应用	35 分	C1 管理交流类系统建设与应用情况	9 分	每校依据校情不同,有重点、分阶段地在 C1 至 C4 这几个方面推进本校数字校园应用建设。可以侧重不同方面进行组合,重点是"建以致用"。
		C2 教育教学类系统建设与应用情况	14 分	
		C3（O）对外辐射与公众服务类系统建设与应用情况	4 分	
		C4 特色与创新类应用的建设情况	8 分	
D 数字校园建设效益	30 分	D1 教育和教学层面的效益体现	5 分	教育和教学活动的成绩反馈
		D2 学生学习层面的效益体现	3 分	学生发展所取得的成绩
		D3 管理与交流的效益体现	2 分	学校管理、交流所取得的发展,特别在家校互动方面
		D4（O）社会层面的效益体现	2 分	学校发展所取得的享誉度,学校发展经验的分享与传播等
		D5 用户体验(幸福感)	6 分	通过匿名问卷或访谈获得的数据结果
		D6 有效的数据与资源积累	4 分	打开高频系统,看实际使用情况及数据积累
		D7 数字校园建设带来的学校整体提升	8 分	由评价专家依据自身专业经验对学校数字校园建设做出整体评价

4.4 北京市中小学数字校园应用水平评估指标体系

4.4.1 基本定位

伴随中小学数字校园实验工作的开展,数字校园应用水平评估日益迫切。基于信息化应用发展模型和"教与学"核心业务模型进行研究,使得指标体系架构既符合信息化发展的一般规律，又充分契合"教与学"全业务过程，为学校信息化水平评估提供依据，特别是其中的量化考核指标能够为学校信息化提供具体、可量化的工作目标，从而对全市中小学信息化建设应用发挥重要的指导作用，引领全市基础教育信息化发展方向。

针对这一现状，北京市于2016年在原有评估指标基础上，结合北京市最新发展现状，推出了数字校园应用水平评估指标体系，即《北京市中小学数字校园实验校信息技术应用水平评估指标》。该指标体系实现了四个方面的优化。

一是完善了评估维度，加大了实践成效的评估分值，淡化了应用建设情况指标部分（即对建设广度的评价），突出了对系统应用情况（即信息技术与业务应用融合的深度）、实际效果（即信息技术应用对教育教学核心业务提供支撑的强度）、持续发展能力（即学校数字校园持续健康发展的能力和前景态势）的考察，旨在引导学校避免大而全、整体铺开的粗放式建设，转而注重实效性，同时，围绕这三个维度设计形成一级指标，构成了整体指标体系的主体框架。

二是强调了信息化对教与学全要素的作用情况，即针对信息化对教室、教师、学生、课程、教学过程、教学资源各个要素的作用设定二级指标。

三是强调了量化评估，如引入了北京市数字校园访问监测云服务系统，将其采用、监测的全市数字校园访问量数据作为应用成效的基础数据依据。

四是突出引导性定位。该指标体系不仅可以支撑北京市数字校园年度例行的星级学校滚动评估工作，而且能够为全市中小学信息化发展自我评估提供重要的参考和指导，从而引领北京市基础教育信息化的发展方向。

数字校园建设评估指标体系是衡量学校信息技术应用总体效益的重要量表。北京市从基础教育信息化的根本目标入手，围绕信息化与"教与学"核心业务的深度融合，立足北京市当前基础教育信息化发展阶段，探索如何构建充分契合当前需求的信息化评估指标，提出了以"应用情况""实际效益""持续发展"为主要评估维度，以常态化支撑水平、融合创新能力为核心考察点，以中小学为主要评估对象，最终落地于三级可量化指标的中小学数字校园信息技术应用水平评估指标体系。该指标体系不仅为北京市基础教育信息化评估提供了较为科学、准确、公正和全面的评价依据，也为今后指标体系的持续优化提供了思路。通过今后不断应用于实践，它将进一步融入北京市基础教育信息化特色建设模式，引领首都中小学数字校园工作不断向前迈进。

4.4.2　指标体系建模

要构建一套适应北京市信息化应用水平的评估指标体系，我们首先须确保其符合信息化发展的一般规律，然后充分结合北京市基础教育信息化当前的发展现状，根据所处的发展阶段明确评估维度和重点，因此我们首先需要对信息化发展阶段进行建模。同时，要聚焦信息化应用的实际效益和实际获得，就必须围绕教与学，因此还需要开展教育教学业务建模，以确保指标体系与教育教学业务充分契合。

1. 与信息化发展阶段模型的契合

中小学数字校园信息技术应用水平评估指标体系立足信息化建设应用历程的一般规律，即信息化应用发展模型，简单总结为系统建设、深化应用、融合创新、持续优化四个发展阶段，分别从系统业务覆盖度、系统应用深度、持续发展能力和应用实际效果四个维度衡量信息化应用发展水平，如图 4-4 所示。

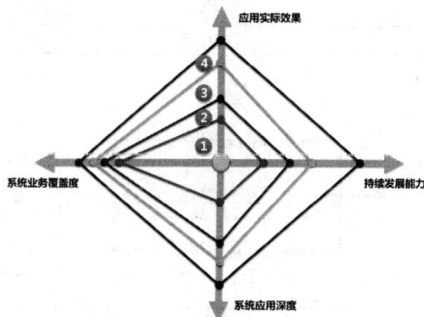

图 4-4　信息化应用发展模型

系统建设阶段为初始阶段，以广泛建设为主，应用推广为辅，核心是扩大信息化业务覆盖广度；深化应用阶段，逐步转向深度应用，开始关注应用效果和后续发展情况；融合创新阶段，基本实现业务和信息化的深度融合，创新应用能力逐步增强，总体保持健康发展；持续优化阶段，各方面协调发展，创新模式持续发展成为新常态，信息化综合能力不断增强。

基于对上述模型的认识，目前首都基础教育信息化发展已基本进入深化应用阶段，应用深度、应用实效、持续发展能力正逐步成为当前人们关注的重点。因此，评估指标体系必须充分契合北京市基础教育信息化当前发展阶段，将应用深度、应用实效、持续发展能力作为考察重点。

2. 与教育教学业务模型的契合

无论信息技术如何发展，发展教育信息化的最根本目标都是要利用信息技术更好地教育学生、培养人才，因此，各实验校必须牢牢坚持"信息化应融入教与学全过程，以学生培养为根本目标"的根本原则。具体来说，首先应当准确把握"教与学"核心业务的基本定位：一是坚持以教师为主体开展教学活动；二是以学生为主导开展学习；三是以课堂教学、自主学习、综合实践三种方式相结合作为教学手段；四是构建课程体系与课程资源指导教学活动的开展；五是构建线上、线下学习空间，为教学活动提供环境支撑：六是集合社会多元力量，共同参与教学课程与学习空间建设，为开展教学活动提供协同支撑，最终实现学生能力的培养。基于上述"教与学"基本模型，我们确定了评估指标体系必须围绕"教与学"全要素参与、全过程融合的基本原则，如图 4-5 所示。

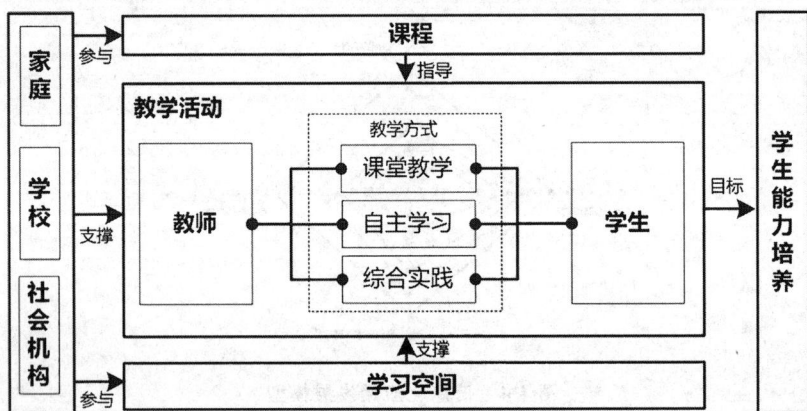

图 4-5 "教与学"核心要素与业务模型

上述模型中隐含了教育教学全过程中的核心要素，包括信息化领导力、学习空间优化、数字资源利用、教师专业发展、学业评价改变以及教学方式改变。教育信息化的最终目标是促进学生能力的发展，而与学生能力发展直接密切相关的是教师，因此教师发展也是教育信息化的重要目标；学生能力的发展和教师专业发展，在信息化环境下都需要信息化领导力的促进；学业评价与教学方式的改变直接影响学生能力的发展；信息化领导力将直接促进学习空间优化，教师专业发展，学业评价发生改变；而数字资源的利用将影响教学方式的改变。

3. 体系基本架构

评价学校信息化建设与应用实践是否成功，关键是看师生是否取得了预期的实际收获。信息技术只有在实践中得到应用，融入教育教学业务，并且保持良好的发展状态，才有可能获得实际效益，从而促进教育教学质量和效率的提升，其建设才有可能被认为是成功的。因此，评估指标体系总体架构的设计围绕信息化"应用情况指标""实际效益指标"和"持续发展指标"这三个重点方向展开，聚焦信息技术与上述方向的交叉点。具体来说，信息化应用情况方面，主要关注信息化在教育教学、教育管理以及多元协作方面的参与和融入情况，考察信息技术是否在这些领域深度融合和实现了常态化应用，如图 4-6 所示。

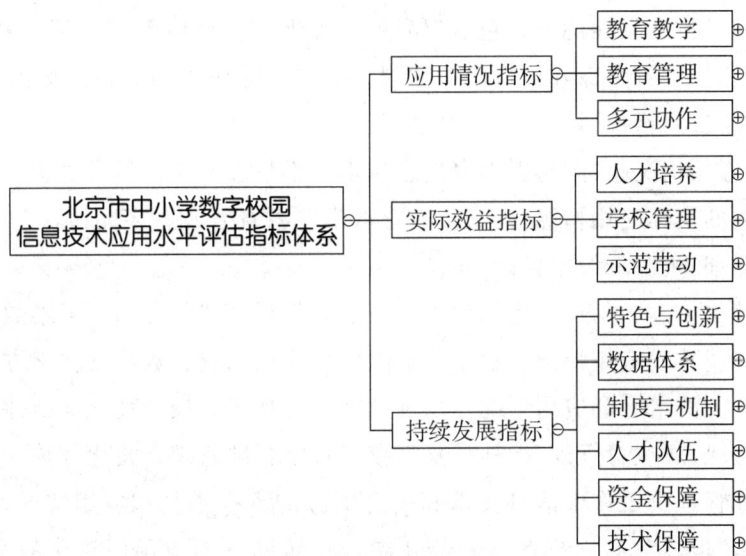

图 4-6　北京市中小学数字校园信息技术应用水平评估指标体系基本架构

信息技术应用水平评估指标体系由"应用情况指标""实际效益指标"和"持续发展指标"3 个一级指标及 12 个二级指标、31 个三级指标构成。

4.4.3　指标权重分布

"应用情况指标"共 40 分，重点考察信息技术在学校教与学、日常管理等核心业务中的实际应用情况，包含 3 个二级指标和 11 个三级指标。围绕"应用情况"的二级指标，在任一个（或多个）业务领域取得突出成果的，即可获得本级指标的满分。

"实际效益指标"共 40 分，重点考察通过开展信息技术深度融合应用，学校在核心业务领域取得的实际成果或预期效益，包含"人才培养""学校管理""示范带动"3 个二级指标和 7 个三级指标。围绕"实际效益"的二级指标，在任一个（或多个）业务领域取得突出成果的，即可获得本级指标的满分。

"持续发展指标"共 20 分，重点考察学校在特色、资源、机制、人才、资金、技术等方面的支撑保障水平，从而体现信息技术应用成果所具备的可持续发展能力，包含"特色与创新""数据体系""制度与机制""人才队伍""资金保障""技术保障"共 6 个二级指标和 13 个三级指标。

1. "应用情况"评估

"应用情况指标"重点考察信息技术在学校教与学、日常管理等核心业务中的实际应用情况，包含"教育教学""教育管理""多元协作"3 个二级指标和 11 个三级指标。

其中，"教育教学"指标针对教与学和教师教研两方面，考察数字化课堂环境建设应用情况、数字化资源建设应用情况、数字化教学方式的软硬件支撑水平和应用情况，以及利用信息技术开展个性化诊断评价的应用情况；"教育管理"指标考察学校在日常行政管理、文化宣传、考核评价等管理类工作中信息技术和信息资源的支撑水平和应用情况；"多元协作"指标考察学校在与外部开展合作协同方面应用信息化的水平，包括家校间的互动协同，多个学校间的协作共享，与国家、市、区等各级管理部门间的合作协同，以及与各类社会商业机构间的合作协同等。

具体指标及评估依据如表 4-2 所示。

表 4-2　"应用情况"评价指标

一级指标	二级指标	三级指标	评估依据
应用情况指标	教育教学	课堂环境数字化	• 接入互联网的智能教室、多功能教室、学科实验室等多媒体互动教室的数量 • 能够支持交互式教学或教师研修的智能教室、多功能教室、学科实验室等多媒体互动教室的数量 • 在智能教室、多功能教室、学科实验室等多媒体互动教室开设课程的情况 • 网上自主学习空间系统建设或使用情况 • 网上自主学习系统中开设自主学习课程及其使用情况（是否常态化）
		学习资源数字化	• 与课程配套的数字资源库和优质生成性教学资源数量，网上学生自主学习课程数量 • 数字资源库中教师自主建设的资源数量，校本特色课程配套数字资源数量以及校本优质再生资源数量 • 利用互联网等多种渠道引进的配套资源情况 • 资源利用的便利程度（包括应用模式、教师满意度评价等） • 教师研修能够使用的数字资源、课程数量、研修资源获取的便捷性，教师研修过程中产生的校本优质资源和获取的便捷性
		教学方式数字化	• 课前，是否使用支撑教师备课的信息系统及系统使用情况 • 课中，是否使用数字资源帮助学生掌握课堂知识，是否使用支撑课堂互动的相关信息化设备或软件，现有技术手段能否满足个性化学习需求，相关资源和信息系统的使用情况，互动课堂、翻转课堂等多种新模式在课堂中的整合使用情况 • 课后，是否使用配套的练习、扩展学习等数字资源，以及相关资源和系统的使用情况 • 网上自主学习、课堂教学、教师研修的综合实践以及相互衔接和融合程度，是否能够融入日常教学过程
		个性化诊断评价	• 能否自动采集课堂和网上学习过程中的各类数据 • 能否对采集的学习过程数据进行多层次的分析 • 能否通过分析定位学生学习和教师教学的薄弱环节，并进行专项反馈和强化 • 是否使用支撑学习全过程的数据采集和综合性评价系统 • 相关诊断评价信息系统是否融入了日常教学业务 • 是否利用系统为学生和教师提供个性化的评价和反馈结果

续表

一级 指标	二级 指标	三级指标	评估依据
教育 管理		行政管理 自动化	• 是否常态化使用教务管理信息系统 • 是否常态化使用综合事务信息系统 • 是否常态化使用人事、财务管理类信息系统 • 系统是否对行政管理发挥了重要支撑作用 • 是否借助系统优化了原有工作流程，提高了工作规范化水平 • 信息系统的日常应用情况（访问量等数据支撑）
		文化宣传 多媒体化	• 校园网站及校内文化宣传系统建设情况 • 校园文化宣传系统的使用情况
		考核评价 信息化	• 是否常态化使用教学考评类管理系统 • 教学考评信息化是否融入日常业务情况（提供教学考评信息化管理相关规章制度） • 考评系统的使用情况
多元 协作		家校协同 信息化	• 学校是否可以向家庭进行信息推送 • 家长是否可以即时了解学生的校内学习情况 • 是否实现了家校交互沟通 • 家校沟通信息系统的使用情况（访问量等数据支撑）
		跨校协作 信息化	• 是否常态化使用跨校协作信息平台 • 信息平台的使用情况（访问量等数据支撑）
		多级协作 信息化	• 是否使用了市、区级部门提供的信息化应用服务及资源服务 • 是否使用了学校同其他社会机构（互联网）的应用服务 • 各应用平台的使用情况（访问量等数据支撑）
		社会化协 作信息化	• 使用其他科研院校、公益机构、社会企业等服务的类型和数量 • 相关服务的访问量数据 • 教师、学生、家长对互联网服务使用情况的反馈评价数据

2. "实际效益"评估

"实际效益指标"重点考察通过开展信息技术深度融合应用，学校在核心业务领域取得的实际成果或预期效益，包含"人才培养""学校管理""示范带动"3个二级指标和7个三级指标。

其中，"人才培养"指标考察在学生教育和教师培养方面应用信息化取得的实际效益，如应用信息化技术在提升学生学业成就、合作与交流等方面的积极作用，以及对教师在专业化发展过程中的积极作用；"学校管理"指标考察在提升学校管理水平方面应用信息化取得的实际效益，如工作效率提升、决策能力提升、应急响应能力提升、办学质量提升等；"示范带动"指标考察学校信息化成果所发挥的示范带动效应，如在本区域内发挥的经验交流辐射效应、典型应用案例带动效应等。

具体指标及评估依据如表 4-3 所示。

表 4-3　"实际效益"评价指标

一级指标	二级指标	三级指标	评估依据
实际效益指标	人才培养	学生综合素质提升	• 学生综合素质评价系统数据 • 专家访谈评价 • 学校提供的其他各类案例
		教师教研水平提升	• 骨干教师信息和示范观摩课数量 • 教学研究及相关创新实践成果情况 • 教师研究论文和专著发表情况 • 专家访谈评价 • 学校提供的其他各类案例
	学校管理	学校管理工作效率提升	• 办公时间缩短情况 • 办公经费节约情况 • 办公便捷性提升情况 • 教职员工满意度提升情况
		学校管理决策能力提升	• 是否应用了分析决策类系统 • 学校教育运行状况的实时监控预警系统 • 是否借助信息化数据成果或工具开展统计决策分析 • 相关统计分析结果是否应用于指导学校管理决策 • 决策科学化程度的提升（教职员工满意度调查）
		学校应急响应能力提升	• 相关应急预案是否科学、完备 • 信息化设备、系统是否具备应急支撑能力 • 突发状况期间，利用信息化手段开展应急工作的支撑材料
	示范带动	经验交流辐射效应	• 组织或参与数字校园、信息化工作等相关交流研讨活动的次数、情况 • 相关交流研讨活动的参加人数和积极效果
		典型应用案例带动效应	• 数字校园建设成果、经验等，对其他学校、区产生积极影响和带动作用的案例

101

3. "持续发展"评估

"持续发展指标"重点考察学校在特色、资源、机制、人才、资金、技术等方面的支撑保障水平，从而体现信息技术应用成果所具备的可持续发展能力，包含"特色与创新""数据体系""制度与机制""人才队伍""资金保障""技术保障"共6个二级指标和13个三级指标。

其中，"特色与创新"指标，考察应用信息化实现业务融合、模式创新等方面的能力，如利用信息技术实现原有工作流程的优化，结合学校办学理念、优秀传统等形成独具本校特色的信息化应用等；"数据体系"指标，考察学校数据分类体系建设以及数字资源的采集、管理、更新机制和外部资源共享等情况；"制度与机制"指标，考察信息化制度建设情况以及信息化融入教育教学业务的机制保障能力；"人才队伍"指标，考察信息化团队建设情况，包括团队规模、结构、稳定性，以及信息化团队人员能力、人才培训等水平；"资金保障"指标，考察学校在数字校园建设、推广方面已投入的经费情况以及后续保障计划；"技术保障"指标，考察系统容灾、备份机制和信息安全管理制度及相关工具设备的完备性等技术保障能力。

具体指标及评估依据如表4-4所示。

表4-4 "持续发展"评价指标

一级指标	二级指标	三级指标	评估依据
持续发展指标	特色与创新	业务模式特色与创新能力	• 提出的新的教学、管理、协作中的创新模式内容 • 业务模式特色与创新相关报道、论文、自评报告等
		应用创新(融合实践创新)特色与融合能力	• 提出的新的教学、管理、协作中的项目建设和在推进工作中的创新应用内容 • 应用创新特色与融合相关报道、论文、自评报告等
		其他特色做法及创新	• 提出新的教学、管理、协作模式创新的建设项目，在推进工作中的除模式、技术、应用之外的创新内容 • 相关报道、论文、自评报告等
	数据体系	学校数据体系建设水平	• 是否对本校数据资源体系进行规划，并建立了数据资源分类体系 • 学校现有数据资源的管理水平
		学校数据采集、管理和更新机制	• 是否形成了学校各类系统数据的统一归集、管理、更新机制 • 是否形成了外部数据资源引入机制 • 是否形成了对外提供数据资源的服务机制

续表

一级指标	二级指标	三级指标	评估依据
制度与机制		信息化工作规划的合理性、延续性和可实施性	• 学校是否形成了信息化发展规划 • 规划是否结合学校实际情况，明确学校办学特色，统筹项目建设，提出可以实施的推进策略 • 学校对信息化建设工作持续发展是否有明确的设想和思路
		信息化制度的建设情况	• 是否形成了信息化相关的项目管理、数据管理、运维管理等制度 • 相关制度是否落实并不断完善
		信息化融入教育教学的保障机制	• 是否形成了促进信息化和教育教学业务深度融合的制度和机制
	人才队伍	信息化团队的规模、结构、能力水平和稳定性	• 信息化团队规模是否合理 • 信息化团队结构是否合理，工作流程是否规范 • 信息化团队领导力、项目规划能力、需求转化能力、应用推广能力 • 信息化团队稳定性情况 • 信息化人员晋升机制情况
		教师信息化素养水平及提升机制	• 教师信息化素养情况 • 教师信息化素养提升培养计划制订情况 • 教师信息化素养培训计划实施情况和培训效果
	资金保障	信息化经费投入保障措施	• 学校在数字校园建设、推广方面经费投入计划 • 后续经费保障措施
	技术保障	容灾备份	• 是否有系统容灾方案 • 是否使用异地容灾备份工具、系统，并形成相关工作机制 • 是否定期开展应急演练
		系统安全	• 是否有安全管理相关制度 • 是否有安全监测管理工具和设备 • 是否定期开展安全检查和问题处理

4.4.4　指标评分规则

根据指标权重分布，在实际操作阶段，我们针对各学校成果特点，设定了指标量化评分规则，细化了三级指标项的细化分值。同时，明确了针对应用情况和实际效益两类一级指标，其二级指标可作为独立评分项，即有一项二级指标成果较为突出，即可按一级指标的全部分数作为二级指标的分数。这一方式旨在激励和引导学校应当针对自身特色，专研某一个或几个领域的深化应用成果，避免全面铺开造成精力分散、整体效果不佳。具体评分项见表4-5。

表4-5　指标评价体系评分项明细

一级指标	分值	二级指标	三级指标	分值
应用情况指标	40 分（可根据学校在某一方面或某几方面的应用情况综合评价）	教育教学	课堂环境数字化	10 分
			学习资源数字化	10 分
			教学方式数字化	10 分
			个性化诊断评价	10 分
		教育管理	行政管理自动化	15 分
			文化宣传多媒体化	10 分
			考核评价信息化	15 分
		多元协作	家校协同信息化	10 分
			跨校协作信息化	10 分
			多级协作信息化	10 分
			社会化协作信息化	10 分
实际效益指标	40 分（可根据学校在某一方面或某几方面的实际效益综合评价）	人才培养	学生综合素质提升	20 分
			教师教研水平提升	20 分
		学校管理	学校管理工作效率提升	15 分
			学校管理决策能力提升	15 分
			学校应急响应能力提升	10 分
		示范带动	经验交流辐射效应	20 分
			典型应用案例带动效应	20 分
持续发展指标	20 分	特色与创新（4分）	业务模式特色与创新能力	2 分
			应用创新（融合实践创新）特色与融合能力	1 分
			其他特色做法及创新	1 分
		数据体系（4分）	学校数据体系建设水平	2 分
			学校数据采集、管理和更新机制	2 分

续表

一级指标	分值	二级指标	三级指标	分值
		制度与机制 (3分)	信息化工作规划的合理性、延续性和可实施性	1分
			信息化制度的建设情况	1分
			信息化融入教育教学的保障机制	1分
		人才队伍 (3分)	信息化团队的规模、结构、能力水平和稳定性	2分
			教师信息化素养水平及提升机制	1分
		资金保障 (3分)	信息化经费投入保障措施	3分
		技术保障 (3分)	容灾备份	1分
			系统安全	2分

4.5　北京市中小学数字校园评估工作进程

自 2015 年起，北京市中小学数字校园开展年度滚动评估工作，设立了市级"数字校园星级示范校"称号，旨在激励数字校园实验校不断提升信息化应用水平，发挥引领示范作用，以评促用。如前面所述，为保障星级实验校评估客观、公正，北京市先推出了数字校园项目评价指标体系，以此评价指标体系为基础，根据实践效果，遵循信息化发展客观规律，适时调整思路，逐步回归教育教学核心业务，再度完善扩展，形成了信息化应用水平评估指标体系。该指标体系从学校核心业务角度考察信息技术对教育教学全要素、全过程的支撑作用，重点聚焦信息化应用情况和实际效益，关注技术与业务的创新融合，加强对可量化指标的考察，在现阶段发挥着重要导向作用，为全市中小学信息化自我评估提供参考和指导，引导北京市基础教育信息化发展方向。

4.5.1　实践应用方法

1. 评估工作步骤

北京市中小学数字校园星级学校评估工作采取年度滚动评估，通过自下而上的方式，以数字校园实验项目评估为例，主要程序包括学校自评、专家预评、现场综合评估、师生满意度调查、北京市教委综合评议等环节。

（1）学校自评

实验校依据评估指标体系开展自评自荐，填写《北京市中小学数字校园实验校项目学校自评报告》，全面梳理自身成果，提炼量化指标，如实填写自评报告并提交相关证明材料。

（2）专家预评

北京市教委组织专家评审小组，对各实验校报送材料开展审阅和评估，专家依据指标体系对学校自评报告进行审查，对有必要的，赴实验校实地考察学校实际成果情况。

（3）现场综合评估

北京市教委组织专家评审小组开展现场综合评估，采取由学校汇报、专家现场评审的方式，多方考察学校数字校园建设及应用情况。

（4）师生满意度调查

北京市教委组织面向实验校发放满意度调查问卷，由学校在校教师填写问卷。其中，上交问卷数量要超过该校在校教师人数的50%。

（5）北京市教委综合评议

北京市教委基于专家预评、现场综合评估、师生满意度调查三方面结果开展综合评议。综合评议中，专家预评及现场综合评估占比80%，师生满意度反馈占比20%。

2. 学校成果提炼

学校成果提炼主要由各学校参照评估指标体系，与细化指标一一对应，梳理形成指标化的成果清单。以数字校园发展水平评估为例，学校成果提炼包括如下内容。

（1）应用情况成果提炼

"教育教学"类应用，主要从以下方面描述并提炼量化指标：

智能教室、在线互动教学空间等环境设施建设情况；数字化课程资源建设、开发、共享等情况；在线课堂、互动课堂等教学过程类系统建设情况；成绩分析、综合评价等诊断分析类系统建设情况；是否实现了常态化应用；其应用场景、应用频率、用户反馈等如何；学校如何实现了技术与业务的良好融合；在系统使用过程中，学校探索形成了怎样的创新模式，或有哪些特点、亮点和创新点。

"教育管理"类应用，主要从以下方面描述并提炼量化指标：

是否建设了教务管理、行政办公、人事管理、后勤管理、文化宣传、教学考评等类型的系统，情况如何；哪些系统实现了常态化应用；其应用场景、应用频率、用户反馈等如何；学校如何实现了技术与业务的良好融合；在系统使用过程中，学校探索形成了怎样的创新模式，或有哪些特点、亮点和创新点。

"多元协作"类应用，主要从以下方面描述并提炼量化指标：

是否建设了家校协同、跨校协作、多级协作、社会化协作等类型的系统，情况如何；哪些系统实现了常态化应用，其应用场景、应用频率、用户反馈等如何；学校如何实现了技术与业务的良好融合；在系统使用过程中，学校探索形成了怎样的创新模式，或有哪些特点、亮点和创新点。

（2）实际效益成果提炼

"人才培养"类效益，主要从以下方面描述并提炼量化指标：

学校在人才培养方面取得了哪些实际效益，包括学生培养、学生综合素质提升、教师教学水平提升、教研水平提升等。

"学校管理"类效益，主要从以下方面描述并提炼量化指标：

学校在管理方面取得了哪些实际效益，包括管理效率、决策分析水平、应急响应能力等方面，如缩短办公时间、节省办公经费、提高教职员工满意度等，加强学校大数据资源建设、综合统计、挖掘分析、监测预警、决策支撑等，加强学校应急预案、反应能力、应急保障能力等。

"示范带动"类效益，主要从以下方面描述并提炼量化指标：

在信息化经验交流、典型案例示范等方面取得了哪些提升和促进效益，如针对上述应用成果经验开展或参与过的相关交流、研讨的情况，学校应用成果是否对其他学校、区产生过良好的影响和带动作用。

（3）持续发展能力成果提炼

"特色与创新"方面的持续发展能力，主要从以下方面描述并提炼量化指标：

总结学校应用创新能力如何，如业务模式创新情况、信息化技术创新情况、技术与业务融合创新情况等。

"数据体系"方面的持续发展能力，主要从以下方面描述并提炼量化指标：

总结学校数据资源保障能力如何，如是否建立了数据资源分类体系，是否应用管理系统，数字资源采集、管理、更新以及外部资源引入等方面的机制是否完备。

"制度与机制"方面的持续发展能力，主要从以下方面描述并提炼量化指标：

总结学校信息化制度与机制方面的保障能力如何，包括学校信息化总体规划的合理性、延续性和可实施性；相关制度是否科学完善；是否专门建立了促进信息化和教学业务融合的制度和机制；有何特色做法和创新模式。

"人才队伍"方面的持续发展能力，主要从以下方面描述并提炼量化指标：

总结学校信息化人才队伍方面的保障能力如何，包括信息化人才团队规模、结构是否合理，工作流程是否规范，团队是否稳定，团队人员的信息化领导能力、项目规划能力、需求转化能力、应用推广能力如何，是否有科学的人员组织、培养计划和晋升机制，有何特色做法和创新模式等。

"资金保障"方面的持续发展能力，主要从以下方面描述并提炼量化指标：

总结信息化资金保障能力如何，包括学校在数字校园建设、推广方面经费投入计划是否完备，有何后续经费保障措施，有何特色做法、创新模式等。

"技术保障"方面的持续发展能力，主要从以下方面描述并提炼量化指标：

总结学校信息化技术与安全保障能力如何，如容灾备份、系统安全等方面的相关制度、设备、工具、预案等情况。

3. 学校成果征集

学校成果征集主要采取学校提交自评报告的形式，由学校基于提炼总结的成果清单，参照北京市教委提供的《北京市中小学数字校园建设评估学校自评报告》模板，完成成果内容的填报。同时，学校可附带提交相关证明材料、成果文件等各类可体现学校成果的资料，格式不限。

《北京市中小学数字校园建设评估学校自评报告》总体由六部分构成：

(1)学校基本情况及信息化现状概述

简要描述学校沿革、发展目标、办学理念、办学特色等基本情况，以及学校信息化现状，包括网络及基础设施、应用系统、数据资源等。

(2)特色与创新点

结合学校数字校园建设与应用实际取得的成果及学校自身特点、优势等，阐述学校在信息化常态应用中总结的特色做法与创新模式。创新模式可从业务模式创新、融合实践创新等方面进行描述。其中，业务模式创新包括利用信息技术实现对学校教学及管理等业务流程的优化及提升；融合实践创新指在学校信息化常态应用中，实现信息技术、数字资源与业务的深度融合。

(3)应用情况

结合学校数字校园建设与应用实际取得的成果，依据评估指标阐述在学校"教育教学""教育管理""多元协作"等核心业务中的实际应用情况及融合程度。例如，学校如何开展信息化常态、深入应用，系统如何切入学校已有业务流程，实现与业务的深度融合，其具体做法如何。包括以下方面：①教育教学方面，针对"教与学"和教师教研两方面，重点描述数字化课堂环境建设应用情况、数字化资源建设应用情况、数字化教学方式的软硬件支撑水平和应用情况，以及利用信息技术开展个性化诊断评价的应用情况；②教育管理方面，重点描述学校在日常行政管理、文化宣传、考核评价等管理类工作中，信息技术、信息资源的支撑水平和应用情况；③多元协作方面，重点描述学校在与外部开展合作协同方面应用信息化的水平，包括家校间的互动协同，多个学校间的协作共享，与国家、市、区等各级管理部门间的合作协同，以及与各类社会商业机构间的合作协同等。

(4)实际效益

实际效益是指通过开展信息技术深度融合应用，学校在核心业务领域取得的实际成果或预期效益，主要参照评估指标从"人才培养""学校管理""示范带动"三个方面描述。包括以下方面：①人才培养实际效益方面，重点介绍在学生和教师培养方面应用信息化所取得的实际效益，如应用信息化技术在提升学生学业成就、合作与交流等方面的积极作用，以及对教师在专业化发展过程中的积极作用。②学校管理实际效益方面，重点介绍在提升学校管理水平方面应用信息化所取得的实际效益,如工作效率提升、决策能力提升、应急响应能力提升、办学质量提升等。③示范带动实际效益方面,重点介绍学校信息化成果所发挥的示范带动效应,如经验交流辐射效应、典型应用案例带动效应等。

(5)持续发展

重点描述学校在特色、资源、机制等方面的支撑保障水平,从而体现信息技术应用成果所具备的持续发展能力,主要参照评估指标从"数据体系""制度与机制""人才队伍""资金保障""技术保障"五个方面描述。第一,数据体系方面,可从学校数据分类体系建设水平,数字资源采集、管理、更新机制,同外部数据资源共享情况等方面描述。第二,制度与机制方面,主要从学校信息化规划、信息化融入教学的保障机制等方面描述。第三,人才队伍方面,主要从信息化团队的规模、结构,以及团队人员的能力水平、人才培训等方面描述。第四,资金保障方面,主要从学校在信息化建设、推广方面投入的情况及后续计划进行描述。第五,技术保障方面,主要从系统容灾、备份机制、信息安全管理制度等方面描述。

(6)建设感悟

开放性地总结学校建设和应用数字校园过程中的经验和体会,同时针对存在的问题开展自我剖析,并提出优化途径和后续发展路线。

4. 评估工作中的信息化手段应用

在实际评估工作中,北京市充分利用已有的信息化基础平台和技术条件,为高效开展工作提供有效、便捷的手段。应用手段包括以下方面:①在日常监测方面,利用北京市教委搭建的数字校园运行监测平台和访问监测平台,全面接入各学校数字校园平台的访问和运行数据,借助系统化的数据监测分析手段,持续开展对各学校系统访问和运行数据的采样、监测和统计分析,把系统访问量、人均访问量、转化率实际应用效果指标作为评估的重要依据,提升评估工作的客观性和科学性。②在信息采集方面,利用移动端的问卷调查微服务,开展面向师生、家长的问卷调查,完成数据采集、汇总、分析,也为评估工作广泛采集受众意见提供了便利。

4.5.2 评估工作开展情况

截至 2016 年年底,全市已开展了两个年度的统一市级评估工作。

　　2015 年度，评估工作依据《北京市中小学数字校园实验项目评估指标体系（学校评估）》，由已通过市、区、校三级项目验收的 27 所实验校参加评选，经过学校自评、专家评审和学校师生打分，通过学校自评、专家预评、专家现场综合评估、学校师生满意度调查等环节，共评选出数字校园五星级学校 10 所、四星级学校 9 所、三星级学校 3 所。

　　2016 年 6 月，北京市教委下达《关于开展 2016 年度数字校园实验校应用评估与星级评定工作的通知》，2016 年度评估工作正式启动。6 月至 9 月，各参评实验校开展成果申报，完成《北京市中小学数字校园建设评估学校自评报告》等材料的整理编写，并由区教委报送至北京市教委；9 月至 11 月，北京市教委组织专家开展学校成果材料的评审和现场考察评估，同时利用移动端问卷调查微服务开展师生满意度调查工作，收集相关数据；至 12 月，完成了综合评议，形成最终结果评定。2016 年度共评定五星级学校 20 所、四星级学校 20 所、三星级学校 21 所，并评选出数字校园杰出工作者 20 人。

　　经过两个年度的评估，初步形成了评估指标体系，评估核心回归教育教学业务。评估指标体系依据"教与学"核心要素与业务模型，以"实际获得"为评估准绳，以普适性和引导性为定位，从学校核心业务角度考察信息技术对教育教学全要素、全过程的支撑作用，聚焦信息化应用情况和实际效益，加强对可量化指标的考察，为全市数字校园评估提供了较为科学、准确、公正和全面的评价依据，为今后发展方向提供了有效引导。

　　通过连续两年开展全市评估工作，北京市共评定出 83 所优秀星级示范校，并组织学校开展星级挂牌、交流研讨、成果推介等工作，它们在全市中小学中起到了鲜明的示范作用。这些星级学校是北京市基础教育信息化领域的优秀典型，充分反映了首都数字校园建设的总体水平和鲜明特点，也为开展成果推广研究、明确今后发展方针等提供了优良案例。下一步，北京市将根据实际应用情况不断优化指标构成和体系框架，进一步满足全市信息化发展的新特点、新趋势，实现指标体系滚动优化。全市信息技术应用水平滚动评估，充分检验了评估指标体系的适用性和科学性，能够推动指标体系和评估工作动态优化机制的完善。

第 5 章　数字校园实验项目引领下各区教育信息化发展

5.1　数字校园驱动的各区教育信息化整体发展

5.1.1　数字校园实验项目加速了各区教育信息化深化融合的发展进程

　　北京市中小学数字校园实验项目引领了首都基础教育信息化的实践进程，以系统观、生态观推动教育信息化面向教育教学业务深度融合的发展，通过政策引导、数字校园实验校机制建构、一定数量的市级数字校园实验校任务承担以及数字校园实验工作动态工作机制实践进程推进，加速了各区教育信息化在"十二五"期间的实践步伐，强化了各区中小学教育信息化融合创新的基础保障，提升了学校信息化深度融入教育教学业务的能力，建构了各区基础教育信息化指向教育教学融合发展的决策服务与管理生态体系，推动了各区教育信息化面向教育教学业务创新与变革以及服务于教育供给侧改革的保障能力。

5.1.2　各区教育信息化呈现了多元化发展路径，指向智慧教育环境发展

　　由于区情不同以及各区教育发展水平不同，教育信息化在全市各区发展的路径及方式也各不相同。一些区由于教育发展水平高，经济保障条件好，在 2009 年"北京市中小学数字校园实验项目"启动之初就呈现了区、校两级的多样化应用探索，一些区主动开展了中小学数字校园探索，而大部分区处于教育信息化从接触迈向应用的初级阶段。这种差异性的发展状态在北京市中小学数字校园实验项目实施带动下，通过方案评审、专家培训、外出考察、数字校园建设与实施推进、数字校园指向

教育教学融合的开展，以及全市范围内的数字校园研讨、成果交流及行动性的实践智慧分享，为全市各区以及参与学校搭建了规划、设计、实施、优化、运维和评估数字校园的全域平台，为教育信息化指向教与学方式的创新，创建泛在育人环境，提高教育质量，发展智慧教育，促进北京市基础教育高位均衡发展提供了崭新的实践环境，并呈现了指向这一终极发展状态的多样化实践路径，或求实求稳，或求新求变，或高位规划、全面实施，或区校联动、迭代前行。北京市中小学数字校园实验项目推动了全市各区大视野、高站位、真实践、求实效的教育信息化融合实践之路，并取得了真切的实践成果。

5.1.3　全市代表性区教育信息化发展在数字校园驱动之下的显著特征

1. 从管理交流类应用走向学与教核心业务融合创新的深度应用

北京市中小学数字校园实验项目加速了各区参与学校推进教育信息化应用深化的实践进程，通过与办学特色结合，与教育教学核心业务流程结合，与师生生命成长的生活体验结合，推动了学校层面上的信息技术应用从管理、交流向学习、教学方式创新深度发展。

2. 从教育信息化专业化建设向多业务领域协同共进的应用推进

北京市中小学数字校园实验项目在求真、务实的实践推进过程中，通过自下而上的融合创新实践，深刻地阐释了如下理念，即推动信息化应用深化发展的过程中，需要学校内部多部门协同，如学校的教务、校本研修与校本教研等的协同，需要学校外部多专业领域的协同，如区域教研、行政、第三方技术服务等的协同。实践上，教育教学业务的职能化、部门化管理结构与信息技术推动的教育教学业务流程重构、再造所需要的扁平化、联结化管理结构有着内在不可调和的矛盾。北京市中小学数字校园实验项目的实施推动了各区上述层级的实践，生成并传播着信息技术与教育教学融合创新发展的协同共进理念。

3. 基于教育大数据和适应学生自主个性化学习需求的泛在、自主、精准、高效学习环境的建构

伴随新一代信息技术的发展，如云计算、移动计算、富媒体技术等，以及信息技术驱动的社会发展变革，"互联网＋"行动推动着教育云服务信息化的生成与发展，信息技术支持常态化的教学应用以及服务学与教创新变革实践的可行性在显著增强，数据对于教育教学多层级的意义在进一步张扬，平板电脑、智能手机等移动终端的教育教学应用为教育数据"伴随式"采集提供了现实的可能性，适应学习者个性化学习需求的泛在、自主、精准、高效的学习环境正快速发展。北京市中小学数字校园实验项目为各区及其参与学校理解教育信息化的未来趋势提供了实践平台，更为参与学校领导、管理人员及其师生创生、接纳、主动探索实践这些新型学习环境提供了前瞻性的动力之源，从而为教育信息化指向学习的服务的提供与学习者个性化、适应性学习的开展注入了活水。

4. 信息技术的教育应用向学习方式变革以及教育综合治理的全域推进

北京市中小学数字校园实验项目的开展顺应了国家教育改革与发展的大势。一方面，自 2001 年的新课程改革进入了"高原期"，自主、合作、探究等教学方式能够更广泛地融入"面广量大"的常态教学实践中；另一方面，教育改革"深综改"（深化基础教育领域综合改革的简称）诉求所推动的教育供给侧改革需要优质教育资源的汇聚、内生及快速发展，信息技术的功能已经超越传统意义上的"教学辅助"，正从多维度、全方位融入教育教学系统，并指向学与教方式创新、教育教学质量提升、优质课程资源同步或异步的在线传播、名师资源的网络服务与研修、学校及教育集团教育资源的协同创生、区域教育各类业务部门及专业职能的合作重构。教育信息化发展正以前所未有的态势全域推进至教育系统全部生态，并正成为解决教育改革难题、提升教育教学质量的重要依托。

5. 从个体学校、个体应用试点建设到基于云模式的区域整体推进

伴随北京市中小学数字校园实验项目的三批次实施，前瞻性城区数字校园项目实践的探索，以及后来居上者城区数字校园区域整体规划与推进的实践，清晰地呈现了区域中小学数字校园发展的实践途径，即从个体学校、个体应用试点建设到基于云模式的区域整体推进，中小学数字校园建设在试点创新与常态集约、个体学校特色发展与区域整体高效建构等维度上展现了清晰的实践智慧。

6. 探索形成了促进学校数字校园系统化发展的全域生态观

北京市中小学数字校园实验项目的实施，建立起了在新的阶段推动信息技术面向学校教育教学系统化发展的支撑体系，在市、区、校三个层级上形成了自上而下、自下而上的立体化体系，有力地促进了各区为适应数字校园建设与发展建立新的组织机制，同时，伴随教育信息化大环境的发展，特别是"互联网＋教育"环境的生成与发展，各区及学校感知到了互联网时代教育信息化机制体制重构性的"内隐性"需求，即建立与数字校园深入发展相适应的教育信息化管理机制、应用发展机制（特别是跨部门、跨领域、跨专业的协同机制）、评价与优化机制等，一些区已经开启了促进学校数字校园系统化发展的全域生态，并延展到组织机制重构等层面。

　　综上，这些年来，在北京市中小学数字校园实验项目的带动下，全市范围内的各区都开展了以数字校园为抓手的新型区域教育信息化建设，各区教育信息化都呈现出面向信息化深度应用、整合优化、推动各区教育信息化整体深化发展的新特征，如东城区、海淀区、朝阳区、大兴区、密云区、通州区、房山区等。鉴于篇幅关系，接下来介绍北京市四个代表性区域在北京市中小学数字校园实验项目助力、引领下的区域教育信息化发展进程，阐述北京市中小学数字校园实验项目带动的北京市教育信息化发展的上述内涵和实践。

5.2　东城区数字校园及全区教育信息化发展

　　按照《北京市中小学数字校园实验工作方案》《东城区教育事业发展规划》《东城区教育信息化发展规划》等要求，东城区先后有 9 所学校实施了市级百所数字校园实验校建设，25 所学校实施了区级数字校园建设。通过市、区数字校园建设，东城区形成了以顶层设计为核心、网络建设与数据应用建设并重的区域信息化建设指导思想，并借助互联网、信息技术等探索与构建培养学生自主、合作与创新核心素养的教育环境和教与学方法，构建以数据为基础的教育管理与决策的支撑平台和工作机制，极大地提升了区域教育信息化水平，向区域教育现代化迈出了最重要的一步。

5.2.1　全区中小学数字校园工作基本概况

　　北京市数字校园建设是"校校通"的升级工程，突出了项目统筹规划及建设与应用并举的核心目标。首先，区教委高度重视数字校园建设引领与示范作用，达成了紧抓数字校园建设机遇、促进区域教育信息化发展的共识。成立了主管主任为组长，相关科室及信息中心组成的工作领导小组。并进一步明确了各方职责，即区教委信息办牵头负责项目的各方协调，信息中心负责指导学校数字校园建设，财务部门负责资金保障的职能，形成了职责明确、工作有序、效率突出的工作机制。其次，组建校长负责的学校数字校园建设工作小组，汇聚各部门人员，以学校发展规划为蓝本，编制数字校园建设规划（3～5年），统筹工程的实施与管理等工作。

在项目实施中，东城区突出了专家引领的作用，抓住学校发展规划及数字校园建设方案两个核心，"以评促建""以评促用""以评促提高"，不断推进学校数字校园整体建设水平。区教委先后聘请王陆教授、杨卉教授、温红博教授、张秋玲教授、李玉顺教授、方海光教授、骆力明教授、张鸽副教授、武装主任、田鹏副主任等一批专家作为东城区数字校园专家指导组成员，为区域及学校提供指导服务。在专家引领下，2013年完成景山学校、府学小学和北京市第一零九中学三所数字校园实验校的建设工作，2015年完成一六六中学、北京二中和史家小学建设及验收工作，2016年启动第三批四小、光明小学和五十中学三所学校数字校园建设。在市级数字校园工程的带动与示范下，区域内也有25所中小学完成区级数字校园建设工程。

5.2.2　学校数字校园建设所取得的成果

1. 数字校园建设提升了学校对信息化的认识水平，组织机构、规章制度不断完善，形成了可持续发展态势

学校的数字校园建设小组均由学校校长挂帅，以中层干部和骨干教师为核心，他们在认真研究学校发展规划的基础上，明确学校的需求报告，形成学校数字校园建设共识。同时在管理上做到与建设同步，形成与之对应的规章制度。工作上责、权、利清晰到位，提高了教师的积极性、主动性及信息化应用水平，并让教师感受到信息化在提高工作效率、减轻重复性工作负担方面的作用，数字校园的各项应用不断顺利推向深入。

2. 数字校园建设保障了区域学区制教育改革有效推进

按照东城区学区制改革部署，史家小学与史家小学分校以及西总布小学成为新增深度联盟校，与史家实验校成为九年一贯制学校，与遂安

伯小学成为优质资源带学校，在盟、贯、带多校区相互集成的基础上形成教育集团式管理模式。面对区域学区制改革课题，史家小学依托数字校园建设，抓住史家教育集团的特点，并与教师、学生、家长需求相结合，建立了集教、学、研、训、评、管、展于一体的史家教育集团网络平台。开放平台能够实现多种应用软件的统一集成、管理、应用等，实现各应用系统间的单点登录、统一用户管理、消息推送与提醒、与CMIS 等应用系统数据的对接。其中，教务办公应用及内部协同办公系统实现了教育集团组织机构、总校、分校、年级、班级的层级管理，支持集中维护和批量导入各类用户的人员基础信息和角色，支持学生从入学、分班到毕业等一系列流程的管理和监控，同时，为教师提供了备课、引导学生学习、组织课堂教学活动、管理教学过程的支撑环境。教师能独立进行多媒体环境下的教案、学案、课件等准备，每节课有电子教案、信息化教学设计、配套资源、教学评价、教学反思等，方便教师课前准备工作。家长能与教师实时沟通，并及时查看孩子的学习进度、成绩等，从而形成了完善的家校沟通圈。史家教育集团数字校园项目的实施，很好地提高了集团的管理水平和学校的教育教学管理水平，出色地实现了区域学区制教育综合改革的目标。

总之，所有实施了数字校园建设的学校都在教育教学管理、开放的教学环境建设等诸多方面取得了可喜的进展，同时也在区域学区制教育综合改革的推进中发挥出关键作用。

3. 大胆实践，智慧校园初步成型

学校在数字校园建设过程中，总结出许多经验，不断将数字校园建设推向新高度。以史家教育集团为例，如图 5-1 所示，学校借助现代信息化手段，全面建设了集备课、授课、学习、教研、培训、办公、管理、家校互动和信息发布等功能于一体的智慧校园，并根据各部门、教师、学生和家长的业务需求提供交流与分享、文件存储与管理、通知、喜好等服务支持，通过虚拟方式构建支撑人人教、人人学、人人管的网络学习空间，并提供必要的存储、运算和通信空间，使管理者、教师、学生、家长之间通过教育实践活动形成一个有机的、运动的、和谐的整体。不同类型的人和系统以互补的方式共同运作，为提高教学、育人质量提供有力支撑，为树立党员干部、教师队伍形象打下坚实基础，为学

生成长、教师发展、优质资源传播、学校国际化发展提供广阔平台，达到"教学教研智慧化""教学管理智慧化""学生学习智慧化""与社会沟通智慧化"。

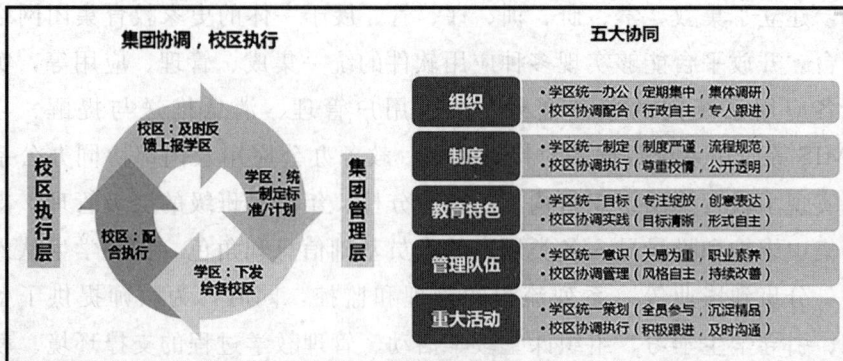

图 5-1　史家小学数字校园管理架构

景山学校的教材多媒化、资源全面化、教学个性化、学习自主化、活动合作化、管理自动化、环境虚拟化、系统开放化以及影响力辐射全国的景山联盟校平台都在智慧校园探索中做出了突出贡献。这些学校的数字校园建设有力地引领、示范周边学校，并带动全区学校积极推动信息化建设，起到了数字校园实验校应有的作用。

5.2.3　以数字校园建设带动区域信息化工作

1. 统一布局，做好区域层面的基础设施升级建设

为了更好地配合北京市教委数字校园建设工程，区教委首先实施了市、区两级光纤链路升级改造，实现带宽 2G。其次，在区域内形成万兆骨干光纤高速城域网，互联网出口带宽达 6G，中小学千兆光纤接入并实现无线、物联网络覆盖（如图 5-2 所示）。同时，结合区域学区制教育综合改革要求，为具有盟、贯、带、教育集团等联合办学形态的学校定制相对独立的网络环境，实现这些学校的视频会议、安全监控、网络教研、课堂教学直播等多种应用系统的统一管理和使用，充分发挥了区域网灵活、便捷组网的优势，也为区域改革目标迅速落地实施立下了头功。

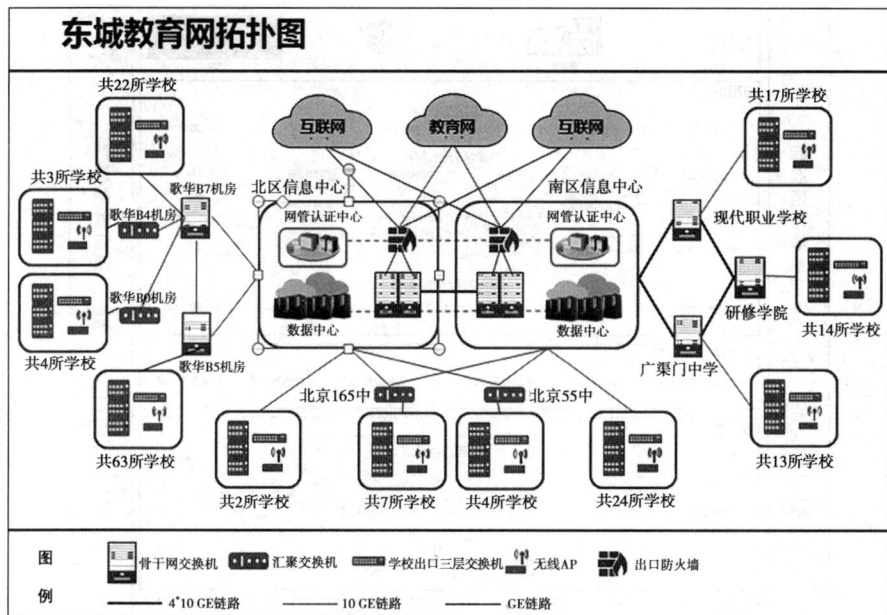

图 5-2　东城区教育城域网拓扑图

2. 区校协同，集约化建设区域基础应用平台

在区域应用系统框架规划设计上，我们遵循管两头、放中间的策略，即管理应用系统用户入口，实现统一用户身份，方便用户一站式登录；管理应用系统数据出口，汇集应用系统数据，实现统一数据标准，交换共享数据，建立数据全息关联，更好地夯实教育分析决策大数据基础，如图 5-3 所示。同时，开放并扶植各种教育业务系统建设，搭建促进教育应用百花齐放的孵化平台。按照这一指导思想，先后有区域办公平台集群、区域学校网站集群、东城区数字德育网、东城区学习 e 网通资源平台、东城区教师研修数字化资源学习中心、东城区教师继续教育学习平台、东城区教师网络学习平台、东城区教育综合数据管理平台等接入东城区教育系统统一身份认证平台。

区域教育综合数据管理平台已经汇集了 3 个系统 11 个部门 116 万条教育数据信息，充分体现了区域集约化建设和协同发展的生命力。同时，开展了东城教育云建设，完成区域视频综合应用系统建设、校园安全监控网络建设等硬件集约化建设。

图 5-3　东城区教育综合数据管理平台架构

3. 形成区域教育基础数据资产化管理模式

东城区教委制定了《东城区教育数据管理办法》及《东城区教育数据管理办法实施方案》（如图 5-4 所示）。明确界定了东城区教委各科室及全

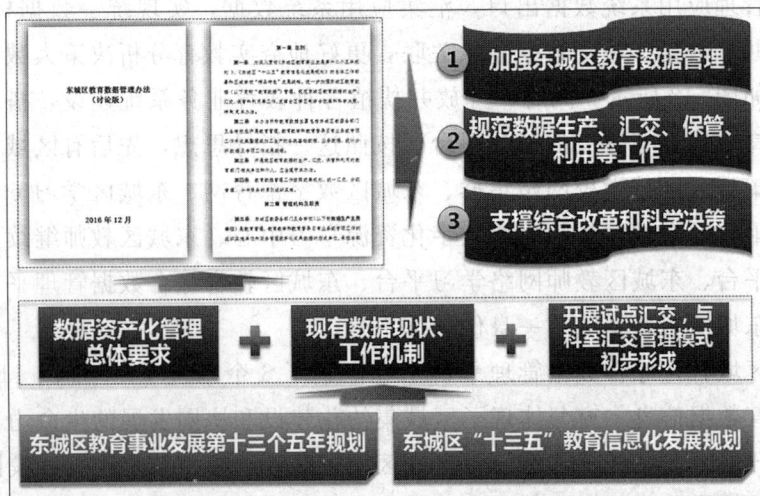

图 5-4　东城区教育数据管理办法编制

部教育单位，在开展教育管理、教育教学和教育督导评价等日常业务或专项工作中，收集、整理、加工各类教育基础数据、业务数据、统计分析数据及专项工作的数据范围，明确东城区教育数据的生产、汇交、保管和利用的教育部门相关单位和个人，并遵守本办法规定的职责，明确规定了区域教育数据的管理机构和职能，在数据生产、汇交、保管及利用等各环节上形成可循的执行办法。

4. 建立区域学科融合与创新工作机制

（1）形成常态机制，保障信息技术与课堂教学深入融合

东城区在教育教学应用上倡导以科学严谨的态度推进区域信息技术与课堂教学融合应用研究，建立由教育技术专家、学科教研员、学科教师组成的区域多元研究型学习组织架构，并在区教委层面形成中小教科、教研中心、财务科、装备部及信息办参与的多部门共建常态工作机制，形成对课堂应用研究的有力保障。东城区在跨学科融合教师专业发展及新型课堂教学实践上，形成以专题技术应用为主导，涵盖研究、培训、课堂实践、评价、反思与改进的工作流程。区域中交互式电子白板、高中语文双课堂教学、小学组合式阅读教学、翻转课堂、微课教学、平板电脑教学等各类新型教学研究项目百花齐放。其中，东城区教委引入网络环境下基于教师课堂教学行为改善的研修模式，对 27 所中小学 350 位胜任、成熟、新手教师的课堂教学行为开展大数据分析，对教师课堂提问的问题类型开展大数据分析，并获得了问题类型在开放性、批判性及创造性三个维度上的区域常模，提高了教师信息素养并丰富了教师的成长路径，如图 5-5 所示。从 2012 年开始，东城区教委分三批在全区中小学征集参与试点学校（第一批 8 所试点学校，第二批 9 所试点学校，第三批 9 所试点学校，共 26 所学校近 400 名中小学教师），组成项目校级培训教师团队。在课堂教学行为大数据的支持下，东城区教委按照经验学习模式的四个阶段——具体经验获取、反思性观察、抽象概括和积极实践，有目标、有针对性地发展新手教师、胜任教师和成熟教师的实践性知识。在项目实施中，研修教师能够学习并掌握基于课堂教学行为大数据的课堂观察方法与技术，提升信息化环境下的教学设计和实施能力，掌握基于技术的教学反思方法与技术、应用抽象概括的方法与技术，并聚焦课堂教学实践行为的改进，在丰富、完善、培育教师实践性知识的基础上，促进课堂教学行为的改进，优化教与学

过程。整个项目在实施过程中充分体现了信息时代背景下教师必备的专业知识内容及网络学习方式，促进教师知识、技能与理念更新，开创了在信息技术与网络环境下新型教师研修内容与方式的新途径。

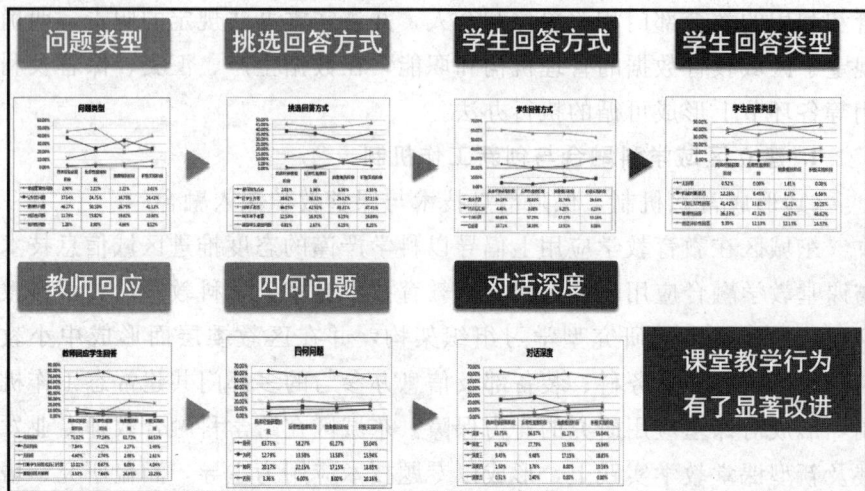

图 5-5　教师课堂教学行为的改进

三维(3D)创意设计课程更是具有区域品牌效应。设计三维(3D)创意设计课程的微信群人员遍布全国十几个省份，他们通过微信群组织400余名教师进行教学研讨。开发小学、初中及高中学生的 A、B、C 三个版本的"三维创意设计"辅助教材(如图 5-6 所示)，为区域培养"三维创意设计"主讲教师 120 多人，近千名学生接受学习，以动手及展示为主的教学活动激发了学生学习的积极性，并在全市及全国产生了广泛影响。

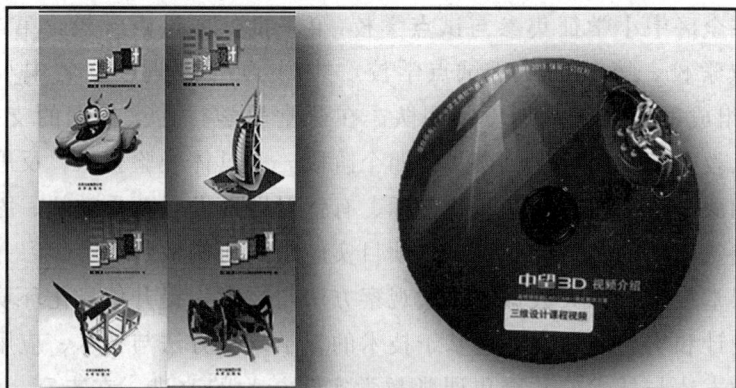

图 5-6　三维(3D)创意设计课程文字及视频教材

（2）以"大数据"为依托，打造教育信息化创新应用孵化基地

2016 年 4 月，在全国教育信息化协同创新大会上，东城区基础教育大数据实验室揭牌。这是在东城区教育综合数据管理系统建设项目取得初步成果后，与之配套建设的未来信息化核心应用项目。它以东城区基础教育大数据实验室为平台，汇集国家级重点高校和中科院相关领域专家，聚焦当下学生全面健康成长和学生学习方式、教师教学方式创新，为域内有志开展深入研究的教师提供高端智力研究协作与区域大数据分析支持平台，兑现让教育信息化体现出教育改革未来和教育活力的承诺。现陆续有高中语文专题"双课堂"教学项目、小学语文组合式教学项目、中小学生肥胖干预项目进驻大数据实验室。每个项目都集中一批全国一流专家，他们借助区域数据管理平台实现各项目数据采集、跟踪、分析、评估，在科学指导、尊重教育规律的前提下，让大数据实验室成为区域教育改革创新应用的孵化基地。首批研究的三维创意设计课程项目，经过三年研究与实践取得瞩目成就，本学期被正式移交给东城区青少年学院在全区推广。在"大数据实验室"运作上，东城区形成鼓励学校、教研单位及一线教师开展各类创新应用实践探索的激励机制，在"先试点、再推广""先试验、再接入"的原则下，积极推动区域教育创新应用的有效孵化和成果转化。

（3）丰富数字资源，实现全区学生自主选择兴趣课程

在新型数字资源环境建设上，面向学生学习服务的数字资源形式、内容与数量不断丰富。"学习 e 网通"平台上，提供中小学精品常态同步课程 6000 余节，初三、高三"名师系列"辅导课程 162 节，小学、初中、高中三个学段特级教师课程 634 节，三维创意设计课程 22 个主题，初、高中化学、物理数字仿真实验 378 个及"知网"相关教育类期刊等。此外，开始了网络环境、数字环境下的新课程实践，基于互联网创建的三维创意课程、科学课程、数字科学家课程已深入中小学及校外教育单位。另外，为区域青少年学院人才培养开启创新模式，构建全区自主选课课程平台，发布从小学到高中覆盖各学段丰富多彩的个性化选修课程，学校及学生个人可根据需要进行网上选课。目前，已在和平里学区进行试点并开设 90 余节学院日主题活动课程，供学生自主选择。未来东城学生能享受自主选课、定制化课程、多元化学习等新的教育供给方式，极大地满足了不同类型学生的个性化发展需求。

5.2.4 东城区教育信息化建设区域特色

"以点带面、点面结合谋全局，科学引领促发展，脚踏实地做工作"是东城区教委信息化工作特色的集中体现。

区域"校校通"工程完成后，区域信息化建设走到了应用发展的瓶颈区。信息孤岛、设备快速更替冲击着以往的建设理念和工作方法，甚至使人对未来产生困惑和犹豫。此时数字校园专家提出的信息化建设顶层设计思想，给区域信息化建设带来前进的曙光和动力。区教委派多名骨干教师参加了市教育信息中心组织的信息化建设顶层设计专项培训班，与清华大学、北京师范大学、首都师范大学等高校建立了密切合作关系，完成了区域教育信息化建设顶层设计方案、区域教育信息化数据体系标准规范研究、东城区教育数据综合管理与决策支撑平台总体设计方案、东城区教育基础信息数据结构规范、东城区教育数据管理办法以及东城区教育数据管理办法实施方案等一系列顶层设计工作。数字校园建设，带动盘活了区域全局的发展思路，形成点面结合谋发展、相互支持共促进的良好局面。

信息技术与课堂教学融合应用是一项科学严谨的研究性工作，更是信息化建设成功的关键环节。东城区教委本着实事求是的原则，力求不盲目跟风，在区域层面组建由权威教育技术专家、教育评价专家、课程建设专家、区域学科教研员、高级教师为成员的专家团队，深入学校，走进课堂，以科学严谨的态度，细心指导每位教师进行教学方案设计，并在过程中做好监测与评价，做到阶段有总结有评价，形成研究、培训、课堂实践、评价、反思与改进的工作流程。区域中交互式电子白板、高中语文双课堂教学、小学组合式阅读教学、翻转课堂、微课教学、平板电脑教学等各类新型教学研究项目有序推进，使人们感受到专家引领的丰硕教学实践成果。

随着信息化建设步入深水区，区域信息化建设难度陡增。早期信息化建设更多是购置设备，建设网络，而今是以教育教学业务为基础，以构建培养学生自主、合作、创新核心素养环境为目标，以教育大数据为依托，指导教与学的全过程创新。因此，应用系统、数据统筹管理将起到关键性作用。这些工作涉及单位组织结构、管理流程，也带来新的岗位、新的工作任务，打破了长久以来已经习惯的工作思维方式与工作要求，难度可想而知。是发展还是等待？我们选择了对教育信息化最为有利的发展，在策略上摒弃重建轻管、应用系统信息孤岛等弊端，以科研为先导，以顶层设计规划为基础，以规章制度为保障，统筹同步规划，分步实施。特别是在区域数据环境建设上，创新性地提出教育数据资产化管理模式，配套制定了《东城区教育数据管理办法》以及《东城区教育数据管理办法实施方案》。尽管工作中困难重重，历尽艰辛，但脚下已是通向教育现代化的金光大道。

回顾东城区教育信息化建设之路，留给我们最深的感触就是要着眼宏观及未来，把握微观与眼前，深入做好多方协作，形成区域信息化建设合力，脚踏实地，以教育改革创新为核心，构建区域信息化建设顶层设计，并让制度与机制成为信息化建设可持续发展的后盾。另外，在设备配置上要克服盲从，克服跟风，一切从需求出发，技术上实用、够用、好用就是最好、最有效的选择。

"潮平两岸阔，风正一帆悬。"东城教育改革之舟在"互联网+"及"大数据"浪潮引领下，向着办好人民满意的"国际化、现代化"东城教育目标再次扬帆起航！在信息社会大数据背景下，东城教育信息化建设蓝图越来越清晰，东城教育人会继续发扬脚踏实地、开拓进取的精神，在京津冀协同发展和城乡一体化的更大视野下，做到互利互惠，协同共创更加美好的教育信息化未来！

5.3　朝阳区数字校园及全区教育信息化发展

朝阳区是北京市经济发展最强劲的区域之一，其区域内有义务教育学校 194 所，学生近 16.5 万人，教师近 2 万人。教育是事关区域发展的基础性、全局性、战略性任务，这些年来政府部门对教育坚持政策优先、规划优先和投入优先的原则。在以信息化促进教育现代化的目标指导下，朝阳区教育信息化起步早，起点高。

5.3.1　全区数字校园发展基本情况

在 2007 年全面建成朝阳教育城域网后，朝阳区启动了数字校园建设。经过十年建设、应用和推广，数字校园建设已成为促进教育改革、提升区域教育质量、促进朝阳教育优质均衡发展的重要抓手。十年来，朝阳区数字校园工作历经单点探索、集约推广、云平台等阶段，已进入智慧校园构建阶段。目前，全区 162 所校园使用区域数字校园服务，有稳定的技术团队提供技术支持与运维服务。在数字校园建设、推广和常态化应用过程中，朝阳区中小学信息技术应用覆盖面、应用层次和教师现代教育技术能力都有明显提升，涌现出了一批信息技术创新应用的示范项目和示范学校。

5.3.2　数字校园发展思路

朝阳区的数字校园在十年发展历程中经历了五个转变：一是在建设模式上从单点建设到云服务，有效降低成本，提高效率；二是在建设内容上从管理应用推广向业务应用融合创新；三是从教师服务入手，到向学生学习方式上突破；四是从广义的教学资源建设聚焦到课堂教学资源研究开发；五是从常规管理应用向大数据分析结果应用转变，提升评价和管理科学性。

1.　第一阶段，试点建设（2007—2010 年）

试点建设期，朝阳区选择办学特色鲜明和信息化素养高的学校进行数字校园单点建设。采取逐一调研需求、单独进行规划、结合学校理念探索数字校园的建设模式。四年共建成了 11 所数字校园，涉及小学、初中、高中、九年一贯等多种学校类型。经过试点建设不断进行数字校园产品的迭代完善，朝阳区数字校园基本实现了对学校管理、教育、教学三个主要业务需求的信息化应用系统覆盖，形成了包括教育教学、德育管理、行政办公管理、资源平台四大类业务模块。

单点建设数字校园受学校业务需求影响大，与学校业务吻合度高，在初期数字校园应用中，管理类应用比重较大，普适性不强，建设周期长，投入经费高。

2. 第二阶段，集约推广（2010—2011 年）

应用推广期，朝阳区主要以试点阶段研制的数字校园软、硬件产品部署推广为主，为新建数字校园逐一配置软、硬件环境，辅之以用户培训、技术支持等服务。在 2010 年、2011 年分两批建设 27 所数字校园。通过数字校园的试点、建设和集约推广，初步改变了教师授课方式与学生学习方式，增进了学校与社会、学校和家长的沟通，达到了社会、家庭与学校共同教育孩子的目的。

批量集约建设缩短了数字校园建设周期，大幅度降低了单校建设成本，但存在硬件重复建设、软件多点维护导致技术支持工作量较大的问题。

3. 第三阶段，数字校园云服务（2012—2015 年）

2012 年，朝阳区在总结前期建设推广经验后，进入区域数字校园云平台建设及云服务探索期。在分析各个试点校数字校园软件产品基础上，抽象出区域数字校园建设模型，形成了中小学数字校园基础应用、公共应用、小学个性应用、中学个性应用四种类型的业务产品板块，形成了朝阳区数字校园云平台业务应用模型。在数字校园云平台建设、应用和推广的过程中，结合区域各学校教育特点和个性化需求，不断探索，深化教育教学核心应用，在试点成熟后纳入云平台，不断丰富和完善云平台业务应用。

经过三年分批次的建设、完善，截至 2015 年年底，朝阳区数字校园云平台为全区 110 所学校提供数字校园云服务，提前一年时间高标准、低成本地完成了"朝阳区教育'十二五'规划"要求的一百所数字校园建设任务。数字校园云平台为区域集约、规模化建设数字校园进一步显著降低了硬件投入、软件研发、技术支持和软件维护成本。在云平台建设、推广和服务过程中，朝阳区注重云平台业务应用系统的完善，在提升学校管理效率的同时，注重教师服务、资源共享等方面的应用，建构开放的网络教学空间，为区域学生自主学习提供了资源丰富的学习空间，为教师提供了专业发展和协同工作的空间，为学校日常教学、科研和管理工作起到了更强劲的推动作用。

4. 第四阶段，智慧校园探索（2016—2018 年）

在数字校园探索过程中，朝阳区一直以试点方式进行课堂教学、教学质量监测和评价等业务方面的探索。2014 年年底，《朝阳区教育信息化发展规划（2014－2018 年）》发布，提出要打造百所具有"朝阳特色、全国领先"的智慧校园实验校和示范校，成熟后推广到全区中小学。在这一规划的指引下，2015年下半年，朝阳区启动区域优质资源云和区域互动课堂系列建设项目，即通过资源建设、互动课堂软件，结合学生电子书包、平板电脑、高速扫描仪和手机等教学辅助设备，实现课程自由选择、互动教学、作业电子化，促进教学方式和学习方式的变革，减轻学生课业负担。数字校园发展进一步提高学校教学质量，走出一条课程自由选择、泛在学习、多元评价的特色教学之路，促进学校特色发展。

自2015年启动至今，区域优质资源云和区域互动课堂系列建设项目中，教学资源建设、软件平台建设接近完成，正在逐校进行课堂教学终端硬件部署，2017年9月建成并投入使用。

5. 第五阶段，智慧教育发展(2018—2020年)

"十三五"期间，朝阳区紧紧围绕"三区一率先"(即高水平建设国际商务中心区、文化创新实验区、和谐宜居模范区，率先全面建成小康社会)的区域发展目标，以提高教育质量为核心，以教育信息化应用为支撑，扎实推进教育强区建设。通过推进信息技术与教育教学深度融合，构建朝阳智慧教育体系，推动教育现代化。其主要内容包括以下三点。

第一，大力提升干部教师信息化素养。开展干部教师信息化素养全员培训，实现100%熟练应用信息技术，培养万名信息技术应用优秀教师。大力推进朝阳区干部教师网络研修平台建设，完善教师培训决策与评估功能，建立"菜单式"学习资源库，增强干部教师网络自主研修意识，提高其相关能力。加强教师专业化，发展智慧化管理，鼓励教师建立个人网络学习与专业发展空间，实现教师专业发展和教育研究全程数据化管理。

第二，完善教育资源公共服务云体系。建设面向全区中小学生、教师、家长及居民应用的公共教育资源云平台，提供"微课"等数字化教育教学资源。专项建设"智慧学区"云服务体系，建设朝阳教育智慧云。在全区教育公共服务体系中建成15个各具特色、资源共享的学区教育云。推进学校智慧管理系统、智慧课堂系统、智慧书包系统、智慧教师系统等应用，建设100所左右智慧学校、1000个虚拟教室。

第三，推进教育公共服务与决策管理信息化。研发和运行统一智慧教育云平台，建立教育云评价平台，研发和运行学校考试评价、区域学业测评、职业技能评测、教师绩效评价、教育行政干部考评、中小学校

长考评、教育组织机构和学校发展评价等多种教育评价体系。打破信息
孤岛现象，实现多平台融通、数据共享，为教育研究和决策分析提供便
捷的大数据支持。

5.3.3　数字校园发展的拉动效果

经过十年数字校园发展历程，教育信息化已融合至朝阳区教育、教
学、管理业务的各个方面，对朝阳区教育工作有着全面的拉动作用，成
为干部、教师进行常规工作的主要载体，也为学生提供更多学习内容和
学习方式选择，在朝阳教育的各个方面，信息化发挥着越来越重要的作
用，体现在教师发展、学生成长、学校管理等多个方面，同时起到了示
范带动、优质资源共享的作用。

1. 教师发展

（1）促进教师队伍整体水平提高

教师听评课、互动教学、学生自主选课、学生评教、微课平台等数
字校园业务系统应用推广后，极大地激活了授课教师的主动性和积极
性——教师们更加精心于教学设计、教学组织等工作，更加关注学生的
想法，积极使用信息技术手段，制作 PPT、微课，编制习题等，利用
多媒体或互动教学软硬件产品进行课堂教学实践，使课堂教学内容更加
丰富翔实，教学方式更加灵活；利用数字校园中的相关系统制作和发布
课前、课后引导性学习内容，将教学活动延伸至课堂之外，引起学生和
家长的极大关注，更好地促进了教学活动的开展和教师自身修养的
提升。

（2）推动青年教师快速成长

学校借助集体备课、校际备课等数字校园应用功能，可以将新老教
师组织到一起，共同分析教材，了解每个单元、每节课的知识点或重难
点，归纳学科知识体系，解决年轻教师上课抓不准知识点或重难点的问
题，极大地提高了年轻教师的教学能力和专业素养，推动了年轻教师快
速成长。

（3）带动骨干教师迅速提升

借助特级教师工作室，教师可以进行资源共享、研修交流等活动，
从而为骨干教师成长起到重要的引领作用。课程管理和资源管理功能可

支持教师在课程标准框架下，自行构建有效课程及资源体系，支持教师自行构建本学科知识体系，形成学科知识图谱，包括知识点和认知层次，进而使教师有效地管理本学科知识点微课和测量量表或试题。与知识点相对应的题库系统，帮助教师评价和诊断学生的学习情况。精准化的知识模型和学情评价反馈，有助于骨干教师迅速提升专业能力。

2. 学生成长

（1）减轻学生课业负担

数字校园在提高教师精准教学能力的同时，为学生提供课前预习、课堂互动的学习工具和研究交流空间，促进学生之间的学习交流、知识分享和协作，延展了课堂教学的时间和空间，丰富了课堂教学的内涵和深度，帮助学生在有效时间内掌握教学内容，提高课堂教学实效，减轻学生负担。

（2）提供个性化学习辅导

数字校园通过积累学生作业及考试数据，积累学生错题，形成关联每个学生的具有个性、特点鲜明、针对性强的错题本，从而帮助教师动态了解学生学习情况，使学生通过重做错题，巩固薄弱环节，并为学生提供有针对性的个性辅导，做到因材施教。

（3）增强学生综合素质

数字校园采集了学生学习、成长和健康等各类数据，提供了学生交流、学生评价等功能，对学生起到良好的正向激励作用，在教师、家长、学生之间形成良性信息循环圈。健康数据提醒学生加强体育锻炼，有效降低学生的近视率和肥胖率。数字校园应用有助于开阔学生视野，增强学生自信，提升学生综合素质。

3. 学校管理

（1）提高学校管理效率

数字校园增强了办公便捷性，解决了公文流转、上报材料和文件催收等问题，节约教师的时间和精力；备课系统帮助教师高质、高效地完成备课任务；家校互动系统大大节约了教师与家长的交互时间，丰富了交互内涵，提高了交互效率。

（2）提升分析决策能力

数字校园可对教师发展、学生成长和学校管理等过程中的数据进行统计分析，有助于学校领导、教师、家长、学生等角色对学校发展、教学质量、学情诊断等做有针对性的分析。例如，将以前覆盖面较广的听课转变为针对性听课，通过精准帮扶，能够快速解决问题，大大节约管理时间，有效地提升了教师的教学质量，有助于决策的精准性、科学性和高效性。

(3)保障学校持续办学

数字校园可以帮助学校做到在雾霾等恶劣天气下"停课不停学"。学生可通过自主学习系统，在家里或任何有网络的地方自发性地学习，访问"北京数字学校云课堂"网站或点播歌华有线电视"北京数字学校"课程，这样既确保了学生学习课程及资源的多样化，又充分调动了学生学习的积极性。学校办学不受时间、空间、气候、灾害的影响，保障了学校办学的品质。

(4)活跃学校文化氛围

数字校园扁平化地展示学校各层信息，如校历、学校新闻、班级新闻、教师博客、学生博客等。校内外新鲜事、新体验、新感受，经过教师、学生、家长的分享与参与，活跃了学校文化气氛，增强了学校知名度和社会影响力。

4. 示范带动作用

在区域数字校园带动下，朝阳区涌现出一批在全国、全市、全区范围内有较大影响的信息技术创新应用示范学校，如北京市朝阳区实验小学、北京市白家庄小学、北京市陈经纶中学、北京市陈经纶中学分校、北京市第九十四中学、北京市芳草地国际学校、北京中学、八十中学等。这些学校同来自国内外各级教育行政主管部门、各级各类学校的专家学者交流经验，辐射了数字校园工作成果。有关数字校园的经验交流和案例分享，提升了上述学校的知名度和美誉度，也推动了其他地区及学校信息化的发展。

5. 优质资源共享

朝阳区数字校园云平台中的资源系统为每所学校提供了校本资源存储空间，该空间可用于存储教师个人资源和公共资源。教师个人资源是指教师根据所授课程，结合课程标准体系，制定知识点和知识地图，填充相应教学资源后形成的各具特色的教学资源体系。教师将平时使用到的各种资源上传到公共资源平台上，与其他教师进行交流分享，形成公共资源。

朝阳区通过数字校园系统，积聚形成区域试题管理系统，为学校"作业诊断系统"和"考试分析系统"提供试题基础数据。通过网络教研工作平台，为教研员开通网络研修空间，与各类学科教师开展不限时空的教研活动，促进区域教育质量的提升。

5.3.4 朝阳区数字校园实践情况总结

朝阳区在十年数字校园建设与发展过程中积累了丰富的实践经验，被国内外教育机构和学校广泛参考和借鉴。同时，也深刻体会到数字校园是一个动态发展过程，每上一个台阶都感知到前一个阶段的不足。对这些经验和不足的认识，为朝阳区后续数字校园建设和智慧校园构建积累了宝贵财富，有力地引导着朝阳区区域教育信息化的进一步发展。

1. 经验与体会

（1）业务引领

数字校园要充分体现学校办学理念，要结合区域和学校整体发展规划统一设计；要注重对学校核心业务的支撑与引领；要服务于学校的管理者、教师、学生和家长，服务于学校教育教学质量和管理水平的提升，服务于学校办学特色的形成。数字校园建设水平要与学校发展水平相契合，与教育教学改革相契合，与学生的发展相契合。

数字校园要立足于解决区域教育和学校发展中最迫切需要解决的问题，聚焦教育教学的核心环节，围绕教师与学生在课堂教学过程中的教与学做文章，使教育信息化建设面向主课堂，服务主课程，实现信息技术与教育教学业务深度融合，有效提高教育教学效益。

（2）以人为本

数字校园应以向学校管理者、教师、学生、家长和社会公众等提供良好服务为宗旨，注重系统的易用性，简化操作环节，技术支持服务到位。让教师想用、好用、爱用，而不是给教师工作带来更多负担。通过满足师生迫切需求、减轻负担、提高效能，促进数字校园系统的广泛推广和深入推进。

（3）协同开放

数字校园在技术上必须本着开放、协同的设计理念。要在底层框架上支持各类应用的接入、集成、资源共享和业务协同；支持 PC 电脑、平板电脑、手机、电视等全媒体方式，为教师、学生提供泛在化使用环境；支持校际、区域之间、学校与社会之间的教育、学习资源共享和数据交换。

（4）营造生态

数字校园应注重着力营造"信息技术支撑下的教育新生态"。围绕教师发展、学生成长等核心业务，以人为本研究整体推进方案。重点营造应用的人文环境，增强管理者的信息化意识，进行应用机制建设，着力培养教师应用水平；以评价建立"围墙"，从而维护生态稳定，使数字校园建设稳步推进，良性运转。创设有利环境，培养广大师生的创造能力与创新精神，以适应信息技术发展对数字化生存与发展的挑战。

（5）持续投入

随着新技术发展和教育改革的不断推进，数字校园建设需得到持续关注和投入。朝阳区教委必须系统设计，把握定位，做好规划，设计信息化软件，开发应用资源，提高教师技术水平，提高干部教师信息化领导力。数字校园建设要充分利用先进的信息技术手段，深入挖掘其在教育方面的功能，注重新技术应用，做好数据分析、挖掘和利用。朝阳区教委需要在实践中分析研究和不断改进，做好推进机制建设，设置专项资金等保障机制。

（6）注重保护

与教育发展一样，数字校园产品研发永无止境。朝阳区选择自主研发数字校园的同时，注重数字校园发展的相关知识产权的保护工作，拥有各个迭代版本的数字校园产品全部著作权和产品源代码。知识产权保护手段，使朝阳区在十年数字校园发展历程中掌握了完全的主动权。

2. 不足之处与解决思路

（1）注重体验，提升使用效益

伴随朝阳区教育信息化的深入发展，深层次的问题开始呈现，包括应用系统的体验性、技术系统的可适应性、数据整合应用等，需要在区域层面持续推进、优化发展。

朝阳区教委利用现有的数字校园建设成果，结合移动端的使用，将逐步探索、尝试，以创新思路去适应教师使用习惯，改善教师使用体验，使教师工作更便捷，把教师从繁重的日常工作、重复工作中进一步解脱出来，把更多精力投入创新性、创造性教学工作中去。

（2）随需应变，适应区域发展

在目前朝阳区学区化改革和集团化办学教育改革思路下，数字校园对于新的管理模式支撑能力明显不足，需要在底层架构的开放、协同中增强灵活性和可配置性，同时，兼容互联网思维下的各类新产品、新技术、新应用。

（3）数据挖掘，服务评价模型

数字校园系统对应用过程中积累的数据缺乏专业化分析和处理，需要进一步加强研究，建立模型，形成学生和教师评价模型。

3. 下一步发展计划

未来四年，朝阳区将在区域数字校园云平台基础上，建设区域智慧教育服务体系，在教学过程支持、信息化评价、教师网络研修、在线教育教学资源、干部教师信息化素养提升等方面开展进一步工作，为朝阳区智慧教育发展建立更加深厚的基础。

（1）建设指向教学过程深度融合的智慧教育云

以电子书包项目为抓手，研发和运行统一的智慧教育云。做好学科应用推广，继续完善软件，更好地服务课堂教学。继续建设知识体系，研究诊断试题，制作知识点微课和试题讲解微课，让学生在学习中使用，使其真正成为学生个性化学习的助手。在全区教育公共服务体系中建成 15 个各具特色、资源共享的学区教育云，形成"智慧学区"云服务体系，建成朝阳智慧教育云。

（2）建构信息化评价体系，推动区域教育大数据发展

加强教育信息化评价体系建设，建立区域教育评价体系，研发运行学校考试评价、区域学业评价、教师绩效评价、干部考评、学校发展评价等多种教育评价体系。打破信息孤岛现象，实现多平台融通、数据共享，为教育研究和决策分析提供便捷的大数据支持。

（3）建设新型的干部教师网络研修平台

大力推进朝阳区干部教师网络研修平台建设，完善教师培训决策与评估功能，建立"菜单式"学习资源库，提高干部教师网络自主研修意识和能力。加强教师专业化发展的智慧化管理，鼓励教师建立个人网络学习与专业发展空间，实现教师专业发展和教育研究的全程数据化管理。

（4）完善教育资源公共服务云体系

建设面向全区中小学生、教师、家长及居民应用的公共教育资源云

平台，提供"微课"等数字化教育教学资源。

（5）大力提升干部教师信息化素养

开展干部教师信息化素养全员培训，实现 100％熟练应用信息技术，培养万名信息技术应用优秀教师。

5.3.5　朝阳区数字校园发展融合创新特色

总结朝阳区十年数字校园发展历程：在规划方面，它实施总体规划、分步实施、步步为营的建设策略；在机制方面，它采取区域统筹、学校探索这一集约高效的建设模式；在内容方面，它采取业务主导、以人为本的建设方针；在推进方面，它采取注重实效、持续改进的推进策略。朝阳区形成了具有朝阳特色的数字校园建设模式，这一模式在教育改革及学科应用融合创新方面特色显著。

1. 服务区域教育改革

朝阳区的数字校园和智慧校园云，"以人为本"，有力地支持了朝阳区综合教育改革，支持区域集团化办学和学区化办学探索，支持区内引进校、名校办分校的发展模式。

2. 支持学校前瞻探索

朝阳区在共性数字校园云服务发展过程中，将具有特色化教学理念、教学模式和教学方法的学校列为数字校园示范校，并在信息化投资上予以大力倾斜。鼓励学校跟踪现代教育技术发展趋势，探究新技术在学校教育中的应用与发展对策，并将示范校数字校园研究与探索成果纳入区数字校园云平台、区智慧教育云，从而为全区学校服务，如朝阳实验小学的错题本和题库系统、陈经纶中学分校的知识体系模型和学习诊断模型、白家庄小学的互动课堂教学、陈经纶中学的网络协同教研、北京中学优质教育资源云等。

3. 促进学生个性成长

围绕学前、小学、初中、高中优质生源逐级流失的教育现状，提高学生学习成绩、助力学生个性成长，成为提升朝阳区教育竞争力的突破口。朝阳区通过数字校园系统，为学生提供共性教学和个性学习渠道——针对不同学习能力的学生，通过个性化的选课、自学、自我诊断、个性化纠错，为学生选课、选考、选资源提供条件，支持学生寻找适合自身发展的学习方式，为北京新一轮课程改革奠基。一方面，解决了优秀学生"吃不饱"的问题；另一方面，解决了"学困生"跟不上的困惑，支持了学生的可持续发展。2016 年，朝阳区中考成绩位列全市第三，高考成绩也居全市前列。

4. 助力教师专业发展

朝阳区是一个发展中的教育大区，优质资源不足，年轻教师比重较大，在数字校园建设之初，便将着力点定位在提升教师专业能力层面。十余年来，通过校本资源库、校本题库、协同备课、网络研修、名校长工作室、特级教师工作室、大师工作室等建设，发展信息化手段作用，充分发挥老教师在教学业务上的带动作用和青年教师在信息化应用探索方面的积极性，有力地促进了全区教师专业发展。朝阳区特级教师数量从 17 名增长到 200 余名，占全市特级教师总数的七分之一。

5. 探索测量评价模型

在一定的数据积累下，朝阳区进行学业评价、教学质量测量等探索，有效提升了教师教学过程的针对性，促进了教学方式个性化和差异化发展。

5.4 海淀区数字校园及全区教育信息化发展

5.4.1 海淀区数字校园工作基本情况

海淀区作为高等院校、科研机构、高新技术企业的聚集地，具有独特的科技优势。早在 2000 年，海淀区委、区教委各级领导已经逐步认识到信息化建设的迫切性，大力发展全区教育信息化。当时，积极搭建信息化发展的硬件环境是绝大多数人的观念，而海淀区面对全区的信息化发展，在设计与规划上就已经形成了"硬件建设→软件应用→各校主导"三步走的建设思路。

全区教育信息化建设围绕着"应用"，通过开展"硬件建设"，倡导"软件应用"，推行"各校主导"这三步台阶，实现了教育管理科学高效、课堂教学开放丰富、校园文化精彩活泼、校园环境多彩现代的大格局。

第一步，从硬件建设入手。早在 2000 年，海淀区就开始在各中小学建设光纤网络，铺设宽带，使每一个教室、教师办公室都能够接入北京教育信息网，做到校校通、班班通，教学、备课都能够方便地使用网络资源，积极推动以投影仪为代表的多媒体教室建设，做到班班多媒体化。

第二步，自主研发教育教学各级各类软件平台。自 2005 年开始，海淀区在硬件建设环境日趋成熟的基础上，走上了自主研发教育教学软件平台的创新之路，如海淀教育网、行政办公网、学生综合素质评价系统、教师研修网、终身学习平台、经费预算系统、教委人力资源管理系统等。与此同时，加大信息技术学科教学研究与信息技术培训力度，迅速提高海淀区师生信息技术素养和应用能力。

第三步，推行学校个性化建设。2008 年，海淀区开始践行"应用"核心理念中最重要的一步，也就是在各个学校信息化发展基础已经夯实，学校信息化观念已经成熟，并根据自身发展需求有了个性化发展规划之时，突破旧有信息化发展"整齐划一"的观念，突出信息化"开放、包容、广纳、互通"的特质，将信息化发展主导权交给各个学校，使各学校结合自身条件与特色，在信息化建设各层面有重点、有目的地实施，做到信息技术应用在各校不拘一格、百花齐放，最终形成风格迥异、个性突出、信息化建设"因地制宜"的数字校园。在海淀区各中小学开展个性化建设的同时，海淀区教委积极引领信息技术的发展，先后开展了校园一卡通应用、视频直播点播系统应用、学情分析系统应用、互动教学系统应用等实验项目。

同时，海淀区并没有拘泥于自身的封闭式发展，而是主动引进外部智慧力量，积极参与北京市教委百所"数字校园实验项目"，希冀通过实验校的交流，为海淀区教育信息化发展之路提供参考经验。2009 年 7月，海淀区推荐七一小学和北京理工大学附属中学参加了北京市教委第一批数字校园实验校实验工作。2012 年 3 月，北京石油学院附属小学、育英学校参加了北京市教委第二批数字校园实验校的实验工作。2013年 10 月，中关村第二小学、中国人民大学附属中学西山学校、玉渊潭中学等学校参加了北京市教委第三批数字校园实验校的实验工作。

海淀区的实验校也不负众望，七一小学和北京理工大学附属中学的实验工作已先后通过市级验收和应用评估，为海淀区其他学校和兄弟区提供了有价值的标杆性建设成果。北京理工大学附属中学自主研发的学生自主学习空间、教务教学一体化平台、数字办公平台等应用（如图 5-7

所示）吸引了全校师生积极参与。2015年3月，学校被北京市教委授予"数字校园五星级学校"荣誉称号。七一小学自主定制开发的新媒体教研活动系统和基于云资源共建共享的教师工作室系统，被评为北京市第一批数字校园实验工作的创新建设成果（如图5-8所示）。

图5-7　北京理工大学附属中学数字校园系统

图5-8　七一小学数字云校园

　　海淀区在积极推进信息化建设工作的同时，也在不断总结经验，学习引进新理念、新技术，开展区级教育信息化顶层设计，创建标准体系，引导学校科学、合理地进行教育信息化建设，在数字校园建设的基础上，提出了智慧教育建设新理念。2014 年 3 月，海淀区出台了《海淀区智慧教育中长期发展规划(2014—2020 年)》和《海淀区智慧教育建设项目管理办法》，标志着海淀区教育信息化建设揭开了新篇章。

5.4.2　海淀区数字校园发展的现状与趋势

1. 数字校园建设硕果累累

海淀区教育信息化建设以解决实际问题应用和促进人的发展为核心，以海淀区"三通两平台"建设为抓手，以体制机制和标准规范建设为保障，坚持应用驱动，深化科教融合，进一步提升全区教育信息化整体发展水平和服务能力，加快构建公平、优质、创新、开放的海淀教育服务体系，为促进全区教育均衡发展，提高教育质量，打造学习型城区和构建终身学习体系提供有力支撑。

(1)网络建设方面

全区中小学都建设了有线校园网，176 所学校按照标准建有中心机房，131 所学校建设了无线校园网。125 所学校终端传输速率达到了最低百兆的基本要求，48 所学校终端传输速率达到了千兆；互联网出口总带宽 7479.5M，校均带宽 41.78M。

(2)硬件建设方面

全区中小学共建有 464 个计算机教室，学生计算机总数 23366 台，教师用机 35973 台，其中笔记本 20267 台；3106 个教室多媒体设备是"投影仪＋幕布"，2051 个教室多媒体设备是"投影仪＋电子白板"，5461 个教室多媒体设备是"触控一体机"；62 所学校是 IP 数字广播，103 所学校是模拟广播；165 所学校建有校园监控系统；116 所学校有校园信息发布系统；105 所学校有录课教室，134 所学校有互动教室，67 所学校有校园电视台，40 所学校有电子阅览室。

(3)软件建设方面

150 所学校有校园网站，165 所学校有办公管理软件；142 所学校建有学校媒资管理系统，57 所学校建有学情分析系统，88 所学校建有考试和测评应用系统；区校两级教师研修及教师专业成长平台系统共计 12 个，在线教师总数 2.45 万人；区级财务和资产管理平台共计 9 个，区级党务和政务管理系统 7 个。

(4)资源建设方面

68 所学校建有校级资源库，其中按内容多少排序依次是活动视频和照片、教学课件、校本视频课程、课件素材和教材配套音视频材料；134 所学校加入完全开放的互动教学平台，有 4500 余名注册教师在平台上制作教学资源，并实现在线分享；165 所学校通过采购、自制、互联网资源加工等方式进行资源建设，资源累积达 5900TB；区级平台建有视频教程 29000 余节，动画教程 110TB；区级名师课堂、课改实录、学科优秀课例以及区校两级课堂实录等累积 9300 余节。

2. 创建智慧教育新理念

海淀区基于海淀区教育信息化现状及现存问题，明确了海淀区智慧教育建设总体目标与建设原则，发布了《海淀区智慧教育中长期发展规划（2014—2020 年）》，提出并阐明了海淀区智慧教育"3456"的建设框架与建设内容。

"3456"的建设框架，即建设三类智慧环境，提升为四类人群的智慧服务，建立五个保障体系，实施六大板块工程，如图 5-9 所示。

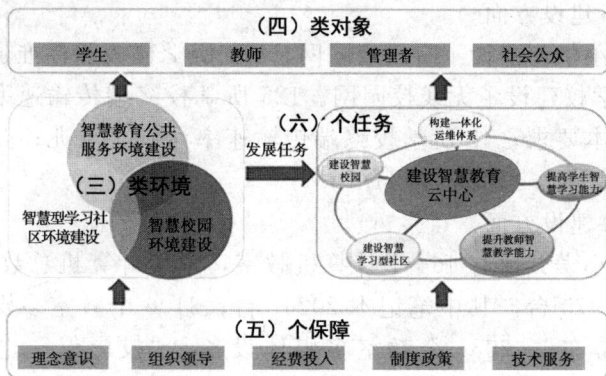

图 5-9 海淀区智慧教育"3456"框架

（1）建设三类智慧环境

就是全面建设由教育行政部门管理的智慧云（教研）中心，支持学校教育的智慧校园以及支持终身教育的智慧型学习社区。

（2）提升面向四类人群的智慧服务

就是全面提升面向学生、教师、管理者与社会公众四类对象的服务，持续推进智慧学习、智慧管理、智慧教研和智慧服务四大应用。

（3）建立五个保障体系

就是全面建立海淀区智慧教育建设的理念保障、组织保障、资金保障、制度保障、标准保障五大保障，为海淀区智慧教育建设保驾护航。

(4)实施六大板块工程

就是全面实施包括智慧教育云中心建设、智慧校园建设、智慧型学习城区建设以及智慧教研素质提升、智慧学习应用推进、一体化智能运维在内的六大板块工程，全面推进海淀区智慧教育建设。

5.4.3　数字校园工作对全区教育信息化全局的作用

1. 提升海淀教育信息化水平

(1)基础设施打下了坚实的信息化发展基石

十多年的信息化基础建设，聚集和整合了基础硬件资源，形成对区域教育信息化发展的有效支撑，有效提高了资源利用率。海淀区建设了环形万兆光纤主干网，拓展了互联网带宽，完善了网络安全保障体系，实现了学校双路千兆光纤接入和中小学教育教学场所无线网络全覆盖，在"三网融合"的环境下实现多终端(个人计算机、平板电脑、移动终端和数字电视)的无缝接入。

(2)应用服务平台满足了各类公共服务需求

海淀区围绕教育领域公共性的业务需求，以推进有效应用为核心，建设各类信息服务系统，建设了公共信息网站群、协同办公及管理门户、业务管理系统、网上协同教研平台和教育决策支持系统等主要应用服务，为学校提供公共性的教育信息与软件服务，如图 5-10 所示。

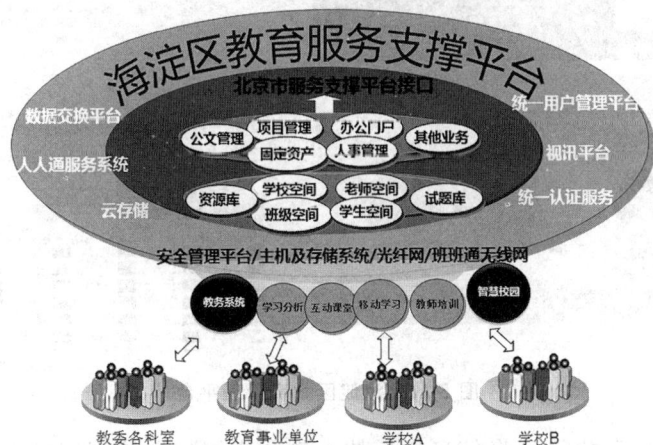

图 5-10　海淀区教育服务支撑平台

（3）试点智慧型教育装备和服务平台建设

试点建设基于射频识别（RFID）技术和传感器技术的智慧型教育装备，实现校园各类物体的互联、识别，以及智能化的数据交换与信息传递。海淀区将RFID技术应用于教育管理领域，实现学生行踪、门禁系统、图书借阅、学生健康安全监测等方面的智能管理。搭建智慧校园管理、智能平安校园、智慧校园教学、智慧评价等服务平台，形成服务于学生学习、教师教学、学校管理的全方位校园智慧教育环境。

2. 促进教育管理方式创新

海淀区借助网络开通了二十多个平台，从行政办公到区校联络和学籍档案管理，使学校日常工作运转真正实现了信息传送无纸化、网络管理有序化，大大提高了行政管理的科学性和有效性。区教委及直属机关所有通知都通过行政办公网发送，每个学校都有一个账户，都有专人登录行政办公网查看相关通知。特别是海淀区以教育科研管理网络化实施为切入点，自主研发了"北京市海淀区教育管理平台"，全面变革了海淀区传统的教育管理方式，如图5-11所示。

图5-11 海淀区教育管理平台

学校信息化管理将信息通信技术整合应用到学校管理过程中，在一定程度上实现了学校管理的数字化和网络化，提高了学校管理的质量和效率，形成了适应信息化社会要求的学校管理模式。

例如，在数字校园建设过程中，学校尝试利用网络环境建立学校管理平台，使师生的信息管理、教师评价、信息发布和反馈接收等都通过管理平台进行。这一探索改变了传统的沟通方式，营造了良好的交流空间，推进了资源整合，加快了信息流通，规范了办公流程，减少了办公成本，全面提高了管理效能。又如，海淀区在学校日常管理中应用多点视频会议系统，解决了一校多址的管理难题；应用 OA 智能办公系统提高了日常审批事务的效率；利用校园"一卡通"保证了校园管理安全高效；应用手机和上网本等小型移动终端，实现泛在管理；应用 CMIS 系统实现学生学籍的电子化管理；应用"校讯通""家校通"等家校互动平台，增加了家校联系，延伸了课堂，提高了家校共育的效果。同时，借助网络的多主体、跨时空和低成本、高效益等特点丰富和拓展传统教研管理，发挥信息技术灵活多样和生动形象的优势，补充完善班级管理制度，促进学校管理的科学化和现代化。

3. 实现教与学方式变革

学校积极探索新技术在教学中的各种应用模式，加快以学生为中心的教学模式转变，通过建立智慧学习空间，引入智能学习伙伴等方式（如图 5-12 所示），培养学生的创新实践能力、批判性思维能力，引导学生正确使用信息技术提升学习效率。

图 5-12　学校网上班级空间

各校积极开展 STEM[①] 教育、少年创客和少年思维训练营等拓展项

———————————

① STEM 是科学（Science）、技术（Technology）、工程（Engineering）、数学（Mathematics）这四个词的首字母组合。STEM 理念是当今世界各国提倡的新教育理念。

目，使学生通过参与拓展项目中的活动，体验基于技术的学习沟通、探究和创意。鼓励学生应用信息工具开展信息收集与处理、协作交流、知识创造等活动，培养中小学生的信息素养、学习能力、探究能力、协作能力和表达能力，为学生学习智慧的养成提供支持，如图 5-13 所示。

图 5-13　海淀区学校拓展课程项目实践

学校应用在线答疑系统、空中教室支持的网络点播和网上授课系统，使学生的学习不再拘泥于课本，不再限定于教室，使学生通过网络学习、了解、阅读了更多的资源，突破了时间的限制。各类数字校园应用系统在空气重污染"停课不停学"这种特殊时期发挥了重要作用，如图 5-14、图 5-15 所示。

图 5-14　雾霾期间温泉二中网上批改作业

图 5-15　雾霾期间清华大学附属中学永丰学校开展网上直播课程

4. 实现资源共享

海淀区高度重视智慧教育系统、平台中内容和数据建设的重要性，开展教育管理基础数据库、可进化的开放课程库和学习资源库等基础性数据建设。采集教育行政部门和学校日常工作中的基本数据，加大课程资源的收集和整理力度，建设优质在线课程库；采用购买与建设并重的方式，建设多种技术表现和教学形态的优质教学资源库，如图 5-16 所示。

图 5-16　学校教学资源云平台

学校也根据自身数字校园环境特点，在加强资源建设的同时，注重共享和应用。例如，中关村中学通过 VOD① 视频点播系统提供丰富的

---

① VOD(Video on Demand)，即视频点播技术的简称。

视频文化节目，温泉二中实现学生作品和微课程展示，田村中心小学进行教师教学视频录播与回放等，借助校园网络平台，突破时间和空间的限制，实现师生有效共享。

中国人民大学附属中学、北京大学附属中学、十一学校等名校大校依托国家和地方已建各种形式的网络教育基础设施，建设兼具共性服务和个性服务功能的国内优质基础教育资源远程教育共享平台，开发适应不同地区、不同层次和不同人群需求的数字化基础教育课件，利用中小学远程教育网等现有设施，多渠道地提供互动式课堂教学和个性化课外辅导服务。这种将优质资源与社会其他学校分享的活动，形成了优质资源的辐射作用，缓解了当前优质教育资源分配不均的矛盾。

5. 创设教师专业发展条件

海淀区积极开展教育管理人员、教育技术专业人员和教师的全员培训，加强智慧教育认知能力和综合素质培养，有效提升智慧教育规划能力、管理能力、应用能力和创新能力。先后组织开展了教师实用课件制作、多媒体素材采集编辑、学校网管员中高级管理应用、CMIS系统软件相关应用、多种软件平台的使用和信息化教学新理念等主题的培训，有效地提高了全区干部教师应用信息化技术辅助教育的能力和水平。

海淀区整合现代远程教育的多种先进技术，于2005年启动"海淀终身学习平台"工程，将信息技术与教师教育有机结合，形成一个具有自创特色的远程教育平台，在远程会议、远程教学和远程培训上发挥了巨大的作用。

5.4.4 海淀区数字校园发展过程中的实践经验与体会

1. 因情而异，学校信息化建设运行模式各有不同

随着科学技术的发展，现代社会涌现出了日新月异的新技术、新理念，学校对学生核心素养的培养也进入了个性化发展新时期，大包大揽一刀切式的信息化建设模式已经不被学校认可。海淀区鼓励各校根据自身基础条件、办学理念和发展方向的差异，在信息化建设中采用了不同的建设运行模式，如图5-17所示。

海淀区基础教育信息化发展总体模式是在学校自主设计、自主建设、自主开发应用和经费自主基础上，通过区域层面的统筹规划、经费支持、专家引领和示范指导，保证自主建设的序列化、特色化、方向性

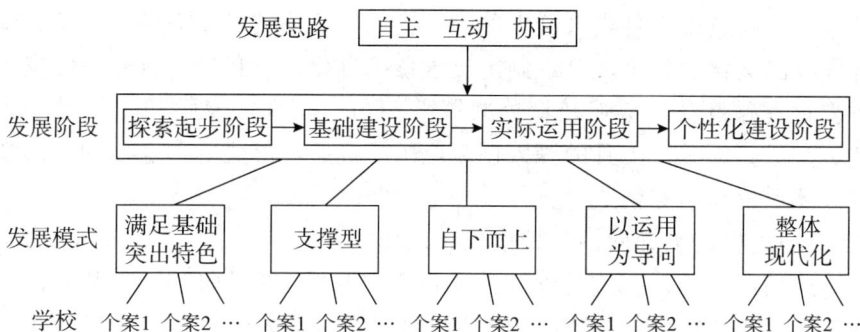

图 5-17　特色导向的信息化运作模式

及公平和效率，促进海淀教育信息化的整体协同创新发展，在相继经历了探索起步、基础建设和实际应用阶段后，而今步入个性化建设时代，随着各校建设的深入，会呈现出更多的特色。

（1）整体现代化的学校信息化运作模式

应用此类运作模式的学校具有雄厚的经济基础和硬件条件，以先进的学校发展理念为指导，在信息化建设时注重全方位、整体性建设，自上而下地进行学校信息化建设规划。在信息化建设过程中，强调信息化建设的超前性和创新性，探索新工具的教育应用，以数字校园为标志，分阶段、分步骤实施，最后全面铺开，立体呈现。比如，中国人民大学附属中学西山学校、北京市第二十中学、北京市信息管理学校等就是这类学校运作模式的典型代表，如图 5-18 所示。它们以促进学生成长为办

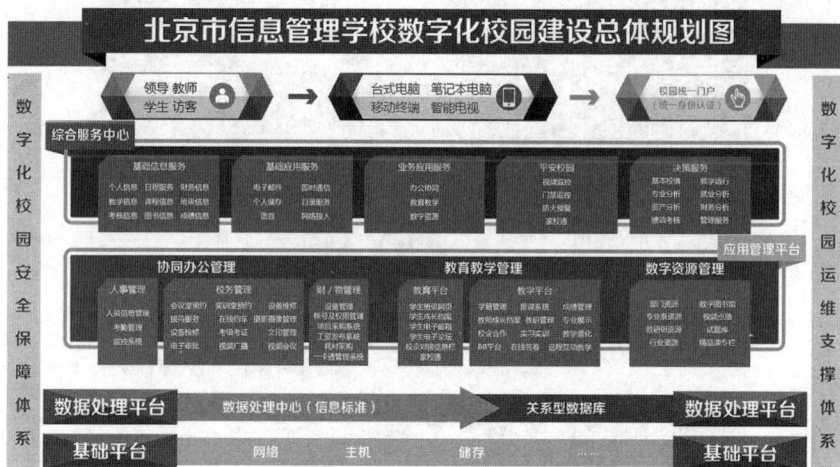

图 5-18　整体信息化运作模式

学方向，以适用于各类人群为前提，将现代信息技术全面融入教学、管理和校园文化的各个环节，制定出学校信息化建设目标：首先，促进现有教育资源整合，增强教育公共服务能力；其次，鼓励和引导教学模式、方法、资源、工具的深入创新应用；最后，形成更加全面的、创新的人才评价和培养模式。

（2）以应用为导向的学校信息化运作模式

应用此类运作模式的学校的建设思路从"建设导向"转变为"应用导向"，它们坚持"以人为本"，从以基础设施建设为中心转变为以学生和教师等"人"为中心；从关注基础设施的信息化，到关注教育技术的关键性应用，重视充分利用信息技术为教育教学服务，培养学生创造性思维和探究能力，坚持"学生本位，所有技术都要为学生的学习服务"这一教育理念，并将这些理念通过技术支持落实到教学实践中去，促进教育信息化深层次发展。这一模式的基本特征是自上而下的。比如，中关村中学、北京一零一中学等就是以应用为导向的信息化运作学校，它们在不断完善信息技术设备的基础上，积极探索信息技术应用新路径，创新技术服务于教育教学的方法和思路。其中，中关村中学的"数字校园文化"教育和北京一零一中学创办的"远程学习平台"在海淀区乃至全国都处在领先应用水平，如图 5-19 所示。

图 5-19　应用导向的运作模式

（3）自下而上的学校信息化运作模式

应用此类运作模式的学校比较注重信息技术的应用探索，使信息技术融入学校教育教学的方方面面，因此学校各项工作所取得的成果都得益于信息技术的大力支持。决策与应用是学校自下而上运作的两个方面。只需向学校管理者提出应用申请，教师就可根据技术设备应用效果和应用需求来选择技术设备；学校具有完善的信息化决策机制，教师的信息意识很强，决定技术应用的权力掌握在教师手中。比如，育英学校、七一小学作为典型的自下而上运作模式的应用者，无论在"一校多址"管理工作中，还是对于学校信息化建设和应用探索，都充分发挥健全的学校决策机制作用，尊重教师意愿和选择，让教育信息化真正和教师的工作和学习发生深层次交互作用，如图 5-20 所示。

图 5-20　自下而上的运作模式（学校应用系统案例）

（4）支撑型的学校信息化运作模式

应用此类运作模式的学校在信息化建设和运作过程中，根据学校的客观实际情况，关注需求，强调服务，走符合学校教育功能需要的信息化建设道路。比如，温泉二中和艺术师范附属小学是支撑型学校信息化运作模式的代表，它们往往在建设信息化过程中资金不充足，生源一般。为避免重复建设，造成资金浪费，学校在信息化建设和运作过程中必须考虑学校的客观实际，关注需求，强调信息技术的支撑作用。例如，温泉二中的"多维成功"教育和艺术师范附属小学学生"信息素养教育"，均是符合学校客观需要的信息化功能开发和应用，如图 5-21 所示。

图 5-21　支撑型学校信息化运作模式

(5)满足基础、突出特色的学校信息化运作模式

采取此类运作模式的学校在信息化建设和发展过程中首先要从学校实际情况出发，明确学校信息化建设方向，设计和规划发展方案，从经费角度和实际需求角度考虑，确保学校信息化基础设施和信息化平台成功建设，在环境建设的基础上结合学校特色，以发展特色信息化项目为重点，不断寻找适合自己的自主成功之路，针对具体的项目深入挖掘和探索，凸显信息化建设重点，同时健全信息化管理与运行机制，提升学校核心竞争力。比如，北京交通大学附属中学第二分校和田村中心小学作为满足基础、突出特色的信息化运作模式学校，其信息化建设经费有限，信息技术设施处于基础阶段，但对技术应用探索毫不逊色。学校集中精力发展特色项目，提高师生的信息化能力，促进自动化水平，实现信息化管理。

2. 转变思路，区级层面做好五大保障措施

海淀区站在区级层面，转变思路，做好"引领者、服务者"的角色，进行区域顶层设计和项目规划，以"共建共享、集约发展"为建设原则，建立标准体系，逐步打通各校的信息孤岛，做好五大保障措施。

(1)理念保障

海淀区坚持以"技术推动教育变革"为核心理念，及时推进教育理念、教育管理理念的变革，促进教学模式、学习模式的转变。海淀区在智慧教育进程中，要突破体制制约，坚持以服务为核心，推进教育管理革新与流程优化，以适应信息时代的发展需求。教育体系范围内的领导者不仅要在观念上认识到信息化建设的重要性，更要在实践和行为方式方面率先垂范，将信息化建设落实到组织范围内管理、业务开展及海淀区教育体系建构全过程中，真正重视信息化建设工作。

教育信息化不是一个静态的系统建设工作，而是一个动态发展和变革的过程，必须考虑到依托机构、经费支持、运行服务等可持续发展机制方面的协调，否则就不可能取得好的效果。

(2)组织保障

为增强海淀区智慧教育建设管理的科学性、实效性，海淀区成立了海淀区智慧教育工作领导小组，统一负责领导海淀区智慧教育规划、建设、管理等各项工作。下设智慧教育办公室，作为常设办事机构，负责组织落实智慧教育领导小组部署的各项工作，统一负责智慧教育项目的规划、申报、评审、建设、监督和备案等工作。设立智慧教育项目专家评审委员会，负责年度规划、项目申报方案、项目验收结项等方面的评审工作。智慧教育项目专家评审委员会是动态组织，由智慧教育办公室组建。由教育信息化领域专家、教育信息化教师、一线教师及会计师按照一定比例组成的智慧教育项目评审专家库，随机抽取产生每届智慧教育项目专家评审委员会的相关专家，从而确保智慧教育项目评审的科学性、公正性。

各级各类学校等教育机构设立本单位的智慧教育工作领导小组，分别由该单位总负责人担任组长，具体负责组织本单位的或与本单位相关的智慧教育项目的申报、建设等各项工作。各学校等教育机构智慧教育工作领导小组在区智慧教育工作领导小组的统一领导下开展工作。

(3)资金保障

海淀区建立政府主导、社会参与、校企合作的智慧教育建设经费投入保障机制，区政府增加财政专项资金投入，同时积极申请市政府专项资金，挖掘学校配额资金潜力，适当吸收社会资金的投入，通过多元投入方式保障智慧教育的基础设施和重点项目的建设及应用，保障日常维护资金的持续投入以及教育技术培训等工作的顺利开展。海淀区教委应确保各级各类学校生均公用经费稳步增长，以满足智慧教育资源建设和应用投入需要，促进教育信息化可持续发展。

　　智慧教育专项经费划分为三个部分，一部分下拨到学校，用于学校的建设；一部分由区智慧教育领导小组统筹，建设区层面的统一平台及服务中心等；一部分用于区校结合的整体应用推进，区智慧教育领导小组做好规划与评审工作，学校则竞标申请建设。

　　海淀区教育信息化建设投入资金不断增多，从 2000 年到 2012 年，海淀区教育信息化经费投入总计 23.3 亿元；在 2012 年至 2015 年的四个年度中，全区教育信息化建设常规性投资为 8.18 亿元，专项投资为 12.52 亿元，总投资为 20.7 亿元。

　　(4) 制度保障

　　海淀区教委制定《海淀区智慧教育建设项目管理办法》，并不断完善海淀区智慧教育各项规章制度，确保智慧教育各项工作有法可依、有章可循，以规范操作，提高效率。同时以创新的精神科学设定、不断完善各方工作机制，为技术推进海淀区智慧教育发展添动力。

　　海淀区教委建立智慧教育建设风险管理机制。严格执行国家和北京市的信息安全相关法规、政策，建立信息安全组织管理体系，落实信息安全责任制，建立智慧教育风险管理应对计划，确保智慧教育可持续发展。

　　(5) 标准保障

　　海淀区教委加强教育信息化标准采纳、建设与应用，积极采纳教育部、北京市制定的相关教育信息化标准，建立与国家和北京市教育信息化标准和规范相衔接的教育信息化规范，包括技术类和管理类标准、环境配置规范和应用绩效评估规范。制定相关政策措施，在各类系统建设过程中，强制性采纳相关标准规范。形成标准测试、认证、培训、宣传和应用推广保障机制。制定完善全区教育信息化数据体系管理制度，逐步形成较为完备、具有海淀特色的教育信息化标准和规范体系。

　　海淀区教委采纳北京市教育信息化数据体系管理制度，规范数据采集、加工、共享、交换、使用及网络运行、网络安全、数据安全等管理；出台《海淀区智慧校园能力成熟度标准(试行)》，推进全区中小学智慧校园的规范建设。

　　海淀区教委着力建设推进智慧教育的软环境，建立起实现"三集中、六统一"的规范化建设体系。"三集中"是指数据集中、设备集中和应用集中，不鼓励学校建设大而全的数据中心；优先应用市级平台提供的通用教育业务，着力打造区级教育云服务平台，鼓励学校建设满足其特色发展需求的信息化系统。"六统一"是指数据库、标准、开发平台、用户管理、门户以及管理安全和保密措施的统一，从而实现教育数据的无缝贯通与共享。实现智慧教育工作的各种"归一"，包括管理归一、机制归一、技术归一等。

5.4.5　教育信息化指向教育改革及学科应用融合创新特色

1. 促进办学条件均衡

（1）推进海淀区智慧教育万兆光纤信息高速公路建设

2015 年至 2016 年（一期）完成万兆核心环和 4 个汇聚接入环的铺建工作，实现 81 所学校先期接入。2017 年至 2018 年（二期）将 283 所学校接入环网，工程总计接入 364 家单位。如图 5-22 所示。

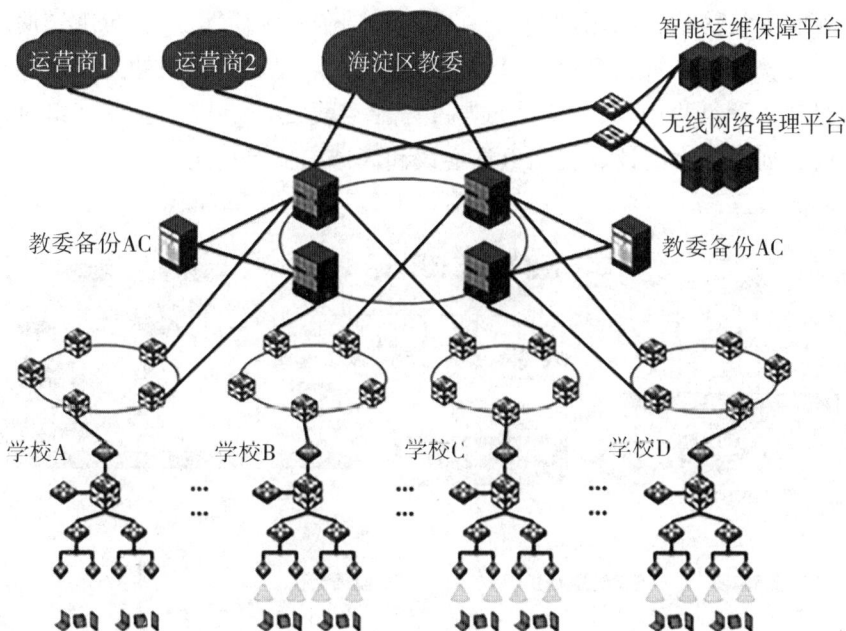

图 5-22　智慧教育网络环境建设系统结构图

（2）推进中小学智慧校园无线网络班班通达标工程

为响应教育部和北京市关于"宽带网络校校通和优质资源班班通"的工作部署及达标要求，海淀区在信息高速公路铺设基础上，将全面推进全区各中小学校园（单位）的无线网络覆盖。

（3）着手研制"智慧校园成熟度模型"及制定"海淀区智慧校园建设标准"

以高标准实现"校校通""班班通""人人通"为主线，海淀区构建出一个阶梯式进化框架，"智慧校园成熟度模型"从低到高分别是初始级、基本级、变革级和融合级四个成熟度等级。"海淀区智慧校园建设标准"将结合"智慧校园成熟度模型"，针对海淀区智慧教育发展实际，制定出智慧校园发展各个阶段的标准体系，以明确、具体、可参照的标准体系为指导进行智慧校园建设，在推动实现全区智慧校园基本达标的同时，促进各智慧校园建设水平持续提升，并鼓励各校在整体标准体系框架内实现特色发展。

2. 促进教育资源均衡

（1）推进海淀区智慧教育视讯中心建设

该项目建设是区域网络电视、网络电话、视频会议、远程培训和教学观摩等集约整合应用的基础性工程，如图 5-23 所示。2016 年先期启动全区教育系统视频会议平台建设工作，试点建设并实现幼儿园组、小学组和中学组共计 36 个集会点与 4 个主会场之间点对点会议、组对组会议、划片集中会议、视频电话会议和区域广播等应用。

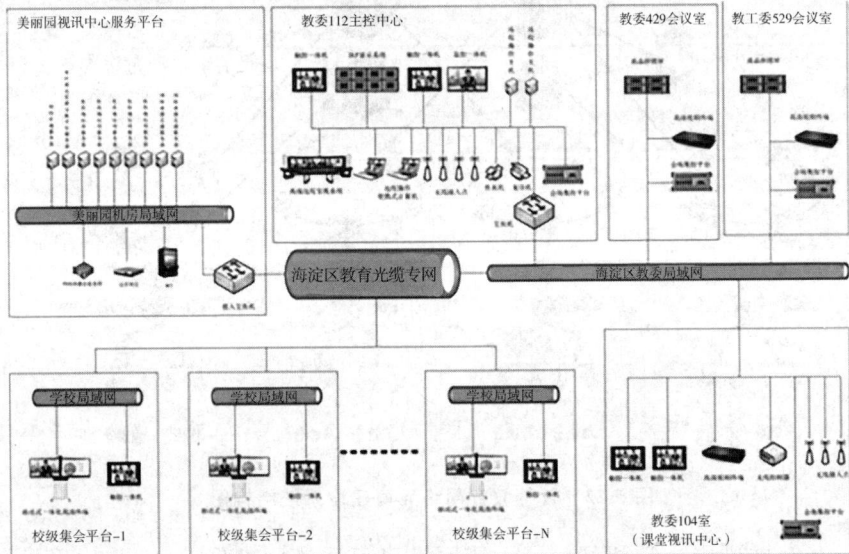

图 5-23　海淀区智慧教育视讯中心架构

（2）筹划区智慧教育云中心建设

海淀区开展区教育数据中心机房建设、区教育云管理中心硬件集群与虚拟化等基础设施建设。2013 年至 2017 年，基本完成软件平台层建设。2014 年至 2020 年，持续完成教育内容库建设。智慧教育云中心将成为海淀区优质教育汇聚中心及创新策源地，它的建设将从实质层面推动实现教育资源均衡和共享。

（3）资源建设本地化

根据全区中小学教师实际需要，区教委、各单位组织开展音像教材的收录、复制、购买以及资料编辑、整理工作，并组织指导全区中小学利用网络技术推进远程教育，开展网络科研和教研等活动，活用资源，加大资源推广力度，进而实现资源积累和资源的进一步优化。

第一，数字校园构建资源运转的基本环境。

通过数字校园建设，海淀区中小学基本上完成了门户网站、办公自动化、统一身份认证、数据交换、教师交流共享、数字德育、试题管理、考试分析、作业诊断、网络存储数据、家长学生信息管理等贯穿整个校园教育教学环境的一系列服务系统建设工作，构建起安全可靠、操作便捷、技术先进、规范统一、灵活可扩展的数据管理平台，成为教育资源在人力、物力、财力、数字化教学资源等方面实现内部运转和内外流通的必要条件，如图 5-24 所示。

图 5-24　微课资源的生成（以中国人民大学附属中学为例）

第二，互动课堂推动资源本地生产和进一步优化。

海淀区建立"海淀区课堂教学互动平台"，改变以往单一的多媒体教学方式，每间教室配置互动教学组合屏或电子白板、平板学习机、课堂教学录播系统、视频展台等（如图 5-25 所示）。教师在课堂教学过程中可以实现演示交互、练习测评、分组探究、多点交流和课堂录播评估等各种应用和功能策略。由每位教师到每个年级，由每所学校到整个海淀区，教育资源经历了生产、加工、再生产、再加工等系列过程，资源建设和优化内化于教学实际工作中，资源的附加值不断地成倍放大。

图 5-25　海淀区课堂教学互动平台

3. 提升教育教学质量

（1）加快区级公共服务平台建设

海淀区规划设计了海淀区教育系统公共服务平台和北京市教育服务支撑平台海淀智慧教育分中心项目，这两个项目的建设将形成区校一体化协同办公、公共信息服务、统一用户管理、区校数据交换、人人通服务等一系列支撑与服务平台。项目于 2017 年启动，建成后将全面提高海淀区教育信息化的整体水平，对于提升全区教育整体质量具有重大意义，如图 5-26 所示。

图 5-26　建设中的海淀教育公共服务平台

（2）支持学校建设智慧校园特色项目

海淀区支持学校根据自身条件与实际教学需求，规划、申报智慧校园特色项目，充分发挥信息技术在课程、课改、管理、互动课堂、家校互动、学情分析、自助阅卷、师生成长档案以及教育大数据等方面的应用价值，提升教学质量。

（3）多种措施提升智慧教育素养

海淀区通过专题系列培训、专项培训、论文评选等多种方式，提升中小学信息技术教师、骨干教师及教育信息化工作者对智慧教育的认识、掌握、应用和创新等综合素养。2013 年至今，针对广大学校平均每年举办培训 40 班次，参加培训者共计 8000 余人。成功举办了首届"海淀区智慧教育工作优秀论文评选活动"，参赛单位 68 家，征集论文 275 篇。图 5-27 呈现的是海淀区智慧教育实施培训活动。

图 5-27　海淀区智慧教育实施标准培训会

（4）实现教学与学习方式变革

海淀区组织开展"课堂创新活动"，各校积极利用各类信息技术开展课堂教学，如利用平板电脑、互动平台、微信、QQ、微课、数字校园系统等开展信息化教学融合实践，如实施翻转课堂教学模式等，取得了不错的效果。

教育信息化不是一蹴而就的，需要长期的积累与培养。在"互联网＋"时代背景下，海淀区将务实地开展工作，总结经验，不断地创新教育信息化发展模式，让海淀区的智慧教育插上腾飞的翅膀。

5.5　大兴区数字校园及全区教育信息化发展

　　"十二五"期间,北京市大兴区教委贯彻落实《国家中长期教育改革和发展规划纲要(2010—2020 年)》《北京市中长期教育改革和发展规划纲要(2010—2020 年)》精神,依据《北京市中小学数字校园实验工作实施方案》和《北京市教育委员会关于进一步加强中小学数字校园实验项目工作的指导意见》(京教基二〔2014〕2 号)的文件要求,把中小学数字校园建设作为推动区域教育信息化整体发展的切入点,研究制定了大兴区数字校园建设整体规划,以"开放、合作、发展"为建设原则,以"区域统筹、稳步推进"为工作思路,逐步在全区推进中小学数字校园建设工作。

　　通过 5 年的实践探索,在架构设计、应用建设、评价体系、管理制度等方面取得了阶段性成果。完成了大兴区私有云建设,实现了服务器和存储的集约式管理;成功建立了覆盖全区的教育云平台,实现了全区中小学数字校园的普及;提出了数字化教育应用生态建设理念,以"政府搭平台、企业建应用、学校买服务"的模式,实现了教育资源供给生态化发展;建立了数字校园五级认证评价体系,实现了数字校园的有序建设和分级评价。建设过程从理论到实践,又从实践中实现了理论升华,逐渐形成独具大兴特色的数字校园建设方法论。

5.5.1　顶层设计区域统筹

　　大兴区中小学数字校园建设实验项目于 2011 年 1 月正式启动。为实现区域教育资源共享和教育信息化整体推进,大兴区教委于 2012 年发布了《大兴区教育委员会关于推进中小学数字校园建设的指导意见》(京兴教发〔2012〕24 号),率先提出了区域统筹的云数字校园建设模式,并对全区教育信息化建设进行了顶层设计。

　　首先,按照云计算理论,设计了大兴区云数字校园整体架构。大兴区云数字校园由物理层、数据层、平台层、应用层和数据中心五层组成,如图 5-28 所示。

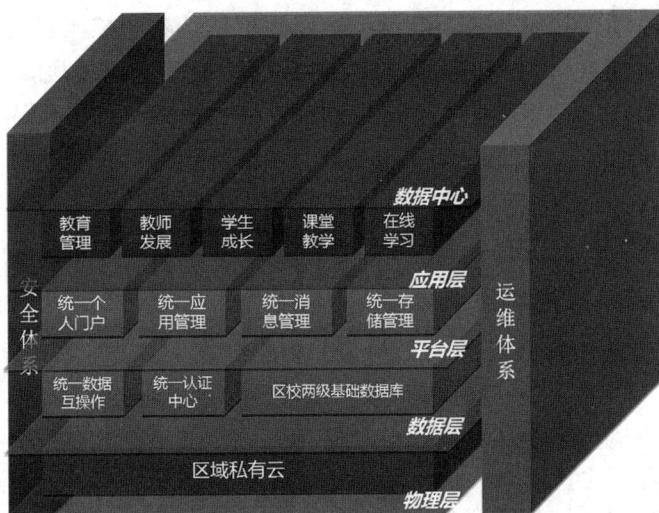

图 5-28　大兴区云数字校园五层架构

其次，按照架构体系分步实施，大兴区教育信息中心和实验校明确分工，协同工作，基础平台和公共需求由大兴区教育信息中心负责，实现区域统一，避免重复建设，个体需求则由实验校承担，充分体现特色，实现统筹兼顾。

5.5.2　基础设施优先发展

"十二五"期间，大兴区全面推进"宽带网络校校通"工程，到 2015 年年底，大兴区教育骨干网全面升级，实现万兆骨干连接、千兆到学校，全区中小学实现无线网络覆盖，互联网出口带宽达到 5.2G，网络基础设施承载力和稳定性不断提升。完成所有中小学录课教室建设和视频会议系统建设项目。2014 年建成大兴区教育云计算中心，实现了全区统一的虚拟服务器和云存储管理，为全区中小学数字校园应用建设提供了安全稳定的云计算环境。

5.5.3　公共平台全面覆盖

在大兴区教委的直接领导下，大兴区教育信息中心带领数字校园实验学校,不断否定自我,不断创新,经历了单体数字校园建设实验、区域统筹建设模式研究和云数字校园成果推广三个重要阶段,2015 年完成了全区中小学数字校园云平台的全面覆盖,实现了从区域统筹向云数字校园的跨越。

在大兴区数字校园五层架构中,数据层和平台层共同构成大兴区数字校园云平台,对应云计算的 PaaS 层,实现"平台即服务"。

1. 数据层建设

数据层是大兴区数字校园云平台的重要组成部分,重点实现了"一库两中心"建设,即区域统一的教育基础数据库、区域统一的数据交换中心和区域统一的实名身份认证中心,如图 5-29 所示。在此基础上,数据层还建立了全区统一的基础数据标准和数据互操作规范,建立了数据有效性维护机制和安全管理机制。

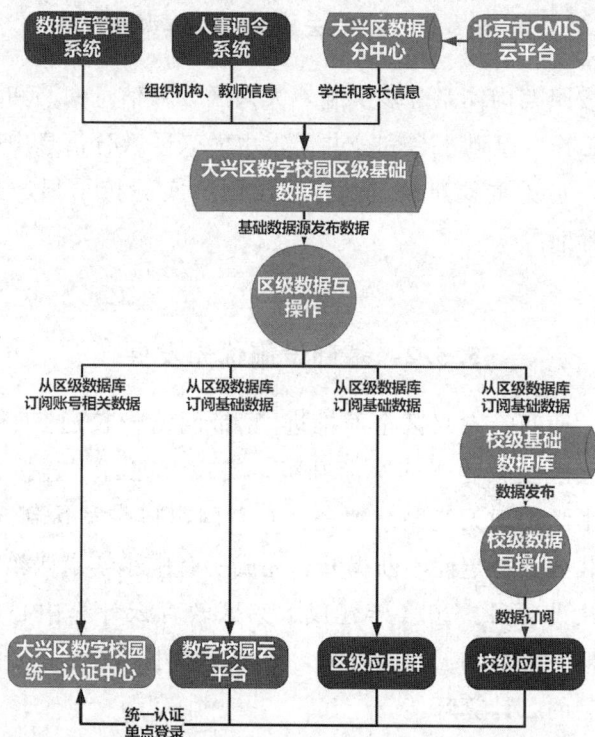

图 5-29　大兴区数字校园云平台数据层系统架构

区级教育基础数据库是数据层的核心数据。数据内容全部来自权威数据源,学生和家长数据来自北京市 CMIS 云平台,教师数据来自大兴区教委人事科。数据库通过人事调令系统对教师数据进行实时维护。

区级教育基础数据库在数据互操作系统中注册数据发布代理，对外发布数据，云平台和其他第三方应用在数据互操作系统中注册数据订阅代理，向基础数据库订阅数据更新以进行同步。当区级教育基础数据库产生数据变化时，所有订阅基础数据的应用会通过各自的订阅代理获取数据变化内容，并在自己的应用内进行相应的数据变化处理，所有这些数据的流转和同步，都以无人值守方式自动实现。

数据层为云平台和第三方应用建设提供了准确、有效的基础数据服务、数据交换服务和统一认证服务，对外开放的数据层是大兴区云数字校园基础中的基础，是保证大兴区数字校园云平台和第三方应用正常运转的关键。

2. 平台层建设

平台层是在数据层基础上建立的一个面向用户和第三方应用的云应用管理平台。平台层由云个人桌面、云系统应用、云应用商店、云消息中心和校园通五个平台级应用组成。

（1）云个人桌面，实现统一个人门户

云个人桌面是全区统一的数字校园个人门户，教师在个人桌面能够以单点登录的方式运行系统应用和第三方应用，对系统应用和第三方应用进行管理，如图 5-30 所示。

图 5-30　大兴区数字校园云个人桌面

（2）云系统应用，全区统一的标准化应用

云系统应用可以理解为云平台自带的应用，也是全区统一的标准化应用和公共应用，体现了区域统一的应用需求，如图5-31所示。

系统应用是一套完整的云OA协同办公系统，每一个系统应用都是独立安装、独立授权的多租户云应用。系统应用基于区域统一的组织关系和用户数据，既能满足学校内部的管理需求，又能实现贯通全区的工作协同。

图5-31　大兴区数字校园云平台系统应用

（3）云应用商店，实现第三方应用的统一管理

云应用商店是大兴区数字校园云平台的核心组件，所有应用都要在应用商店发布。任何教育软件公司都可在应用商店注册开发者账号，并使用开发者账号在应用商店发布应用。第三方应用必须按照《大兴区数字校园第三方应用开发指南》与云平台实现整合，通过技术规范审核后才能在应用商店上线，学校自主开发的特色应用也同样要符合云平台数据标准和技术规范，并在应用商店发布。

教师可以在应用商店浏览来自不同公司的第三方应用，查看第三方应用的使用学校列表和用户评价，学校管理员能够将获得公司授权的应用添加到"我学校的应用"区域，教师在"我学校的应用"区域可以非常方便地将应用添加到自己的"个人桌面"。

应用商店在全区统一的系统应用基础上，为学校提供了丰富的第三方应用选择，使大兴区数字校园云平台既可以满足区域统一的应用需求，又可以满足学校个性化的应用需求，如图 5-32 所示。

图 5-32　大兴区数字校园云应用商店

（4）云消息中心，实现应用消息的统一管理

大兴区数字校园云平台为第三方应用提供了统一的消息中心。消息中心对外提供标准的消息数据接口，第三方应用将应用消息统一推送到消息中心，消息中心通过个人桌面的消息门户、校园通客户端消息门户和智能移动终端消息门户将消息推送到个人用户，如图 5-33 所示。

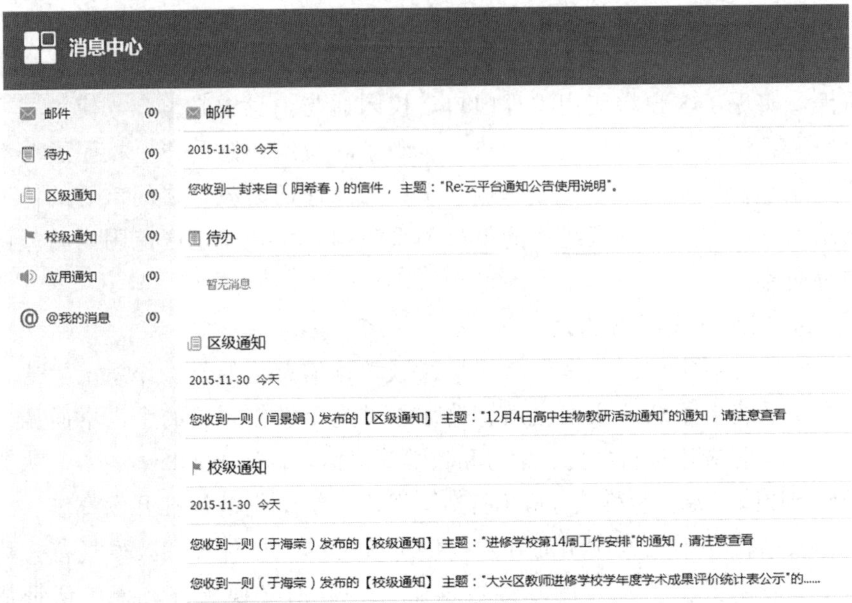

图 5-33　大兴区数字校园云消息中心

(5)校园通，实现客户端的应用门户

校园通是一套区域版即时通信系统，它与统一身份认证系统、云平台个人桌面、消息中心和教师云盘实现了整合，成为大兴区数字校园云平台客户端门户，如图 5-34 所示。

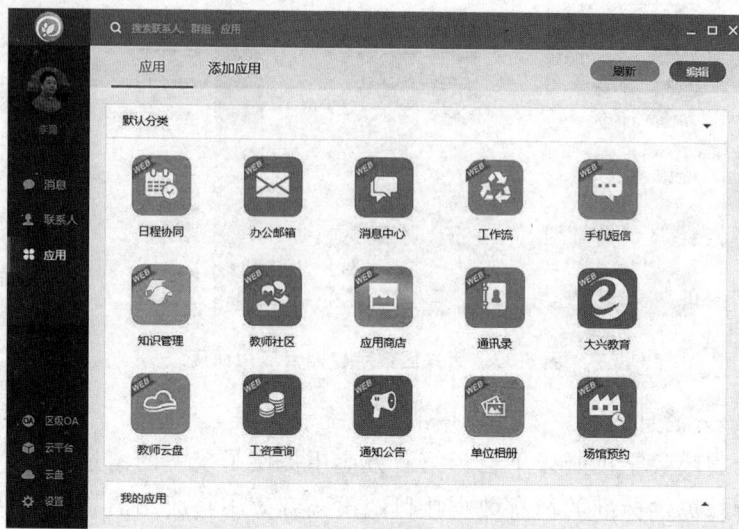

图 5-34　大兴区数字校园校园通客户端

校园通与统一身份认证系统整合，实现了单点登录；校园通与个人桌面整合，使教师能够将云平台个人桌面上的应用添加到校园通客户端面板，实现了客户端应用管理门户；校园通与消息中心整合，使第三方应用消息通过校园通推送给用户，实现了客户端消息门户；校园通与教师云盘整合，实现了文件点对点共享；校园通还是教师之间重要的协同交流工具，它基于全区统一的组织关系数据，实现了全区范围内的教师实时交流。

3. 应用开发标准建设

大兴区数字校园云平台是一个区域教育信息化的云操作系统，这个云操作系统上承载着众多应用。教师通过这个操作系统的个人桌面调用各种各样的应用进行办公、学习和教学等工作，就像 Windows 一样，大兴区数字校园云平台为第三方应用打造了操作系统级别的标准开发环境。

云平台为第三方应用的开发提供了统一的数据标准和技术规范，为第三方应用提供了统一的基础数据服务、数据交换服务、统一认证服务、消息接口服务和应用统计服务等众多的底层支持，这些底层支持为第三方应用的开发提供了便利。

为方便教育软件公司按照大兴区数字校园云平台的技术标准开发应用，大兴区教育信息中心联合云平台承建公司共同编写了《大兴区云数字校园第三方应用开发指南》。该指南详细地介绍了云平台开发环境、基础数据标准、数据互操作规范、应用开发流程以及各种技术规范和技术文档，并对必须实现的技术规范做了明确标记。

4. 云服务模式，实现数字校园一键式开通

大兴区数字校园云平台以多租户 SaaS 方式实现了学校零部署的云服务模式，在可靠的数据层支持下，实现了数字校园的一键式开通，如图 5-35 所示。一所学校的数字校园建设三步即可完成，实施周期为 3 小时。正是因为这种高度集约的云服务模式，大兴区才得以实现中小学数字校园的全面普及。数字校园云平台已经成为大兴区新建学校的标准配置。

图 5-35 大兴区数字校园建设流程

5.5.4 应用资源生态发展

大兴区数字校园云平台为全区师生建立了统一的信息化应用环境，为第三方应用提供了操作系统级别的标准开发环境，为教育应用的推广建立了公平、透明的竞争环境，为实现区域教育信息化整体推进建立了良好的基础生态系统。

大兴区坚持"开放、合作、创新"的应用建设原则，通过应用商店模式建立了"政府搭平台，企业建应用，学校买服务"的开放市场生态。"搭建标准开发环境，建立公平竞争机制，孕育精品教育应用，服务师生实际所得"是大兴区数字校园应用商店的建设目标。通过召开教育应用开发者大会、数字校园特色应用展示等系列活动，吸引了众多国内优秀的教育软件企业参与大兴区数字校园应用建设。截至 2017 年 6 月，云应用商店注册公司达到 90 家，审批上线的第三方应用数量超过 150 个，为学校的个性化需求提供了丰富的应用选择，如图 5-36 所示。

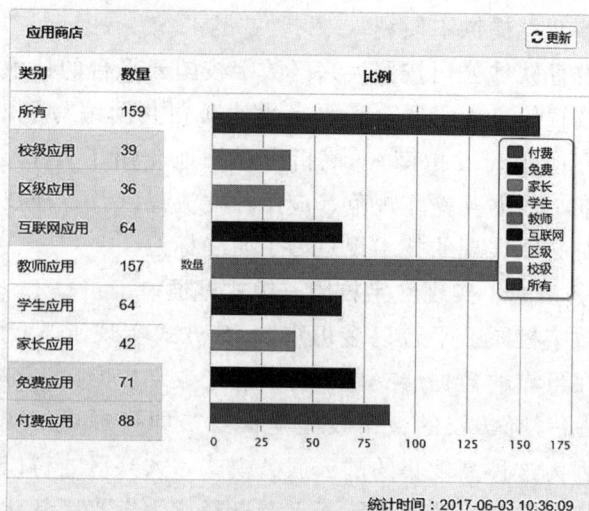

图 5-36 大兴区数字校园第三方应用统计

在成功建立了第三方教育应用开发生态的基础上，大兴区创造性地提出了"数字化教育应用生态"的应用层建设理念。数字化教育应用生态由"数字化教育管理应用生态""数字化教师发展应用生态"和"数字化自主学习应用生态"组成，每一个应用生态都由若干个第三方应用构成，围绕业务需求，突破应用瓶颈，实现应用闭环，如图 5-37 所示。

图 5-37 大兴区数字校园教育应用生态

1. 数字化教育管理应用生态

教育管理应用生态构成大兴区教育管理公共服务平台，主要包括基础管理应用、业务管理应用和教师协同应用三个领域，如图 5-38 所示。

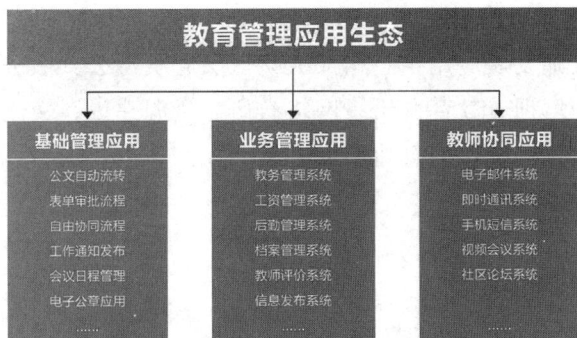

图 5-38　大兴区数字校园教育管理应用生态

　　基础管理应用在云平台系统应用中发布，是全区统一的云 OA 协同办公系统，主要应用包括通知公告、办公邮箱、手机短信、工作流程审批、电子公章、日程协同、工资查询、问卷调查、单位相册、场馆预约、通讯录、教材征订、教师云盘等。

　　一般业务管理类应用在应用商店中发布，由学校自行选择使用，如北京市 CMIS 管理系统、校本选课系统、智能排课系统、网络阅卷系统、成绩分析系统、电子档案系统、资产管理系统等。

　　大数据应用在大兴区云数字校园五层架构中的第五层数据中心实现，并在系统应用中发布"数据中心"应用，作为数据分析的统一入口。目前大兴区已经初步完成教育基础数据的大数据体系建设，如图 5-39 所示。

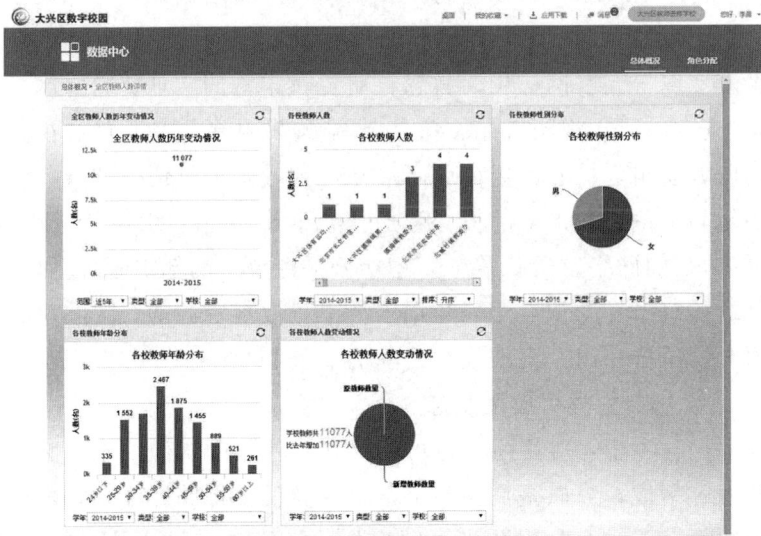

图 5-39　大兴区数字校园数据中心

2. 数字化教师发展应用生态

数字化教师发展应用生态构成大兴区教育资源公共服务平台，从教师评价、教师培训、教育科研、网络教研、资源建设、交流社区六个领域为教师专业发展提供信息化服务平台，如图 5-40 所示。

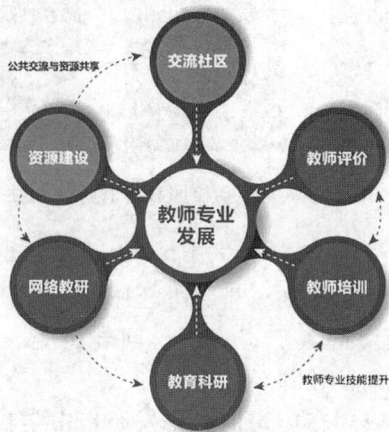

图 5-40　大兴区数字校园教师发展应用生态

大兴区教委制定数字化教师评价指标，利用电子证书管理系统实现数字化教师评价，形成教师成长大数据；建立开放的教师培训课程服务平台，以自主研发和购买课程为主要渠道，丰富培训课程资源，创新培训方式，实现线上和线下相结合的教师培训新局面；利用知网、龙源期刊、百度文库等互联网应用为教育科研提供丰富的文献资料；网络教研三剑客（校本教研、视频直播、精品课例）充分利用视频直播和视频点播技术，以教研组为核心，规范教研活动，为教师提供便捷的直播讲座和丰富的精品课例，让最新的教育思想理念迅速传播，实现"天天有教研，人人可参与"的网络教研新常态；建立云平台统一的知识管理基础数据，在统一教材目录和知识点路径数据支持下，实现资源的共建共享；教师社区建立学科协作组，实现教师之间的交流和分享。

3. 数字化自主学习应用生态

数字化自主学习应用生态也可以叫作自主学习资源生态，它由纵横两部分内容组成，纵向是贯穿整个学科内容的知识路径体系，横向是为每一个知识点或学习阶段设计的互动学习方案和互动学习资源。

互动学习方案是对某一学科的某一学习阶段进行横向的学习过程优

化，主要包括知识的阅读学习、知识的背诵记忆、知识的理解应用和技能的熟练掌握，通过优化组合的教育 App 实现学习方式创新，如图5-41所示。

图 5-41　互动学习方案设计

互动学习资源不是简单的资源数字化，而是在数字化的基础上，对学习资源进行深度加工，将传统的静态学习资源，通过教育 App 的包装，实现资源的交互式应用、程序化应用、自动化应用和智能化应用，这种资源的加工过程，就是学习资源的 App 化。

自主学习生态建设是一项长期的系统工程，既要对学科知识体系进行深入研究，建立科学的自主学习知识路径，又要对学习过程和学习方式进行研究，建立丰富的互动学习资源。

自主学习应用生态面向学习过程，以创新学习方式为目标，充分发挥移动互联网和智能移动终端的优势，实现一对一的人机互动学习、无处不在的移动学习和教师引领的个性化学习，教育技术和教育资源将直接为学生服务。这是数字校园建设的高级阶段，也是实现信息技术与教学融合的核心内容，是数字校园建设的最终发展方向。

5.5.5　分级认证、科学评价

1. 大兴区中小学数字校园五级认证

为科学地评价数字校园建设和应用成果，引领建设方向，大兴区制定了数字校园五级认证评价方案，实现了分级建设、分级评价，如图5-42所示。

一级认证关注教育管理信息化，建立和完善教育管理应用生态，实现教育管理信息化。

图 5-42　大兴区数字校园五级认证评价体系

二级认证关注教师的专业发展，建立和完善教师专业发展应用生态，为教师评价、教师培训、网络教研、资源共享、教育科研、教师交流提供信息化服务平台，实现数字化教师专业发展。

三级认证关注学生成长，为学生的个性化成长和家校协作搭建服务平台，建立学生成长档案、综合评价等应用系统，实现家校协作信息化和学生成长的大数据应用。

四级认证关注课堂教学模式的转变，打破课堂教学的边界，实现互联网和课堂教学的有机融合，建立"互联网＋"教学新模式。

五级认证关注在线自主学习，建立和完善数字化自主学习应用生态，实施网络课程资源建设，丰富学生的自主学习资源，提高学生的自主学习能力，实现网络学习空间人人通。

2. 大兴区教师现代教育技术应用能力双认证

为了促使教师主动学习，提高信息技术应用能力，大兴区教委制定了教师信息技术应用能力分级认证制度，对全体教师进行教育技术能力认证考核，并将教育技术能力认证作为区级骨干评选的必要条件，如图 5-43 所示。

图 5-43　大兴区教师现代教育技术能力分级认证

大兴区教师现代教育技术能力认证分为两级认证：一级为"教师认证"，二级为"导师认证"。教师认证以提高教师信息技术操作能力为考核目标，考试模式为上机操作，考试的主要内容是数字校园云平台和系统应用操作。导师认证的考核目标是教师的信息化素养、现代化教育理念和信息技术的实际应用效果，考核形式是论文答辩。

3. 数字校园认证与教师认证的关系

大兴区数字校园五级认证与教师现代教育技术应用能力认证紧密关联，数字校园各级认证的评级指标中，都对学校教师通过教师认证和导师认证的人数比例进行了明确要求，如表 5-1 所示。

表 5-1　大兴区数字校园认证级别

数字校园认证级别	教师教育技术能力要求
一级认证	50％教师通过教师认证
二级认证	70％教师通过教师认证
三级认证	90％教师通过教师认证
四级认证	5 名或 5％教师通过导师认证
五级认证	20％教师通过导师认证

5.5.6　深化应用、促进融合

为巩固"十二五"教育信息化建设成果，将建设成果转变为应用成果，大兴区教委制定了以"深化应用、促进融合"为核心的《大兴区"十三五"教育信息化发展规划》。"十三五"规划以"开放、合作、创新"为建设原则，以"深化应用、促进融合"为工作目标，关注学校内涵发展，关注学生核心素养，关注师生实际获得，创新教学方式，提高教育质量，促进教育公平，充分发挥信息技术对教育的革命性影响作用，实现信息技术与教育的深度融合。

1. 启动教师认证考试工作，保证教师会用云平台

首先，为了让所有教师都能够尽快掌握数字校园云平台和系统应用的使用方法，大兴区教委于 2016 年正式启动了"大兴区教师现代教育技术认证考试"项目，将"教师认证"证书纳入教师评选区级骨干教师的必要条件。

教师认证考试的题目全部是数字校园云平台和系统应用的实际操作题目。截至 2017 年 6 月,共有 4000 名教师报名参加教师认证考试,教师认证通过率达到 90％,预计 2018 年大兴区中小学一线教师可全部通过教师认证。通过教师认证,教师提高了应用数字校园云平台的积极性,绝大部分教师已经熟练掌握了数字校园云平台和各种应用的操作,为进一步深化应用奠定了基础。

2. 深化系统应用,促进数字校园云平台的应用普及

为了推动大兴区数字校园云平台的应用普及,大兴区将学校最常用的公共应用和日常办公应用以系统应用的形式在云平台发布。这些应用有通知公告、办公邮箱、日程协同、手机短信、流程审批、工资查询、场馆预约、教师云盘、单位相册、教师社区和大兴教育等。

这些应用都是教师在日常工作中经常使用的,有些应用则是必须要使用的,如通知公告、大兴教育、办公邮箱等。学校每天都要使用通知公告查看来自教委、进修学校和其他教育管理单位的工作通知和教研活动通知;每天都要使用"大兴教育应用"在大兴教育门户网站上进行学校新闻投稿。教委各科室、进修学校各业务部门统一使用办公邮箱进行文件的收集和发送,以此带动办公邮箱在各学校的应用普及。

在这些系统应用的带动下,大兴区在较短时间内就实现了数字校园云平台的常态化应用,大部分教师养成了每天登录云平台的工作习惯。大兴区数字校园云平台已经成为教委、进修学校和所有学校日常工作中不可缺少的信息化环境,实现了云平台与日常办公的深度融合。

3. 数字校园一级认证,促进信息技术与教育管理相融合

为促进信息技术与教育管理的融合,大兴区制定了数字校园一级认证评价指标,并于 2017 年正式启动数字校园一级认证评价工作。大兴区数字校园一级认证的目标是建立全区统一的数字校园基础平台,建立和完善教育管理应用生态。一级认证的应用目标是实现教育管理信息化。

一级认证评价指标从基础平台建设(40 分),校级基础管理信息化应用场景和具体业务管理信息化应用场景(封顶 50 分),市、区级教育管理信息化应用场景(封顶 10 分)多个维度对学校的教育管理信息化水平进行量化评价,学校每实现一个管理信息化应用场景,且应用场景实现常态化,效果显著,即可获得一定分值,总分 85 以上即可通过大兴区数字校园一级认证，通过认证的学校将获得大兴区教委颁发的数字校园一级认证奖牌。

大兴区数字校园一级认证评价指标如下：

(1)基础平台建设(40分)

表 5-2　基础平台建设评价表

评价指标	评价标准	分值
校级基础数据库建设	建立校级基础数据库，数据标准符合区级教育基础数据标准	3分
	与区级基础数据库实现数据自动同步	3分
校级数据交换中心建设	建立校级数据交换中心，为第三方校级应用提供无人值守的基础数据服务	3分
	第三方校级应用之间实现无人值守的数据自动同步	3分
统一身份认证	实现各应用的统一身份认证	6分
统一信息化应用环境	实现统一的个人应用门户	2分
	实现统一的消息管理	2分
	实现统一的应用管理和应用单点登录	2分
门户网站建设	学校建立外网门户网站，信息更新及时	3分
微信公众账号	学校建立微信公众账号，信息更新及时	3分
基础数据管理	所有教职工录入个人实名信息，信息完整度达到90%以上	3分
	教师照片全部上传	2分
	学校教师全部注册账号并绑定实名身份信息	2分
	完成部门、人员岗位、职务级别设置	3分
本项合计		40分

(2)校级管理信息化应用场景(封顶50分)

表 5-3　校级管理信息化应用场景评价表

分类	应用场景	评价指标	分值
校级基础管理	通知公告	利用通知公告、手机短信、办公邮箱等应用实现通知发布信息化，形成工作习惯	3分
	文档管理	建立学校文件管理和共享的统一标准方式，形成工作习惯	3分
	工资查询	教师网上工资查询实现常态化应用	3分
	照片管理	单位相册得到充分利用，为各部门建立相册，实现照片管理的常态化应用	3分

续表

分类	应用场景	评价指标	分值
	调查和统计	利用调查问卷或类似应用,实现问卷调查或数据调查的信息化	3分
	场馆预约	实现会议室、公共教室、录课教室等公共资源的网络预约管理	3分
	日程协同	充分利用日程协同应用实现工作计划安排和日程协同管理	3分
	工作流程审批	每实现一个业务流程审批,且流程实现常态化应用得2分	2分×N
	其他应用场景	除以上应用场景,每实现一种基础管理信息化应用场景,实现常态化,效果显著,可得3分	3分×N
校级具体业务管理	电子档案管理系统	利用电子档案管理系统实现学校档案管理信息化,效果显著得5分	5分
	资产管理系统	利用资产管理系统实现学校资产管理信息化,效果显著得5分	5分
	校本选课系统	利用校本选课系统实现学生选课信息化,效果显著得5分	5分
	工资管理系统	利用工资管理系统或类似系统实现教师绩效工资计算、管理,效果显著得5分	5分
	智能分班排课系统	利用智能分班排课系统有效应对新中考、新高考,效果显著得5分	5分
	网络阅卷和成绩分析	利用网络阅卷和成绩分析系统实现考试成绩大数据应用,效果显著得5分	5分
	大数据应用	每实现一项大数据应用,可得5分	5分×N
	其他业务管理应用	除以上应用场景,每实现一种具体业务管理应用场景,可得5分,评价标准同上	5分×N
本项合计(封顶)			50分

(3)市、区级教育管理信息化应用场景(封顶10分)

表5-4 市、区级教育管理信息化应用场景评价表

应用场景	评价指标	分值
区级通知公告	学校教师形成每天浏览区级通知和教研活动通知的工作习惯,学校制定工作通知传达制度	2分
教材征订	学校有专人负责教材征订工作,教材征订负责教师能够熟练使用教材征订系统	2分

续表

应用场景	评价指标	分值
市、区级规划课题申报	学校教师能够熟练使用市、区级规划课题申报系统申报和管理自己的课题	2 分
CMIS 管理	学校教师能够熟练使用北京市 CMIS 管理系统	2 分
教师继续教育管理	学校教师能够熟练使用北京市教师继续教育管理系统进行选课，查看学分等操作	2 分
工作流程审批	每实现一个区级业务流程审批，且流程实现常态化应用，得 2 分	2 分
本项合计（封顶）		10 分

数字校园一级认证评价指标既是对学校自身信息化建设和应用水平的检查，也是对整个区域教育管理信息化服务水平的检查。通过对一级认证申报学校的评审，大兴区已经有多所中小学通过数字校园一级认证。大兴区"十三五"教育信息化发展规划制定的目标是，到 2020 年大兴区所有中小学通过数字校园一级认证。

4. 数字校园二级认证，促进信息技术与教师专业发展相融合

大兴区数字校园二级认证关注教师专业发展，通过建立和完善教师专业发展应用生态，构建教学资源公共服务平台。教师专业发展应用生态从教师评价、教师培训、网络教研、资源共享、教育科研、教师交流六个领域为教师专业发展提供全方位的信息化应用服务。

电子证书管理系统实现教师的数字化评价，形成教师成长大数据。教师慕课系统为教师培训搭建开放的课程服务平台，为大规模教师培训和教师无处不在的个性化学习提供丰富的课程资源。网络教研三剑客由校本教研、视频直播、精品课例三个应用组成，实现了规范化和流程化的教研活动管理，形成了"天天有教研、人人可参与"的网络教研新局面。国家资源公共服务平台、北京市教育资源交换平台和大兴区教师知识管理系统等资源服务应用为大兴区教师提供了丰富的教学资源，实现了教学资源班班通。市、区级规划课题申报管理系统实现课题申报和管理的信息化，知网、百度文库、龙源期刊等学术类应用为进行教师课题研究提供了丰富的文献资料。教师社区以学校群组、学科群组、专题群组等多种形式为教师在线交流提供互联网级别的应用支持，大兴校信为教师提供 PC 端和移动端的即时通信工具。

数字校园二级认证以应用为驱动，以项目为引领，通过达成认证评价指标，使教师形成在线学习、网络教研、乐于分享、乐于交流的信息化研修习惯，实现信息技术与教师专业发展的深度融合。

5. 数字校园三级认证，促进信息技术与学生成长相融合

数字校园三级认证关注学生成长，建立面向学生成长和家校协作的应用系统，实现家校协作信息化和学生成长的大数据应用。

数字校园三级认证的重点内容是学生各种成长数据的采集系统和学生成长数据中心。学生成长数据采集系统包括考试成绩采集系统、学生体质健康数据采集系统、学生心理健康数据采集系统、学生获奖纪录采集系统、学生综合评价系统等。学生成长数据采集系统将各系统分别采集到的学生数据统一采集到数据中心，实现数据的统一管理。在数据中心对各种数据进行分类整理和统计挖掘，通过各种图表进行展示，实现学生成长数据的应用。

学生的成长数据与学生的教育 ID（账号）对应，成长数据始终跟随学生的成长，从小学一年级一直保存到高中毕业，形成学生的成长记录，永久保留在数据中心。当学生小学毕业升到初中，初中老师可以查看班级里所有学生的成长记录数据；当学生初中毕业升入高中，高中老师也同样可以查看学生的成长记录数据。家长可以通过家校协作系统获取自己孩子的全部成长数据，查看各种统计报表和数据图表，随时掌握自己孩子的成长情况。

数字校园三级认证充分体现大数据技术，充分发挥大数据作用，实现信息技术与学生成长的深度融合。

6. 启动"互联网＋课堂"实践研究项目，推动达成数字校园四级和五级认证

大兴区启动"互联网＋课堂"实践研究项目，促进信息技术与教学的深度融合，实现数字校园四级和五级认证。"互联网＋课堂"教学实践研究项目是大兴区"十三五"教育信息化发展规划中的重点研究项目。在"互联网＋课堂"中，互联网代表互联网环境下学生个性化的自主学习，重点研究学生自主学习方式变革。"课堂"代表信息技术支持的互动课堂教学，研究重点是课堂教学模式变革。"互联网＋课堂"打破课堂教学边界，实现课上和课下相结合的"互联网＋"教学新模式。

"互联网＋课堂"是一项以具体应用为驱动、以教学实践为检验方式、以实际效果为评价依据的信息化教学实践研究项目。研究项目将遴选多个信息化教学应用产品，对每一个应用产品招募实验校，实验校在信息中心和中小学教研指导下进行为期一年的教学实践研究。在研究过程中，实验校通过教学实践帮助公司完善产品，探索应用模式和应用场景，公司为学校提供全方位的技术服务。实验结束后，实验校提交实验成果和研究报告，对优质的信息化教学应用产品进行全区推广。

2017 年 5 月 12 日上午，大兴区"互联网＋课堂"教学实践研究项目启动会在大兴区教师进修学校成功召开，对第一个应用研究项目"青蚕学堂"进行了项目论证，10 所中小学自愿参加"青蚕学堂"互动教学应用项目研究。随着研究项目的展开，NB 物理、NB 化学、洋葱数学、可乐数学、作业盒子、批改网、扇贝网、智学网等一系列成熟的互联网教学产品实践研究项目也将会陆续启动。"互联网＋课堂"研究项目还将深入研究网络学习空间的组织方式、互动学习资源建设方式、学习数据采集应用方式，大力开发和引进适合学生自主学习的互动学习资源、与学科知识路径相匹配的微视频资源、具有学习数据支持的校本题库资源。通过自主学习应用生态建设，实现"网络学习空间人人通"。

大兴区通过"互联网＋课堂"教学实践研究项目，筛选优质的信息化教学产品，提高教师的信息化教学能力，培养大兴区信息化导师队伍，总结创新教学模式，推动数字校园四级和五级认证工作，实现信息技术与教学的深度融合。

第6章 数字校园应用优秀成果与典型模式

6.1 "数字校园实验项目"成果概述

2009年，北京市教委把"数字校园实验项目"作为探索基础教育信息化发展模式的切入点，这是促进教育综合改革，实现教育现代化的前瞻性、战略性决策。实验项目的根本目的在于应用，在于实践。这些年来，数字校园实验工作分批次、分阶段进行，扎实前行，取得了丰硕、系统的实验成果，并在全国教育信息化融合创新的发展进程大背景下，引领了全国基础教育信息化融合创新的实践步伐，辐射着教育信息化指向学校信息时代系统化变革的实践成果。

这些成果一方面体现在有形的软硬件系统，以及对学校教育教学实实在在的模式建构与实践成效上；另一方面，从系统化实践中建构了新的理论体系、制度体系和服务保障体系，锻炼了一大批覆盖全市各区以及实验校的教育信息化深化发展队伍，更新了观念，提高了认识，锻炼了能力，发掘了需求，积淀了基础，为北京市基础教育信息化迈向"互联网＋教育"时代夯实了基础。成果的形成具有阶段性、动态性等特征。

2014年，在第一批29所数字校园验收总结大会上，北京市教委通过对实验工作的回顾和反思，形成了"37333"模式的总结，在五个方面形成"五大成果"。

第一，生成了"三"项能力。"数字校园实验项目"推动了多个层级的信息化能力发展，包括市、区两级信息化主管推进能力，学校层级的校长信息化领导能力以及教师信息化应用能力。

第二，创新了"七"大模式。"数字校园实验项目"推动了实验校在信息技术教学应用方面的全方位探索，进而通过广泛、全面、深入的应用呈现了丰富多彩的应用生态。从整体上看，七个方面的应用效果突出，呈现了较为清晰的模式，包括教与学、学生成长、教师发展、校园管理、家校互动、校际协同、资源建设与应用。

第三，提升了"三"个质量。"数字校园实验项目"取得了积极的实践成效，反映和落实到了学校办学、师生发展等方面。在学生学习方面，在信息技术支持下，学生的学习兴趣得到了激发，个性需求越来越能更好地得到满足，学习成绩得到提升。在教师发展方面，体现在面向"互联网＋"时代教研能力的提升，在问题诊断能力、教学优化能力、教学创新能力等方面都得到了发展。在学校办学方面，基于信息技术的全方位支持，学校管理效率和整体办学效益都得到了提高。

第四，形成了"三"个积累。"数字校园实验项目"是全市教育信息化面向整合、提升期的发展性项目，其目标是为新阶段教育信息化发展提供更有效的支撑。通过"数字校园实验项目"的开展，新时期北京市教育信息化发展获得了更好的积累。这体现在三个方面：一是形成了以市级项目引导、各区信息化深化发展推进的经验，探索了一种市级投资的信息化项目建设模式；二是为新时期推动教育信息化融合发展初步建构起新的机制，形成了建设管理、深化推进、规范评审、绩效导向的验收制度体系；三是在数字校园建设推进过程中，整体上创新了学校信息化发展产品生态体系，从 2009 年初的硬件主导性方案到逐步覆盖到软件、服务融合的数字校园方案，由此推动了全市范围内数字校园产品与服务的生态链条成长。

第五，助力了"三"个带动。"数字校园实验项目"在其推进过程中产生了越来越广泛的影响，其建设成效超越了项目自身范围，起到了很好的带动作用，反映在以下方面：一是带动了全市各区教育信息化的深化发展，一些区实现了数字校园的广泛覆盖，起到了"四两拨千斤"的发展效果；二是带动了全市范围内学校信息化、系统化发展的实践，数字校园成果辐射了全市非实验校乃至全国中小学，如北京市丰台区师范学校附属小学（以下简称丰师附小）等数字校园的影响力覆盖了全市及全国；三是项目实施不仅带动了数字校园产品与服务的发展，更带来了产业的成长，带动了一批创新企业的发展，为北京市产业发展贡献了力量。

在 2016 年第二批 38 所数字校园验收总结大会上，北京市教委对实验工作进行了又一轮总结。实验校有力地推动了信息技术深度融入学校教育教学核心业务，并变革着学与教的流程，建设成果呈现了五个新的特点。

第一，混合课堂模式助力信息技术生根教与学。在数字校园第二批实验校中，一批学校探索了线上课堂和线下课堂相结合，网络课堂和实体课堂相结合，课前、课中、课后全线贯通的新模式，在激发学生兴趣、尊重个性、满足个体需求方面取得了良好效果，为实现信息技术生根教与学做了积极尝试。线上线下的信息技术应用表明了数字校园建设与应用水平向纵深方向发展。

第二，教师研修和资源建设逐步融入教与学环节。数字资源是教师研修和课堂教学的重要载体。如何发挥数字资源在教师研修和课堂教学中的积极作用，是数字资源建设工作的难点和痛点。数字校园第二批实验校中涌现出一批将资源融入业务环节的创新模式。资源进入教研表明了数字校园建设与应用开始逐渐深入教师的专业发展与成长。

第三，协同办公推动集团校管理效率大幅提升。随着优质资源重组整合工作的不断推进，北京市中小学形成了一系列集团校。如何在集团校、一校多址的新情况下实现管理工作的协同，是各个学校面临的难题。针对这一特点，北京市数字校园实验校中探索形成了一系列基于信息化的协同办公模式，有效地提升了学校的协同管理水平和效率。数字校园推动集团化办学的发展表明了数字校园建设在教育"深综改"背景下越来越成为学校办学综合治理的有效途径。

第四，多元协作成为数字校园领域的联合军。如何有效整合"互联网＋"力量，协同国家、市、区、校四级部门工作，做到多元协作，一直是数字校园建设的重点和难题。数字校园第二批实验校建设过程中涌现出一批协同创新模式。这方面的发展表明了，在"数字校园实验项目"的推动下，学校整体发展进入了"互联网＋"时代。

第五，学校越发关注教育大数据体系建设与应用。随着数字校园建设工作的推进，大量教育教学数据不断积累。如何整合各类教育教学数据，开展数据挖掘分析，不但是优化服务教育教学流程、提升个性化服务水平的基本途径，更是提高学校教育教学管理决策能力的必经之路。数字校园第三批实验校建设工作中涌现出一批大数据分析的典型模式和案例，形成了"大数据分析，数据体系建设先行"的鲜明、务实的特征。

基于此，北京市教委对第一、第二期数字校园成果进行了整体性总结。经过学校申报、专家提炼评选形成的优秀应用成果包括教与学、学生成长、教师发展、学校管理、评价诊断、资源建设、家校互动、校园文化、校际协作 9 大类 26 小类 42 项市级优秀应用成果。这些成果技术先进，实用性强，已经得到推广。

综上，"数字校园实验项目"伴随教育改革与发展以及新技术的进步，越来越深入学校办学与学校发展核心，越来越同步于"互联网＋"时代重塑学校形态、重构学与教关系、激发学生潜能、促进个体生命成长的发展进程，并为迎接"互联网＋"时代的教育变革积攒变革性的力量。

6.2 "数字校园实验项目"优秀成果

6.2.1 建构了数字校园发展理论体系

数字校园建设是一项复杂的系统性工程，是教育信息化历经基础设施建设与初步应用发展阶段之后新的发展阶段，具有综合性、整体性、融合性和复杂性等特征。2009 年之前，基础教育领域教育信息化建设的离散化、低水平发展状态使之未能在大范围有效实践，在全市范围内推进"数字校园实验项目"是一项具有挑战性的任务。

覆盖全市各区的数字校园发展带来的多样化实践、差异化发展路径和复杂问题的解决等，为中小学数字校园的理论提升带来了丰富的实践支撑，使大家对数字校园建设内涵、发展途径、集约化建设实践诉求等方面都有了更加全面的认识，初步形成了数字校园区域推进与发展的理论体系，包含管理机制、推进模式、服务体系、评价体系、建设模式和推广机制六个方面。例如，在推进模式上，这些年的"数字校园实验项目"以"市级抓统筹、区级做整合、学校建特色"三级联动作为推进模式，由北京市教委负责全市中小学数字校园建设的顶层设计、业务指导、培训引导及统筹推进；区教委以整合的原则开展区级数字校园实验工作，在区级层面上关注数字校园的数据交换、资源共享、身份认证等整合、融通公共服务，以及区级课程平台、学习平台、教学质量分析、教研活动、协同备课、资源等公共基础应用建设与精细服务提供，促进个体学校数字校园的有效发展；实验校依托学校办学特色和办学理念，聚焦课堂，探索基于信息技术的高效学习，在教与学、学生成长、教师发展、学校管理、资源建设、家校互动、校际协同等方面进行多样化实验，促进信息技术与教育教学的深度融合。自2016年以来，伴随"数字校园实验项目"推动的学校信息化深度融合实践，以及"互联网＋"教育生态的发展，教育信息化体系处于重构期。为适应新的形势发展，北京市提出了"市级定方向、区级抓统筹、学校抓应用、企业供服务"的"三级四方"协同联动推进新机制，以此作为新时期区域范围内数字校园进一步发展的机制。

此外，通过项目实践，北京市教委形成了对个体数字校园建设内涵、建设路径和发展策略的全面认识。数字校园建设应以推动教与学方式变革为导向，注重业务导向，强化顶层设计，从学校实际需要和特色出发具体设计系统、资源和应用架构，并从以下七个方面理解个体学校数字校园的发展，提升顶层规划的科学性、合理性和可行性。

1. 数字校园建设中的特色与创新应用

数字校园建设中的特色与创新应用是指数字校园建设中的"引领性"应用。特色应用通常与学校的办学特色相关联，并围绕学校的办学特色打造一组功能性系统进行支撑，进而有效地支撑和强化学校的办学特色。创新应用是指将信息技术与教育教学融合的具有前瞻性和探索性的应用，其表征是最新型的信息技术的融入、面向教与学方式创新发展的应用、支持某种新型教学理念实践的系统。

2. 数字校园建设中的重点应用

与特色应用与创新应用相比，数字校园建设中的重点应用是指对学校教育教学业务当下的实践有很好支持作用的系统，这类系统从近期目标来看实用性好，系统粘连性强，能够有效地养成师生信息化使用习惯，能够支持常态化的工作实践。这类应用通常是数字校园建设主导性应用，投资力度大，实用性强，成效性好。特色应用与创新应用、重点应用是相互滚动发展的关系，一些创新性的应用可能伴随学校驾驭能力的提升、教育业务与技术系统整合功能的成熟而演变为重点应用。

3. 数字校园建设中的基础平台

"平台"是软件系统分层结构思想的具体体现。今天的"平台"可以用公式表示为：平台＝中间件＋业务组件。即"平台"中包含中间件，中间件是构造平台的基础；中间件之上有一层和应用有关联的"业务组件"，用于进一步简化应用系统的开发。"平台"是中间件思想的深化，是能够进一步简化应用开发并能让行业专家理解的"高层"的中间件。今天，许多软件开发商、系统集成商在开发过程中或多或少地朝着这个方向努力，以求得最大的可复用性，提高开发效率，降低成本，提高应用软件的可靠性。对于国内的应用软件开发商和系统集成商而言，"平台"是提高竞争力、提高应用系统技术含量的重要手段。

数字校园建设中的基础平台是指能够提供统一的框架，并在安全性、可集成性、多业务系统的运行支撑等方面带来持续的发展动力的系统。数字校园建设中的基础平台是提升学校各类信息系统"整合""融通"的基础，具有提升学校数字校园各类系统集成度进而提升用户应用体验的重要价值。

4. 数字校园建设中的门户系统

门户是一个应用框架，它将各种应用系统、数据资源和互联网资源集成到一个信息管理平台之上，并以统一的用户界面提供给用户。

数字校园建设中的门户系统使学校可以快速地建立学校对家庭、学校对在校师生和学校对学校的信息通道，使学校能够释放存储在学校内部和外部的各种信息。

5. 数字校园建设中的"服务"性

"服务"是数字校园建设过程中（特别是向"集约化"阶段过渡）要特别给予重视的概念。一方面，软件系统架构向开放性方向发展，以 SOA 架构而建构开放性的系统，促进系统及系统功能的互联互通和互操作；另一方面，像云计算等技术形态的出现，使得"服务"的概念进一步扩展，在基础设施、平台及软件等层面都转向"服务化"的概念。由此带来的是 IT 生态系统的重构及"服务科学"的出现。

除了技术生态系统"服务化"外，建构于技术系统之上并为目标用户应用的价值系统也向"服务化"方向发展，从而为教育用户提供高品质、精细化、人性化的应用环境。

6. 和市级系统平台的对接

市级系统是指由北京市教委牵头、北京市教委各业务部门开发的服务于全市教育信息化基础建设需要的各类系统，包含北京数字学校、北京教育资源网、CMIS 系统、北京市新课改选修课平台等，这些系统或是分布的，或是逻辑上集中的。市级系统是所有数字校园实验工作中需要首先给予关注的集成、整合及使用对象。

7. 数字校园建设相关标准和规范的建设

标准和规范是工业社会的表征性术语。IT 系统的标准化是从硬件、接口、软件组件化等很多层次上建构而成的。软件工程规范、国家教育信息化规范都应该是数字校园建设应该遵从的规范。从微观的实践来看，用户管理与安全接入规范、数据标准规范、数据交换规范（如北京市中小学 CIF 数据规范）等是数字校园建设需要关注的首要规范。

综上，通过"数字校园实验项目"形成的涵盖个体学校数字校园发展以及区域数字校园整体推进的完整理论体系将为引领"互联网＋"时代的教育信息化深化发展带来指引。

6.2.2 形成了支撑数字校园发展及基于公共云服务平台的服务体系

数字校园建设与应用深化需要持续的服务支撑。"数字校园实验项目"在实施过程中，逐渐形成了支撑数字校园发展服务体系建构的需求，并有效地开展了一系列建构活动。自 2014 年开始，北京市教委以集约化建设理念为指导，以全面支持各校共性需求为目标，应用云计算、大数据等新型技术，构建"数字校园成果分享与应用服务平台"，形成市级数字校园公共基础服务平台。2014 年 10 月，北京市教委完成了"北京市中小学数字校园云服务平台"的一期上线与推广，利用市级已有教育云管理平台、数字学校、统一认证等基础设施，实现三类功能：一是在凝练、总结优秀数字校园建设与应用成果的基础上，建设数字校园应用展示、观摩和体验中心；二是为各区、各学校的数字校园建设提供统一共性的基础应用服务与数据资源服务，在全市范围内集约化建设数字校园，形成市、区建共性服务，学校建特色的统分结合格局；三是建构面向市、区、校的三级数字校园推进管理交流协作平台和综合信息服务平台，固化三级管理与服务机制。当前，北京市教委利用该公共云服务平台已经支持大数据监测 900 个系统，助力"数字校园实验项目"的动态评估，促进了数字校园应用进入常态化应用。北京市教委依托该平台将实验成果产品化，形成应用服务资源池，向全市中小学提供基础性和共性服务，同时，以数字校园建设的需求和实效为指引，建立完备的服务响应、日常技术服务以及持续改进机制，并依据各区和学校的反馈，及时对平台支撑能力、服务水平进行不断优化，形成为全市数字校园建设提供全方位、集约化、不间断服务的技术支撑新常态。北京市教委依托上述基础服务平台，开展如下数字校园建设与应用开发服务。

第一，常态化的业务指导服务。以发展规划、规章制度、管理办法、工作指南为抓手，形成了指导数字校园建设的制度保障和管理制度体系，并在实践中结合业务需求和应用反馈持续改进，不断完善相关制度，形成了数字校园建设常态化业务指导体系。

第二，常态化的业务咨询服务。依据"数字校园实验项目"中的咨询服务需求，引入专家咨询培训机制，组织涵盖教育信息化、教育教学、信息技术、项目管理等相关领域的专家，构建了理论水平高、经验丰富、结构稳定的数字校园专家库，通过设计指导、下校指导、咨询顾问、交流研讨等多种方式为各区和实验校提供有针对性的指导咨询服务，及时解决各区和实验校信息化建设中的难点问题。

第三，常态化的考核评价服务。以工作成果和应用成效为考核主体，以"以评促建、以评促用"为原则，建立数字校园实验工作考核评价指标体系和考评机制，采用专家评审和师生体验反馈相结合的评定方式，每年进行动态评估，并依据评估结果对综合成绩突出的实验校授予年度"数字校园星级学校"称号。目前，此种考核评价服务已经常态化。

6.2.3 推动了各区适应时代发展的教育信息化顶层设计与机制建设

"数字校园实验项目"的系统化实践为全市各区区域教育信息化的深化发展带来了强劲推动力，从理念引领、政策与制度保障、模式建构、绩效评估等多个层面立体阐释了教育信息化面向教育教学融合发展的时代内涵，展现了新时期推动教育信息化建设与应用深化的智慧，彰显了全市教育信息化、系统化发展的时代要求，推动了全市各区区域教育信息化深化发展的进程。

伴随实验工作的开展，北京市教委于2014年颁布了《北京市教育委员会关于进一步加强中小学数字校园实验项目工作的指导意见》（京教基二〔2014〕2号）以及《北京市中小学数字校园实验项目评估指标体系（学校评估）》两个重要文件，把顶层设计列入数字校园工作的首要任务，要求实验校站在学校办学理念和整体发展的高度，以业务为导向制定数字校园发展规划，在厘清学校信息化建设整体现状的基础上，提出学校数字校园建设的整体思路、发展路径、推进方式、重点和特色、组织与保障机制，并从数据、功能、流程、应用体验等多个层次综合考虑，以选取合适的软件架构及技术路线。

同时，在上述两份文件中，北京市教委明确进一步发挥各区主导作用，健全和完善数字校园建设机制。要求各区指定专人负责本区的数字校园实验工作，研究制定本区数字校园建设整体规划，在全区推进数字校园建设工作，做好区级数字校园建设与发展规划、顶层设计，建设区域数字校园信息化公共服务平台，做好与市级平台对接、与学校特色建设整合的工作；监控建设进展，推进验收评估，开展好应用评估、经验总结和成果推广等工作；定期组织实验校进行培训交流；为数字校园建设、运维、常态化应用、后续改进优化等提供经费保障，使得数字校园建设与应用纳入区级常态化工作。

"以人为本、应用导向、机制创新、深度融合、集约推进"的数字校园实验项目指导原则已成为各区开展区域教育信息化顶层规划的基本准则，朝阳区、海淀区、大兴区、密云区等区都先后制定了面向区域教育信息化深化发展的顶层规划，并付诸实施，使全市教育信息化实践工作进入了新境界。

正是上述发展进程，推动了全市各区教育信息化顶层设计与机制建设，一方面形成了全市范围内基础教育领域以数字校园建设与应用为抓手的教育信息化发展方式，另一方面也为全市各区教育信息化深化发展带来了强劲推动力。在数字校园发展工作的推动下，全市各区教育信息化深化发展工作精彩纷呈，模式多元，如东城模式、海淀模式、朝阳模式、大兴模式等，详见 6.3 的介绍。

6.2.4　打造了一批特色张扬与办学水平整体提升的数字校园

实验项目的直接目标是建立一批实实在在、具有时代特色、提升办学水平的数字校园。经过近 7 年的努力，北京市建成了一批引领性与实效性并重的数字校园，涌现了如北京师范大学附属实验中学、北京理工大学附属中学、景山学校、北京市第十八中学、北京市朝阳区实验小学、丰师附小、史家小学等一批优秀的数字校园学校。建设了一批各具特色、示范引领、支撑学校教育教学水平整体提升的数字学校，打造了一批全面而特色发展的引领性中小学数字校园。

第一批数字校园建设过程中，出现了一批聚焦于教与学创新发展的代表性案例。例如，丰师附小以数字校园建设为机遇，结合其持续的教育信息化课题研究积淀的深厚基础，在数字校园建设过程中，直接面向主课堂，服务主课程，用平板电脑及其整合的技术环境，将新型的信息技术环境有效服务于课堂教学，在课堂的交互性、探究性、创新性等方面起到了探索和示范引领作用，产生了全国性影响，受到了教育部教育管理信息中心、中国关心下一代工作委员会等领导、专家的认可，更在全国性的交流活动中，得到了与会一线校长、教师代表的赞赏。大兴黄庄一小以数字校园建设为契机，围绕互动教学反馈系统的系统化应用，在开展形成性评价及其有效诊断，以支持高效课堂、分层差异化教学等方面形成了特色，它结合数字校园建设过程中建成的基础平台，在数据交换、数据聚合、数据分析和挖掘等方面形成了初步的认识。昌平一中以数字校园建设为发展机遇，打造教师校本研修发展的新环境，在校本研修工作通告、听评课实录与评价、课后教学反思、基于数据和实录的校本深度群体研修等方面形成了高效且具有创新性的实践流程。

6.2.5　培养了适应"互联网＋教育"时代的信息化人才队伍

在数字校园探索实践过程中，校长的领导力获得显著提升。他们充分认识到信息技术带来的革命性影响，大胆探索信息技术与学校业务的融合，不断从思想观念上提升教师的信息化素养。同时，北京市教委组织的有关数字校园建设与应用的培训的参训人员估算累计超过 6000 人次，各个学校培训教师也超过 7000 人次，大幅度提升了各个层次的信息化专业人才的水平，为全市、各区数字校园的深入应用和持续发展奠定了坚实基础，为信息化推进积淀了人才基础。

百所中小学数字校园实验项目培养了一大批对基础教育信息化深化发展有深度理解与实践支撑能力的队伍，这批队伍涵盖领导者队伍、实施者队伍、服务保障者队伍、行政管理者队伍和高校专家队伍。

1. 领导者队伍

在数字校园探索实践过程中，校长的信息化领导力获得了显著提升，他们充分认识到信息技术带来的革命性影响，大胆探索信息技术与学校业务相融合的路子。

2. 实施者队伍

百所中小学数字校园实验项目培养了一批具有较高教育信息化理论水平和实践能力的"主任级"业务骨干(含校信息中心主任、教学及科研主任等)。培养了一批具有较高教育信息化理论水平和实践能力的骨干教师,不断从思想观念上提升教师的信息化素养。

3. 服务保障者队伍

百所中小学数字校园实验项目培养了一批数字校园产品提供企业,在软件产品需求调研、产品设计、系统优化、运维服务、融合应用等各个业务环节,校企的持续、深度合作带动了企业服务保障者队伍的专业化发展。

4. 行政管理者队伍

百所中小学数字校园实验项目锻炼了区、市两级的教育信息化管理者队伍(含区教委信息办、区教育信息中心,北京市教委、北京教育网络和信息中心等),推动了这支队伍深度实践,促进了他们对新一轮教育信息化发展的特征与规律的理解,提高了他们的专业能力,为北京市教育信息化面向教育现代化的发展进程积蓄了力量。

5. 高校专家队伍

百所中小学数字校园实验项目为高校专家通过数字校园实验工作、参与实践、指导实践、总结实践提供了平台。自数字校园实验工作开展以来,北京师范大学、北京大学、清华大学、首都师范大学、北京邮电大学等知名高校专家深度参与这一进程,与国内外教育信息化发展趋势同步,凝聚国内外教育信息化融合实践智慧,培养了一支较高水平的基础教育信息化专家队伍。伴随数字校园实验工作的发展进程,这支队伍已经呈现出跨专业、协同化等特征。

6.2.6 带动了数字校园软件平台与系统的全面研发和优化发展

百所中小学数字校园实验项目形成了覆盖学校的各类业务系统,如移动办公平台、立体化多维通信服务系统、教务教学一体化服务平台、校本课程选课管理系统、学生自主学习系统、教师电子备课系统、学科资源中心、成绩数据分析系统、网上评课系统、综合校情展示及辅助决策支持平台等。这些系统通过第三方合作成为数字校园系统产品。百所中小学数字校园实验项目生成了指向教育教学核心业务流程和服务学生幸福成长的数字校园平台与系统，带动了数字校园软件系统平台的系统化发展，为全市数字校园的发展以及引领全国基础教育信息化应用创新做出了重要贡献。

这些系统和平台支撑了学校应用的发展。在第一期数字校园 29 所学校的实验项目中，经过学校申报、专家提炼评选形成的应用研究成果包括教与学、学生成长、教师发展、学校管理、评价诊断、资源建设、家校互动、校园文化、校际协作 9 大类 26 小类 42 项市级优秀应用成果。不少成果技术先进，实用性强，已经得到推广。

在上述进程中，有 20 余家企业先后参与，形成了对全国有辐射影响力的企业 5 家。在国家"三通两平台"实施的带动下，这些软件产品辐射和服务于全国基础教育信息化发展。

6.2.7　形成了一批信息技术深度应用的典型模式与案例

在"数字校园实验项目"实施带动下，全市范围内形成了区域、学校、教育教学业务多层级的教育信息化深化发展模式。例如：

第一，数字校园区级发展模式，如东城区的"云与数据"集约化支撑的协同数字校园发展模式、海淀区的突出个性的叠层式数字校园发展模式、朝阳区的生成集约与群智创新引领的数字校园发展模式、大兴区的区域统筹云服务模式的数字校园发展模式等。

第二，数字校园校级发展模式。由于技术发展及业务融合，学校层面呈现出两个维度的模式。这两个维度包括信息技术部署环境变化驱动的数字校园发展模式以及基于信息技术作用深度认知的数字校园发展模式。

第三，教育教学业务融合模式，包括技术创新跟进驱动模式、课程创新增量发展模式、课堂深化聚焦攻坚模式、评价发展创新模式、点线联动迁移模式、优质资源共享生成模式、数据应用积累深化模式等。

这些模式的具体内涵参见 6.3。它们深刻地反映了数字校园背景下信息技术与教育教学业务全面融合的发展生态，展现了丰富的实践智慧，具有启发性、可参考性、可复制性等特征。

同时，在数字校园实验校带动下，北京市中小学学生的学习兴趣得到激发，个性化需求得到满足，学习成绩得到提升；教师的问题诊断和教学优化能力得到改进；学校的管理效率、办学效益和教学质量得以全面提升，为信息化推进提供了示范案例。

1. 在教与学方面

北京第七中学学生的口语测试成绩普遍提升 10% 以上，部分达到 30%；英语听力成绩提升 11%，考试成绩提升 15%。昌平一中近年高考成绩在区内遥遥领先，重点本科升学率在 50% 以上，每年都有多名学生被清华大学、北京大学等名校录取。北京市第九十四中学在实施数字校园后，高考本科率也从 66% 发展稳定在近三年的 100%，一本率翻了一番。

石景山外语实验小学的"我爱博物馆"数字平台，以综合实践校本课程为载体，将北京市 20 余座博物馆数据纳入网络平台，贯穿全过程，激发了学生自主探究的兴趣。这个系统把实践教学引入了课堂，是一个具有特色和创新性的系统，借助博物馆校本课程，拓宽了教学活动开展的空间，同时还接入了学校原有的自主学习平台，使教学过程环环相扣。

科学种子计划是良乡中心小学的校本课程之一，包括植物栽培、标本制作和植物图鉴等学习专题。良乡中心小学的"科学种子计划"课程平台为学生的种植、观察、制作、思考以及发现问题、解决问题的过程创造了一个展示交流的空间，形成了在线学习与课堂相结合的学习环境，培养了学生的自主学习能力。

2. 在教学研修与资源建设方面

北京师范大学附属实验中学以在线学习为原点，形成了集教学、管理、资源等为一体的"开放式多元整合的在线学习平台"，基于虚拟班级灵活开展教学活动，不但为日常课堂教学提供了丰富的资源支持，还满足了走班教学的需求。该平台已经实现常态化应用，融入了学校核心业务，形成了常态化的机制保障。

杨镇一中以课程为主线，深度整合课堂实录、微课、数字图书等资源，形成了"融入课堂的音视频资源点播平台"，将丰富资源融入常态教学环境，构建线上线下相结合的"双课堂"，并将课堂教学中产生的资源反哺资源平台，实现资源和教学的生态循环机制。

小汤山中学通过云、移动互联网，以课程为主线，以微视频为核心，以教师为主体建设"基于云共享的在线资源系统"，按需推送各类备课资源和课堂教学资源，为学校教师、学生的整个教学活动提供支撑。同时，数字资源按照课程的章节、知识点的形式进行组织，同时实行所有资源共建共享，实现了集约化服务。此外，平台做到了课前、课中、课后的学情采集，获取了音视频资源的播放进度资料，为后续统计分析提供了支撑。

3. 在集团协同办公方面

北京市第十八中学开展"区域办学云平台支撑下的集群化协同办学"。作为丰台区教育"集群"发展模式改革试验田，北京市第十八中学积极打造区域集群校联盟，整合原有业务系统，建立云应用服务中心，面向各个分校提供协同办公云服务，通过集群化共享协作，实现办公、资源、社区等共性应用的统一建设、整合，极大地提升了各个学校的管理效率。

北京师范大学附属实验中学实现"以手机移动平台为支撑的多校区协同管理"。北京师范大学附属实验中学紧抓移动互联机遇，建立集成办公电脑＋平板电脑和手机移动端的协同办公平台，实现各类校务管理一体化服务，教师可以随时随地利用平板电脑和手机 App 开展日常管理业务，实现了多校区管理协同，极大地提升了管理效率。

4. 在推动多元协作方面

北京师范大学大兴附属小学借助"互联网＋"力量，依托微信公众号，实现家校信息实时推送。学校针对家校实时沟通的日常需求，利用微信公众号建立学校信息发布出口，并整合各类信息资源，通过微信统一服务窗口按需发布，向家长和教师及时推送各类消息，成为家校互动不可或缺的重要组成部分，并得到了各方的高度认可。

北京市怀柔区第二中学借助市级基础服务，依托班级微空间，实现家校"双向互动"。北京市怀柔区第二中学在数字校园建设中，依托北京市教委建设的班级为空间云服务，将学校各个班级教师和家长快速接入班级微空间，使家长和教师通过班级微空间不但实现了班级成员管理，还做到了通知实时送到、实时双向互动、班级资料移动浏览、班级照片随时分享，既满足了教师发布信息的需求，也实现了家长了解学校班级情况的目标，得到教师和家长的双向认可。

5. 在数据体系建设与应用方面

朝阳区实验小学实现全流程数据支撑下的数据分析。朝阳区实验小学在数字校园建设中，从建立学生档案、教师档案入手，涵盖了与两类主体相关的所有核心信息，形成了学校"数据体系梳理"；在数据体系指导下，通过多种数据交换整合方式，实现数据全面汇聚；继而在全面汇集的数据资源基础之上，开展德育评价、成绩分析等各类分析应用，支撑教育教学流程优化和学生个性化诊断与培养，在整合大数据支撑教育教学优化探索方面形成了典型案例。

北京市第十中学打造学校"数据基础设施"，在数字校园建设工作中，高度重视数据资源的整合和管理，提出以"数据中心"为基础的数据交换整合和开放服务架构，通过数据中心，有效整合学校现有各类数据资源，形成统一汇集、规范管理、开放服务的数据管理模式，并为学校各系统提供数据服务，为学校的数据管理、应用以及后期信息化发展提供了宝贵的数据支撑资源。

6.2.8 萌发了北京市教育信息化面向"互联网＋"时代的创新动力之源

数字校园实验工作的开展，有力地推动了学校教育教学业务的创新发展，实验校的教学、学习、教研、管理、德育等核心业务都被迁移到互联网环境下来开展。例如，北京市第七中学基于开放网络的家校英语互动平台，搭建云端互联网学习平台，把传统的教师"教"、学生"学"和家长"管"分离式学习模式有机地结合起来，建立了基于互联网的新的协同式学习模式，实现了"学生需要，教师和家长做不到"的随时随地的个性化学习和辅导。例如，北京四中的教师基于网络学习空间支持的"双课堂"教学，以语文学习、专题学习、某一语文活动、学生生活感受等为出发点，围绕主题组织学生以回帖方式讨论、交流，完全以"学生为中心"组织教学，使学生处于学习的主动地位。学生与教师、学生与学生可以进行更加广泛的互动。学生除了可以看见自己的思考成果，也可以看到班级其他同学的成果，并在线上进行实时多方参与的交流互动，提升交流的深度和广度。例如，中国人民大学附属中学通过扩大优质教育资源的共享范围，提高服务水平。一是通过建立并推动"国家基础教育资源共建共享联盟",实现学校之间服务于教师的信息化资源共享;二是通过"1+1"慕课教学(双师教学),利用信息化手段来推动直接服务于学生的教师资源共享,提升教育质量。对于教育薄弱地区、薄弱校提升师资水平,改进教育教学理念及方式,让乡村学生直接感受到优质教育等具有非常积极的作用。总之,面向教育现代化(有质量的均衡),面向"互联网+"(开放,特别是优质资源汇聚、创生),面向教育改革与发展(特别是综合素质评价),中小学数字校园培植了一定数量的推动基础教育信息化创新发展的生长点,如校本课程、自主在线学习、走班选课、职业生涯课程、综合素质评价、创客与 STEM 课程等,为全市基础教育信息化面向"互联网+"时代发展及教育供给侧改革生成了新的动力之源,从而推动了北京市教育信息化助力教育现代化的发展。

6.3　"数字校园实验项目"驱动生成的典型模式

6.3.1　"数字校园实验项目"驱动的模式发展

模式建构是"数字校园实验项目"顶层设计和发展规划中的重要内容。实际上,自项目启动时开始,数字校园建设模式就是一个重要的研讨命题。例如,有些专家提出应该以"大平台"概念推进数字校园建设,即集中资金,整合资源,调动专业力量,集约化地推进"数字校园实验项目";有些专家提出应该让学校成为数字校园建设的主体,推动学校对信息技术在学校教育教学各个业务领域(特别是教学核心过程)中的应用。围绕这一问题,专家们展开了深度、有意义的对话。实际上,这种"模式"问题反映在数字校园建设与发展的多个层面,如市、区级层面的模式特征,校级层面的模式特征,业务融合层面的模式特征。伴随着全市范围内数字校园的建设与发展,各区由于区情差异,数字校园建设表现出不一样的发展特征,采取了不一样的推进路径,致使数字校园建设与发展的"模式"问题显得尤为重要。

由于中小学数字校园发展是一个涉及面广、关联性强、动态特征显著、技术发展驱动的综合实践,数字校园发展"模式"的生成受到一线实践者们的普遍关注。一方面,"模式"是客观存在的。就百所中小学数字校园项目发展而言,市级层面上逐渐形成了"市级定方向、区级抓统筹、学校抓应用、企业供服务"的发展模式;区级层面上已经逐渐呈现了个性特征显著、发展差异明显的区域信息化发展模式,如海淀区的"突出个性的叠层式发展模式"、大兴区的"区域统筹云服务模式"等。另一方面,数字校园发展"模式"就个体学校、个体区域而言,其适用性是发展的。例如,特定区域是以"个体模式"渐进开展数字校园建设还是以"区域模式"整体推进数字校园建设就是有条件的。以"个体模式"建设数字校园存在建设成本高、运维及可持续发展难度大等突出问题,其优点是能够推动学校提升信息化领导力,并且推动学校层级的教育信息化体系建构,即在校长及领导集体统一领导下,将学校各类教育教学、学校管理业务放到信息化环境下来再建构、再创新。以"区域模式"整体推进数字校园建设能提高信息化建设效益,提升投资绩效,容易建构专业化的运维环境等优势。但同时,在区域层面上推动数字校园为特征的信息化建设,难以建构与之相适应的区级信息化体系,区级层面的跨部门协作、区校两级的信息化协调建设会带来个体数字校园面向整体提升(特别是基于信息化环境下的学校整体发展)的难度,导致信息化融合发展周期长。如果在发展周期中由于人事变动、组织机构调整等(在现有体制下,变化是实践上的常态),就不容易实现其预期目标。此外,我们在实践中发现,"区域模式"整体推进适合信息化应用深度不高的区域,而"个体模式"建设数字校园适合学校发展具有前瞻性、信息化应用水平高或学校教育教学发展水平高的区域。因此,数字校园建设与发展的区域模式是相对的、有条件的,不是绝对的、一成不变动的,我们应在实践中动态把握。

由于数字校园发展模式具有上述双重属性,因此,呈现本次"数字校园实验项目"的各类模式就愈发具有重要的实践参考价值与引领意义。为了清晰地呈现这一工作在"模式"层面上的实践成果,我们分三个层级对模式进行提炼和总结,第一层级是区级数字校园发展模式,即当前教育信息化深化发展的区级模式;第二层级是校级数字校园的发展模式,即个体学校在面向教育信息化融合、应用的深化发展进程中所表现出来的建设方式、应用方式;第三层级是学校各类业务(特别是教育教学核心业务)在数字校园发展背景下与信息技术融合的模式,以推动各类业务向数字化、信息化环境下迁移。

6.3.2　数字校园区级发展模式

由于教育发展水平不同，区域经济支撑能力不同，教育信息化应用与发展状态不同，数字校园区级发展呈现出不一样的模式特征。这些模式在一定意义上呈现了北京市区级层面上数字校园推进的实践智慧，具有很强的参考意义。依据"数字校园实验项目引领下各区教育信息化发展"部分的描述，各区数字校园发展模式描述如下。

1. 东城区："云与数据"集约化支撑的协同数字校园发展模式

东城区一直是北京市教育发展的首善之区，其教育信息化发展一直走在全市前列。该区教育信息化特点如下：在全市第一个开启信息化系统数据应用，将 CMIS 系统与招生考试系统数据对接，开创与引领了全市信息化应用方向。陆续建立了基于学区内学校课程、人力、设备设施资源的"学区化教育资源共享平台"，基于学生课外活动资源的"蓝天工程"平台，基于教师、学生、家长的"学习 e 网通"平台等全国示范性应用，突出体现了以应用为核心的信息化发展理念。

在云时代的今天，在"数字校园实验项目"的带动下，东城区建立了区域教育云平台、区域用户统一认证平台、区域数据中心平台、学校网站及办公集群等，实现了从学校单独建设走向区域设备设施及应用的集约化发展转型，并在适应大数据应用上构建起了必要的基础数据汇集和共享交换的应用环境。另外，在机制上注重各部门、各科室的协调以及分工，发挥各自主动性，汇集各方最大智慧，形成区教委信息办、信息中心负责区域及学校网络设备设施、区域用户统一认证、区域数据汇集管理、区域办公及网站集群建设等核心业务，负责统筹配置各应用系统在教育云上的设备设施环境、用户认证、数据汇集以及申请使用其他业务数据共享分析的审核。各中小幼等业务科室、直属单位负责各自业务领域的信息系统统筹规划、开发及效果分析。东城区还在学校信息化建设推进上制定区域基础性硬件网络环境建设标准，在应用推进上以点为主，不断深入探索教育信息技术应用的规律和有效方法。

因此，理性认识，夯实基于"云与数据"的区域集约化网络与应用基础设施保障平台，并形成有效的区域各部门分工与协作的应用推进工作机制，是东城区推进数字校园实验工作的发展模式。这一模式呈现了"两个深度"的特征：在技术环境上，以"云"和"数据"为中心，推进数字校园建设的区域集约化发展；在应用环境上，以区域各部门的协同机制建构为发展诉求。这两方面的结合构成了东城区教育信息化发展体系建构的新生态，从而使得区域数字校园发展呈现区校合作、开放发展等特征，被称为"'云与数据'集约化支撑的协同数字校园发展模式"。

2. 海淀区：突出个性的叠层式数字校园发展模式

海淀区是优质教育资源集中、区域教育发展差异性较大的区域，全市中小学数字校园实验校工作为海淀区教育信息化的发展注入了发展性力量。在 2009 年"数字校园实验项目"启动时，海淀区教育信息化建设正处于自身发展的第二个阶段。自 2000 年开始，海淀区教育信息化一直走在全市教育信息化发展的前列，在设计与规划上形成了"硬件建设→软件应用→各校主导"三步走建设思路。全区教育信息化建设围绕着"应用"，通过开展"硬件建设"，倡导"软件应用"，推行"各校主导"这三步台阶，实现了教育管理科学高效、课堂教学开放丰富、校园文化精彩活泼、校园环境多彩现代的大格局。其三步走的发展过程整体如下。

第一步，自 2000 年开始，从硬件建设入手。早在 2000 年，海淀区就开始在各中小学建设光纤网络，铺设宽带，使每一个教室、教师办公室都能够接入北京教育信息网，做到校校通、班班通，教学、备课都能够方便地使用网络资源。

第二步，自 2005 年开始，自主研发教育教学各级各类软件平台。在硬件建设环境日趋成熟的基础上，海淀区走上了自主研发教育教学软件平台的创新之路，如海淀教育网、行政办公网、学生综合素质评价系统、教师研修网、终身学习平台、经费预算系统、教委人力资源管理系统等系统。同时，加大信息技术学科教学研究与信息技术培训力度，提高海淀区师生的信息技术素养和应用能力。

第三步，自 2008 年开始，推行学校个性化建设。这正是北京市中小学"数字校园实验项目"开始启动的时间节点。海淀区践行"应用"核心理念中最重要的一步，在各个学校信息化发展基础已经夯实、学校信息化观念已经成熟，并根据自身发展需求有了个性化发展规划之时，突破旧有信息化发展"整齐划一"的观念，突出信息化"开放、包容、广纳、互通"特质，将信息化发展主导权交给各个学校，使各个学校结合自身条件与特色，在信息化建设各个层面有重点、有目的地推进，做到信息技术应用在各校不拘一格、百花齐放，形成风格迥异、个性突出、信息化建设"因地制宜"的数字校园。同期，在各中小学开展个性化建设的同时，区教委积极引领信息技术发展，先后开展校园一卡通、视频直播点播系统、学情分析系统、互动教学系统等应用实验项目。

正是推进学校个体应用、深化发展的教育信息化发展环境，造就了海淀区风格各异、应用生态多元、发展类型多样的区域数字校园，形成了多种形态的数字校园模式，包括整体现代化的学校信息化运作模式，以应用为导向的学校信息化运作模式，自下而上的学校信息化运作模式，支撑型的学校信息化运作模式，满足基础、突出特色的学校信息化运作模式等，充分激发了学校的积极性、主动性，有力地推动了信息技术在学校层面的系统化应用。

自 2014 年开始，在区域教育信息化的驱动下，海淀区开始重构性发展区域教育信息化体系，开展区级教育信息化顶层设计，创建标准体系，引导学校科学、合理地进行教育信息化建设，进而在数字校园建设基础上，提出了智慧教育建设新理念。2014 年 3 月，出台了《海淀区智慧教育中长期发展规划(2014—2020 年)》和《海淀区智慧教育建设项目管理办法》，海淀区教育信息化建设翻开了新篇章。

综上，同步于北京市中小学"数字校园实验项目"，海淀区基于区域基础，在数字校园建设中采用的是突出个性的叠层式发展模式，即以学校办学条件和办学特色为需求，在区级引领的基础上，技术服务与教育教学互相融合，区域基础与学校应用互相补充，突出学校个性化发展。这一模式适应了海淀区教育资源优质、丰富，学校发展个性特征明显等区情，激发了学校个体探索前行的动力，使学校数字校园建设与应用呈现深度发展的特征。

3. 朝阳区：生成集约与群智创新引领的数字校园发展模式

北京市朝阳区中小学数字校园建设开始于北京市中小学"数字校园实验项目"之前，并在市级数字校园项目驱动下进一步引领发展。从整体上看，朝阳区数字校园工作历经了单点探索、集约推广、云平台等阶段，目前已进入智慧校园构建阶段。在整体发展阶段上，朝阳区的数字校园建设分为两个阶段。

（1）数字校园建设阶段

试点建设期（2007年始），选择办学特色鲜明和信息化素养高的学校进行数字校园单点建设。采取逐一调研需求，单独进行规划，结合学校理念探索数字校园的建设模式。

应用推广期（2010年始），主要以试点阶段研制的数字校园硬、软件产品部署推广为主，为新建数字校园学校逐一配置软、硬件环境，辅之以用户培训、技术支持等服务。

在总结前期建设推广经验后，进入区域数字校园云平台建设及云服务探索期（2012年始）。在分析区内各试点校数字校园软件产品的基础上，抽象出区域数字校园建设模型，形成中小学数字校园基础应用、公共应用、小学个性应用、中学个性应用三个层面四种类型的业务产品板块，形成朝阳区数字校园云平台业务应用模型。在数字校园云平台建设、应用和推广过程中，结合区域各学校教育特点和个性化需求，不断探索深化教育教学核心应用，在试点成熟后纳入云平台，不断丰富和完善云平台业务应用。

此阶段具有"生成集约型"的发展特征，即通过试点建设，批量化推进到云模式的整体数字校园全覆盖，并在这一进程中关照学校个性化发展。

（2）智慧校园发展阶段

在数字校园探索推进过程中，朝阳区持续以试点方式进行课堂教学、教学质量监测、教学质量评价等业务方面的探索，从而将数字校园建设深度推进到教与学过程。同步于国内教育信息化发展进程，2014年年底，《朝阳区教育信息化发展规划（2014—2018年）》发布，提出要打造百所具有"朝阳特色、全国领先"的智慧校园示范校，成熟后推广到全区中小学。在这一规划的指引下，2015年下半年，朝阳区启动了区域优质资源云和区域互动课堂系列建设项目，即通过资源建设、互动课堂软件，结合学生电子书包、平板电脑、高速扫描仪和手机等教学辅助设备，实现课程自由选择、互动教学、作业电子化，促进教学方式和学习方式的变革。在这一阶段，由区级相关业务部门牵头，教育信息化部门负责实施，协同来自教研、校长等层面的专业力量，群策群力，组织全区业务骨干及领导骨干参与智慧教育平台的设计与开发，为智慧教育平台中精致化的资源、系统提供协同化的建构力量，整合区域内对教育信息化有理解及深度实践的骨干力量（包括校长、教研员及学校信息化骨干教师），推进数字校园面向学与教过程深度融合应用。由此，此阶段具有"群智创新引领"的发展特征。

综上所述，朝阳区以中小学数字校园建设与发展为抓手，持续深入推进区域教育信息化建设，通过试点—全区推广—再个性化发展这一工作方式，从分散到集中、从个性到共性，分层级地推进区域数字校园建设，先以管理、交流类为特征的数字校园建设为第一层级，再以支撑学与教方式创新发展、支撑教学深度融合发展为特征的智慧校园建设为第二层级，特别是互动课堂建设，并且在这一过程中依托不同的专业力量相继发力，化解了区域数字校园建设的复杂性。我们把这一模式称为"生成集约与群智创新引领的数字校园发展模式"。

4. 大兴区：区域统筹云服务模式的数字校园发展模式

百所中小学数字校园建设有力地推动了大兴区教育信息化的深化发展。在"数字校园实验项目"的带动下，大兴区教育信息化呈现了跨越式发展的特征。

大兴区中小学"数字校园实验项目"于2011年1月正式启动。为实现区域教育资源共享和教育信息化整体推进，区教委于2012年发布了《大兴区教育委员会关于推进中小学数字校园建设的指导意见》，率先提出了区域统筹的云数字校园建设模式，并对全区教育信息化建设进行了顶层设计。

云技术设施先行。"十二五"期间，大兴区全面推进"宽带网络校校通"工程，到2015年年底，大兴区教育骨干网全面升级，实现万兆骨干连接、千兆到学校，全区中小学实现无线网络覆盖，互联网出口带宽达到5.2G，网络基础设施承载力和稳定性不断提升，完成所有中小学录课教室建设和视频会议系统建设项目。2014年建成大兴区教育云计算中心，实现了全区统一的虚拟服务器和云存储管理，为全区中小学数字校园应用建设提供了安全稳定的云计算环境。

云校园模式持续发展。经历了单体数字校园建设实验、区域统筹建设模式研究和云数字校园成果推广三个重要阶段，2015年完成了全区中小学数字校园云平台的全面覆盖，实现了从区域统筹向云数字校园的跨越。

云校园体系立体呈现。通过5年的实践探索，在架构设计、应用建设、评价体系、管理制度等方面取得了阶段性成果。完成了大兴区私有云建设，实现了服务器和存储的集约式管理；成功建立了覆盖全区的教育云平台，实现了全区中小学数字校园的普及；提出了数字化教育应用生态建设理念，以"政府搭平台、企业建应用、学校买服务"的模式，实现了教育资源供给生态化发展；建立了数字校园五级认证评价体系，实现了数字校园的有序建设和分级评价。建设过程从理论到实践，又在实践中实现了理论升华，逐渐形成了独具大兴特色的数字校园建设方法论。

基于云的融合应用扬帆征程。发布了以"深化应用、促进融合"为核心的《大兴区"十三五"教育信息化发展规划》。该规划以"开放、合作、创新"为建设原则，以"深化应用、促进融合"为目标，关注学校的内涵发展，关注学生核心素养的提升，关注师生实际的获得，创新教学方式，提高教育质量，促进教育公平，充分发挥信息技术对教育的革命性影响作用，实现信息技术与教育的深度融合。

综上所述，大兴区"区域统筹云服务模式的数字校园发展模式"充分驾驭了云计算技术的发展优势，整体设计区域数字校园发展支撑平台。该平台支持区域信息化硬件基础设施、软件基础平台、应用生态环境多个层面上的开放性、可扩展性，提高了数字校园发展的可维护性、可持续性，使区域数字校园建设建构于开放性的生态发展环境中，能够有效整合互联网应用生态，进而通过"分级认证"的应用融合推进机制，促进数字校园面向深度融合的持久性方向发展，开创了区域统筹云服务模式的数字校园发展模式。

6.3.3　数字校园校级发展模式

就单体学校的数字校园建设看，个体学校所处区域环境的不同、学校整体信息化领导力发展水平的不同，以及教育理念及教育质量的特色化和差异化发展，导致数字校园发展的模式不同。从百所数字校园发展的实践进程看，这是北京市市级范围内实施的重大工程项目，其实施落实到学校层面就对接了学校不同的发展状态。例如，朝阳区、海淀区由于区域范围内信息化发展水平较高，一些学校已经奔赴在数字校园建设的道路上，一些学校由于受到自身教育改革发展需求的推动，而内在性地需要信息技术支撑，如北京第三十五中学、北京十一学校等。因此，这给数字校园建设带来了差异化的发展模式。此外，从时间尺度上看，数字校园发展在实践上既可以受一个学校"短时间"内的建设项目的驱动，也可以受学校信息化环境下的办学理念的推进。

由于数字校园建设受众多因素制约，这里从两个维度出发看中小学数字校园发展模式：第一个维度从"技术"视角出发，其表征是以数字校园支撑"软件"技术环境的部署方式来衡量的，它受具体学校所在地域发展水平的制约，是由云计算技术发展而驱动的，同时，进一步延展至"集约化"建设诉求上；第二个维度是从"学校教育"视角出发的，它基于个体学校对信息技术的理解，同时也反映学校基于这种理解而将学校办学、管理、教学、学习、校园文化等核心业务放置在信息化环境下解构、重构和发展的层级水平，它是由学校办学理念、信息化领导力、办学能力（特别是聚合优质创新资源的能力）等综合要素决定的。

1. 信息技术部署环境变化驱动的数字校园发展模式分类

由于云计算技术的发展，信息技术环境生态发生着深刻变化，表现在技术实现上，是从基础设施（如服务器、存储等）、中间件到应用系统的服务化。这种技术生态环境的变化推动了信息技术"服务化"趋势，带动了 IT 生态链条的成长和专业化发展。在这样一种背景下，个体学校数字校园建设的技术环境就不再是"封闭的""孤立的"，而是"开放的""协同的"和"共享的"，由此而呈现了不同的发展模式。

（1）"学校自主"发展模式

该模式的基本特征是学校具有清晰的信息化发展思路，并能开展学校信息化规划、实施、应用和发展，表现为学校建有"独立的"服务器机房，并贴切学校需要而"自主"设计、研发、研磨信息技术应用产品，进行持续的优化发展。

在这一模式中，最具代表性的是北京理工大学附属中学。该校是北京市中小学"数字校园实验项目"的"五星学校"。从 2010 年起，学校针对信息化建设中存在的系统众多、数据标准不统一、数据冗余严重等问题，从统一数据、统一门户、统一认证、整合原有系统基础平台搭建等方面入手，首先对学校数字校园进行了基础开放平台搭建及部分应用模块的重新部署，逐步建立并不断完善数字校园软件基础支撑平台，实现对学校原有系统、数据的继承和对实用、有效的新应用的开发与使用。经过多年的努力，学校完成了以数字校园平台为基础，以教育教学管理、数字办公和自主学习三大应用领域为主的应用模块建设，秉承着实用至上的原则，不求大而全，只求有效益，在应用推广过程中，采用"抓住应用时机，先小范围试用，后大范围推广"的推广策略，随需而动，持之以恒，建设成了北京市具有代表性的数字校园学校。

(2)"区校合作"私有云发展模式

该模式是将个体数字校园建设放置在区域信息化整体发展的背景下来推进的，一方面可以在区域层面上保障集约化建设绩效，避免区域层面上众多学校的低水平重复建设，另一方面可以在区级层面上组织专业化力量，提高中小学数字校园建设的发展品质，在建设、运维及可持续发展等方面都具有不可比拟的优势。该模式通过建设区域性私有云，可使学校集约发展，共建共用，适合学校经费有限的情况，推动学校积极运用区域资源，开展集约建设，节省重复性投入。这是区域数字校园模式的代表。

北京师范大学大兴附属小学就是这一模式的代表。该校先后经历了由学校自主建设模式到区域统筹建设模式的发展历程。2010年，学校开始自主申请经费，走上了数字校园的建设之路，先后建立了学校数字校园基础平台，部署了学校门户网站，实现校内OA办公系统、校内资源共享等。随着大兴区信息中心区域教育信息化发展的整体推进，数字校园建设采取了区校统筹建设模式。学校在2013年以北京市百所数字校园实验校建设为契机，把数字校园正式转变为区、校协同建设的模式。学校依托大兴区数字校园云平台五级建设框架，从满足学生、教师、家长、管理者四类群体的实际需求出发，以深化应用为核心，以"关注师生实际需求，打造幸福教育乐园"为目标，通过建设与应用数字校园，契合并体现了学校"幸福教育"的办学理念和"期待＋激励＋唤醒"的育人模式，提高了学校的管理水平，改善了教师专业发展环境，提升了教育教学质量，促进了学校内涵发展。

在区域统筹建设模式下，区域统一的数字校园云平台按照SaaS模式进行架构设计，实现平台即服务、学校零部署。数字校园建设实现一键式开通，极大地降低了建设成本，缩短了建设周期。学校开通数字校园云平台服务后，即可使用区信息中心教育云平台提供的所有公共应用服务，同时在统一的云平台上实现区域公共应用与学校个性化特色应用的统筹管理。学校只需做好推广使用大兴区数字校园云平台上各个系统应用的工作，就能基本实现学校各项管理工作的信息化。

（3）"区校网"混合云发展模式

伴随中小学数字校园建设的进程，信息技术越来越深入课堂、深入学科、深入学校课程体系，这对数字校园建设提出了更高要求。从先前的教育信息化实践来看，当前教育信息化体制机制所支撑的学校信息化发展，越来越难以支撑信息技术进学科、入课堂所需要的精细化应用需求，必须基于更大的实践力量。与此同时，同步于北京百所中小学数字校园的发展进程，"互联网＋"教育云服务越来越深度地指向信息技术与教育教学融合发展的"最后一公里"。学校的数字校园建设不再仅仅依赖于学校自身及其所在区域的信息化建设，更将应用视角放置在互联网环境中来。"区校网"模式是指个体学校的数字校园建设在经历管理、交流类系统建设以后，学校聚焦信息技术与教育教学融合应用，关注来自互联网应用的整合与应用。在"区校网"模式中，"区"指区域性的信息化平台与应用，"校"指学校个体建设的学校特色或个性化应用，"网"指来自互联网上的应用。在这一模式中，个体学校的数字校园发展是由学校自身、区域教育云以及来自互联网的教育云服务共同作用而呈现的。

中国人民大学附属中学西山学校就是这一模式的代表。该校以"幸福的、不一样的未来学校"为办校愿景，以"培养具有 21 世纪技能的人才"为学校使命。学校数字校园发展是学校愿景、使命、价值观和培养目标在信息化方面的体现，通过"1 对 1 未来学习项目"实现学校"未来学校"的愿景。在"1 对 1 未来学习项目"中，师生每人配备一台笔记本电脑或平板电脑作为移动学习设备，借助一系列的教育软件和工具、社群媒体网站等学习平台，开展学生全情参与、高效互动、实时反馈的学习活动，帮助学生在获得学科知识的同时，提升审辩式思维、协作能力、沟通能力、媒体素养和创造能力等 21 世纪技能。区别于其他类型的数字校园发展，该校的数字校园是以普适、泛在的学习环境发展及学与教模式变化为核心诉求的，为此，在学校信息化融合发展的进程中，各个学科年级积极探索，主动寻求来自互联网的平台、交互类教育网站、学科性的应用，取得了较好的发展效果，这是融合互联网服务的数字校园模式。

在以上模式的数字校园发展中，实践上，个体学校模式选择主要受以下两类因素驱动：

第一，区域性教育平台及系统环境的发展。云模式的发展能够为学校数字校园建设带来开放性的实践力量，但该模式受区域教育信息化发展理念、建设思路和实践能力的影响。个体学校在数字校园建设过程中，要开放思维，将数字校园建设放到更大的背景下来开展，这有利于个体学校数字校园的可持续发展和深化发展，节省个体学校的投资。

第二，"互联网＋"教育服务带动的指向"学"与"教"的深化应用。当学校的教育信息化建设与应用发展到一定水平，或者个体学校信息技术应用直指学与教方式变革的核心，数字校园建设的深化发展会越来越关联互联网教育的应用。此时，在数字校园建设中，学校应以开放的心态接触、整合、使用来自互联网的应用，特别是面向学科的应用，并重点关注应用过程中互联网数据的汇聚、分析和应用。

2. 基于信息技术作用深度认识的数字校园发展模式分类

信息技术在学校层面上的应用形态究竟是什么？如何落实到教育教学最核心的地方？如何落实到常态的学与教实践？这些是"数字校园实验项目"持续实践追问、践行探索的基本命题。在全市"数字校园实验项目"的带动下，信息技术在学校教育教学核心业务过程的作用已经较为清晰地呈现。依据这一方向上的实践模式，呈现了三类数字校园发展模式，分别是"学校重构创新式"发展模式、"系统整合递进式"发展模式和"局部融合聚焦式"发展模式。下面对这些模式进行介绍。

（1）"学校重构创新式"发展模式

该模式是指在时代教育改革与发展背景下，以面向社会创新人才需求、发掘学生个性与潜能、创生不一样的教育为诉求，推动教育现代化进程，以充分利用信息技术支撑实现泛在、智能和具适应性的学习环境，以学生学习方式变革为重点，利用信息技术支撑学与教方式的变革。此类学校在办学理念、办学特色、课程体系、课程实施、教学开展、育人环境打造等方面全面升级，并使信息技术"无痕"地融合在新教育理念的实践中。基于信息技术，学校实现齐头并举，全面发展，具有了未来学校的办学特征。

例如，北京十一学校秉持"创造适合每一位学生发展的教育"的宗旨，以努力培养志向高远、诚信笃行、思想活跃、言行规范的未来各行各业领军人物为培养目标。基于上述办学理念，学校经过多年努力，持续发展，构建适合每一位学生个性发展的可选择的课程体系；打造学科教室，全面实施选课走班；创新学制，发挥学生学习的自主性；建立科学、多元的评价与诊断体系；构建全员育人、自主管理的教育网络。在这一办学实践过程中，学校把教育信息化纳入学校发展整体战略，通过以学生为中心的全方位信息化支撑，促进全新学校形态的形成：在教学方面，拥有丰富的学科资源和精巧设计的数字化课程，为学生提供个性化学习指导和全方位的学习过程记录；在评价方面，实现对学生全生命周期、全过程的数据采集、记录，提供更加全面、科学的多元化评价体系，有效支持学生的个性化发展；在管理方面，为走班选课的教育模式改革提供学生、教师、课程等多项数据的汇聚、分析与决策支持，保证对学生的全面了解与掌握，实现管理的"放而不放"，进一步保证对教育教学质量的把控以及对教师的有效激励。

(2)"系统整合递进式"发展模式

该模式是指个体学校依据信息技术的发展，持续、深度地推动数字校园建设，将系统化思考、规划和阶段性发展、小步幅实践相结合，持续迭代，主线式递进。通常，这类数字校园在推进中要规划先行，以夯实基础，即先做规划，再开展基础性建设工程，大力度夯实基础。

例如，北京师范大学附属实验中学非常重视信息化，在学校连续三个五年行动规划中，均将学校信息化发展和建设放在重要位置加以思考。对于数字校园建设和数字校园软环境的建设，各级领导思想统一，以战略发展眼光不断深入推进。

2005 年，学校引入了"第一代数字校园"，通过尝试和改变，让学校各职能部门和教师逐渐改变传统工作方式，适应网络与信息化带来的新模式、新环境，提高教职工信息化应用意识和信息技术应用能力。这一阶段，解决了办公自动化问题，促进了校园网络硬件环境与软件应用的结合。

2008 年，为进一步满足教职工对信息化软环境的需求，在前期应用的基础上，围绕"需求为先、应用引领"的理念，学校开始直接向软件公司提出合作要求，走上了"定制开发"的道路，从业务应用实际场景出发，根据学校实际需求设计开发数字校园应用系统，在实践中探索适合学校自身发展特点的数字校园体系建设模式。学校首先从搭建系统底层基础平台着手，把"根"扎稳，再渐进式跟进重点业务应用的开发。2008年至 2012 年，完成了"一套标准、两种环境、三个统一、四类应用"的

"第二代数字校园"平台建设，包括有实验中学特色的数字校园标准规范体系，优良的网络和硬件支撑环境、软件和数据支撑环境，统一身份认证、统一底层数据、统一门户，以及教育教学科研应用、办公管理服务应用、学习资源应用、家校互动应用四大类应用，完成了 66 个模块近200 个功能应用的设计与开发。这一阶段的数字校园打破了原有信息孤岛障碍，构建了较为完整的数字校园体系，实现了用户、数据、应用的统一，为基于数字校园整体环境面向师生、面向教育教学提供信息化服务提供了良好基础。

2012 年，学校成为"北京市中小学数字校园实验校"，积极开展数字校园云平台探索实践，全力打造新一代数字校园体系——"实验中学开放式数字校园云平台"，成为国内较早开始探索"云数字校园"的学校之一。该校"第三代数字校园"构建了"一个框架"（开放式云平台框架）、"一个中心"（云数据资源中心）、"两个模型"（开放式协作模型、开放式互动模型）和"若干应用"（基于模型和组件服务的各类应用）的数字校园发展模型，根据学校具体业务应用场景不同，利用两种基本模型和组件服务，统筹设计思想、简化设计思路，快速迭代、快速开发，最终形成数字校园体系的"可流转的业务生态"环境，全面融入教育教学核心领域，成为承载学校现在和未来信息化发展的"最为重要、最为基础"的综合性支撑、应用与服务平台。

数字校园架构向"云"方向的转型，使学校数字校园支撑能力更加强大，扩展性、灵活性极大增强，服务能力得到提升。电脑端、手机 App端、微信端和平板电脑 App 端均能访问处于云端的统一数据库，用户可随时随地利用任何设备轻松访问数字校园云平台，并使用平台上的多种应用，建立协同、合作关系，完成多元化沟通，开展教和学的互动。在扎实的底层平台保障下，移动终端融入数字校园开发已成为该校信息化发展的必然。学校建构了"云端"一体化的移动数字校园，实现了"在线学习空间"，打造了开放性、互动性兼顾的学习平台，协同科研、研究性学习、讨论式学习，为师生提供更多的交流模式，丰富的内部、外部资源助力学生学习和教师教学，协同教研帮助教师进行跨校区的交流。

又如，北京市朝阳区实验小学围绕教育教学和管理两大核心业务需求，持续进行数字校园建设与应用，实现了课堂环境数字化、学习资源数字化、教学方式数字化以及个性化诊断评价。随着数字校园的深入应用,数字校园职能由最初的管理转变为服务:用先进的技术手段,为提高教师工作效率服务,为适合教师成长服务,为提高教师教学教研能力服务,同时为增强学生学习兴趣、帮助学生发展提供便利,为提高家长参与度做出努力。学校于 2008 年初步建成了数字校园系统并大力推广,这些系统在学校范围内全面使用并运行稳定,获得了学校师生及家长的认可。系统的有效运行积累了大量的历史数据。如何对现有数据进行分析、挖掘,为学校决策提供依据,就成为学校信息化进一步深入发展的新课题。据此,学校开发了兴趣化教学百宝箱。兴趣化教学百宝箱是基于互动教学系统而发展的,在整合教学辅助系统、自学辅助系统、课堂即时反馈系统等系统基础上,通过积分形式统计学生学习的数量和质量,并利用积分换取各种类型的礼物,激发学生持续学习的积极性,使数字校园建设与应用走向了教育教学数据汇聚与应用的发展阶段,让系统更好、更深层次地服务于教育教学。持续的数字校园建设、应用与优化发展,深层次地促进了学校办学能力的提升和办学水平的提高。

(3)"局部融合聚焦式"发展模式

与前两类模式相比,该模式更适合一般学校,也是北京市中小学数字校园实验工作中反映的最为有效的模式。它聚焦痛点,力求突破,结合学校最紧要的业务诉求,聚焦局部环节,进行重点突破,如学校办学特色、信息技术课堂应用、各个教学环节(作业环节、课前环节、备课环节、评价环节等)重点应用,深度推进,注重效果,并逐渐延展扩散。该模式的关键是从"点"入手,以点成线,逐渐成面,在点、线、面的深化推进过程中开展机制创新和配套措施。

例如,作为体现聚焦办学特色的例子,北京市石景山区实验小学数字校园建设以"扬长教育"理念为核心,本着一切为"师生"服务的原则,为学生营造可持续成长的环境——坚持激发兴趣,全面发展,强化特长,培养创新意识和综合实践能力;以"丰富多彩的教育活动"为载体,教育、教学相结合,从小事入手使学生在活动中感悟,在活动中认知,在活动中养成习惯,为其一生持续发展奠定坚实的基础。该校数字校园开展扬长教育生态成长系统,构建学生"学习""激励""成长"的个性化发展环境,以促进学生个性发展为目标,以学校多元评价手段为基础,对学生成长轨迹充分记录、统计、分析和挖掘,并以虚拟成长花园和成长树的形式展现学生综合成长状况，使学生清晰、直观地看到自身优势及不足，以长补短、以长促长、以长促全，促进学生个性化发展。学校结合自身实际，以建设实用性、易用性、稳定性、开放性、先进性、安全性的平台为需求原则，将需求汇总后划分为基础维护层、教师专业发展层、学生个性成长层、家长沟通层、校园文化展示层、领导决策层六大类，确立了一期搭建数字校园基础开放平台、行政办公综合管理平台，二期搭建扬长教育生态管理系统、扬长教育生态成长系统的分期建设规划，边建设边应用，以用促建，逐步完善，确保数字校园建设切合师生发展需求和学校特色需求，实现数字校园需求从最初不实际的"高、大、全"到"实用、易用、精品"的转变，从而建成了围绕学校办学特色、张扬学校办学特色的数字校园。学校据此总结了含有丰富智慧的数字校园的发展经验，设计不求大而求"精"，实施不求快而求"细"，推广不求多而求"活"，激励不求广而求"准"，制度不求高而求"实"。

又如，作为聚焦学校校情、创新学校校园文化的例子，昌平区城南中心小学是一所农村学校，学生来自20余个省、市、自治区。基于学校学生随迁子女众多这一显著特点，为将"互联网＋"理念引入家校融合教育、合作办学领域，学校构建了家校互动平台，运用大数据、移动互联等新技术，帮助学校师生及家长实现家校合作交流、学生自主学习、学生阅读培养等需求，实现以技术为手段，创新农村学校办学发展之路。学校利用家校互动平台的展示、交流、分享和协作功能，先后开展"魅力家乡主题征文活动""故乡掠影摄影比赛""家乡故事风采展"等具有学校独特文化的校园活动。在"魅力家乡主题征文活动"中，收集的学生作品内容涉及家乡文化、历史、民俗、节日、景致以及身边的人物与故事。教师及学生参与评选，最终选出优秀作品，通过家校活动平台进行展播。在"故乡掠影摄影比赛"中，学校通过家校平台共同征集学生作品。学生充分发挥自身的想象力和创造力，用一幅幅照片讲述家乡，同时还可对彼此的作品进行评述，各抒己见，自发形成话题小组，通过交流增进友谊，拓宽视野。"家乡故事风采展"更是借助家校互动平台移动互联的优势，让学生通过手机影像记录家乡故事，发布至家校互动平台，与同学分享。学生对家校互动表现出了极大的热情，他们积极参与，让很多不为大众所了解的地域走进了学校师生视野，让不同的地域文化通过家校互动交融，从而展现出学校独有的校园文化。学校将不同地域、不同民族的文化进行融合，形成学校独特的发展文化。此外，学校通过家校互动平台的建设与应用，将家校互动从初级的便捷交流，向合作办学、协作教学、深度资源合作等领域不断推进。教师可在家校互动平台上向家长分享家庭教育经验，正确引导年轻家长进行科学的家庭教育。家长和教师间的交流方式也从传统的家长会、家长开放日等活动变为线上实时交流。家校互动平台的应用极大地创新了学校家校合作新模式。

6.3.4　数字校园业务融合模式

对个体学校而言，如何将学校教育教学业务迁移到数字化环境下来是学校在推进数字校园发展过程中首先要考虑的问题，其中所具有的规律性特征对于其他学校数字校园建设具有重要的参考价值。从"数字校园实验项目"及北京市中小学数字校园的发展中，我们总结、提炼特定数字校园发展中的特色增量，并据此深度挖掘这些具有成效的数字校园案例，发现有如下几类业务融合模式。

1. 技术创新跟进驱动模式

中小学数字校园是信息技术驱动下的学校信息化新发展。伴随新技术进步，将新技术要素有效融入数字校园是重要的实践方向，其关键是要对新技术发展的前瞻性、可用性有深度理解和适切把握，并将新技术特征、优势有效地体现在新型数字校园系统、功能及应用特征上。"数字校园实验项目"实施期间，智能、移动终端越来越广泛地存在是这一阶段具有前瞻性和可用性的发展技术形态。这一技术形态应用能够带给数字校园建设何种增量？新技术发展是否能够带来数字校园发展新的价值？接下来用两个案例进行分析。

(1)案例 1：多屏多终端融通型的数字校园

朝阳区白家庄小学从 2011 年到 2014 年，建设和推广了包括办公类和教学管理类的数字校园应用，但这些应用都是基于网页的。随着技术发展和智能移动终端的普及，这种基于网页的操作方式已不能满足便捷性、实操性等方面的需求，学校需要针对这些已有系统应用成果进行移动化改造，同时，还要结合学校新的业务需求，建设一些新的基于移动终端的应用系统。该校多屏多终端的建设内容包括如下五个方面：第一，即时通信。实现桌面客户端、智能手机客户端、平板电脑客户端等多终端即时通信。第二，移动办公。教师可通过智能移动终端，随时随地开展各项工作。第三，移动教学。师生可通过智能移动终端开展教学活动。第四，智能班牌。智能班牌可实现校园文化建设，班级文化建设，学生信息的展示、互动、查询，还可以满足班级考勤的需求。第五，校园信息发布平台。互动式校园信息发布系统，可实现传统的信息发布功能。多屏多终端建设促进了对学校原有管理模式的规范与统一。多屏多终端建设保证了学校教学资源与其他数据得到最大限度的利用，使各方数据得到统一整合，消除了学校"信息化孤岛"问题，有效实现数据的共通。学校通过多屏多终端实现教育教学和校园文化展示，让学生和教师时刻体验到教育信息化所带来的方便，这种体验保证了师生可以获取足够优秀的教学资源，通过提升学校教学手段来提升学校整体教学水平。

(2)案例2：移动数字校园

北京师范大学附属实验中学手机移动终端数字校园基于学校"开放式云平台"而开发，经过多年持续发展，是先前数字校园平台的延伸，是集学校办公与管理、教师移动教学、在线教育资源、家校互通等多功能于一体的综合化信息平台，支持 Android 及 iOS 两大主流操作系统，提供的应用形式包括手机版 App、平板电脑版 App 和微信服务号。学校利用移动互联网技术，实现无处不在的移动办公、网络教学和多彩的校园文化生活，真正体现"云平台"优势，实现"多平台共享"的办公、教学新模式。该移动平台支持的功能模块包括通知、短信及邮件系统、通讯录、课程表及考勤、调查问卷、成绩分析、工资查询、周工作安排、日程与预约、校园微站等。教师能从手机 App 客户端直接访问数字校园平台各主要模块，基本满足了移动终端教育教学业务需求。尤其是通讯录分组和移动终端的在线考勤，与学校人事、教务、学籍等系统动态关联，信息准确，实时更新，无论对于日常办公还是分类分层走班教学都能起到很好的支持作用，得到了教师们的充分认可，完善了工作模式，提高了工作效率。

2. 课程创新增量发展模式

课程是广大中小学承载学校教育教学的核心要素。自第八轮新课程改革以来，三级课程的实施已经深入人心，并已进展到国家课程、地方课程和校本课程如何相互重构，以适应 21 世纪核心素养、中国学生核心素养、新高考推进的创新教育教学实践要求的阶段。在这一背景下，将信息技术有效支撑学校课程形态变革，以课程的在线发展（如在线课程、混合式课程）等推动课程体系建构和学生个性化学习环境的发展成为数字校园重要的发展模式。学校以数字校园建设推动学校课程创新，促进学校增量发展。

(1)案例 1：混合式主题课程支持的线上线下学习

芳草地国际学校在数字校园建设过程中，形成了基于主题的混合式课程实施模式。为培养学生自主、合作、探究能力，提高现代信息素养，拓宽国际视野，促进每个学生形成"热爱祖国、友好世界""自信乐群，充满好奇""乐学善思、充满活力"的品质，在主题课开展过程中，教师应用课程平台将教学思路和教学过程引入平台中，教研组研发课程资源，构建大纲，发布活动，教师生成"课堂"，自主管理教育教学。

为推动线上线下学习的开展，学校根据课程平台特色功能开发了"三阶段十一步"线上线下教学法，整合课程设置，为学生学习提供充分的空间，用多种形式的活动承载教学内容，使整个教学内容和进度非常清晰地展示出来。学生之间可实时互动、评论、打分，也可随时随地参与到课程学习中来。学生参与课堂操作，从六大主题中筛选自己的课程主题进行学习。学生在课堂里以活动形式参与学习，学生可以提交作业，参与讨论，点评点赞等，师生进行深度交流，实现动态评价、异步交流，学习过程永久留存。

(2)案例 2：建构"奠基未来"数字课程系统

基于自主学习和个性化学习的需要，北京市陈经纶中学分校建成了"奠基未来"数字课程系统。该课程系统直指学校文化，重点支撑学校教育教学核心业务，将线上教育与线下教育相结合，集中资源优先建设公共教育体系，开展微课平台、自我诊断系统、选课系统等功能应用。该系统不仅为学生课程选择、自主学习、自我诊断、个性化学习、创作展示提供了环境，也为师生提供了快捷、精细的质量分析报告，为教师针对性教学提供了工具。尤其是该系统以"自主学习"和"自我诊断"为主要模块，为学生的特长发展需要服务，助力孩子有活力地成长。该课程系统还解决了线下教学师资、教室、时间等资源不足问题，为信息技术背景下自主、合作、探究式的教与学提供了载体，让学生的选择权及个性特长得到了充分发挥。

（3）案例3：博物馆课程平台及有效应用

石景山外语实验小学通过《我爱博物馆》校本课程数字平台的建设，纳入北京20所博物馆的资料，为学生提供一个全方位了解博物馆的环境，使得学生可通过课前自学了解博物馆的具体情况，并从中学到新知识。学校开发博物馆校本教材，引导学生到博物馆有目标、有组织、有计划、有方法地学习。学校规划每位同学在小学六年至少完成12次以上博物馆主题学习活动以及3次以上参观活动，以培养学生乐于在博物馆中学习的兴趣，掌握在博物馆学习的方法，学会从众多展品中汲取"营养"，提高学生综合素质。

博物馆校本课程管理平台应用符合小学生的心理特点，有助于拓展学生的学习空间，拓宽学生的眼界，提高实践教学质量。小学低段（一、二年级）学生博物馆学习主要采用教师主导、学生游戏感受的方式，即教师为学生选择学习内容，设计学习方法，引领学生在博物馆观察、识记和体验，让学生获得在博物馆学习的特殊感受，引发学生对博物馆的兴趣。小学中段（三、四年级）学生博物馆学习以培养学生思维能力、学习兴趣为重点，采用教师引导，学生参与、体验的学习方式，让学生在实践中认识事物，用在博物馆中的亲身经历认识和理解知识内容，为学生掌握在博物馆学习的方法奠定基础，充分利用博物馆资源，注重博物馆环境给学生带来的启发、思考和感受。小学高段（五、六年级）学生博物馆学习重点放在知识拓展学习、自学能力培养上，采用教师辅导，学生探究、感悟的学习方式，发挥学生的主观能动性，教师指导学生确定探究主题，组建活动小组，场馆内以小组自学为主，鼓励学生用多种形式反馈、汇报学习成果。

在课程实施方式上，教师通过前测，在提高学生学习主动性的同时，比较全面地了解学生走进博物馆之前的学习情况，从而更有针对性地设计教学活动；通过后测，了解学生在博物馆内的学习情况，掌握学生通过博物馆现场学习所获得的收获；通过前测与后测对比，总结某次博物馆实践活动的优势与不足，提出改进意见。

该课程系列及数字平台的开发，激发了学生利用网络在博物馆中培养前期学习的兴趣，掌握在博物馆进行探究学习的方法，学会在网络平台上与他人进行交流探讨，也为学生学习成果的展示搭建了舞台，能够提升学生面向 21 世纪的核心能力。

3. 课堂深化聚焦攻坚模式

课堂教学的信息化发展是推动信息技术与教育教学融合实践的难点和痛点，是信息技术与教育教学融合的意义所在。因为课堂形态受教师教学理念、信息化环境下的教学能力、整合数字化技术环境的可用性和易用性、学生信息化环境下的适应性等因素的影响，所以推动信息技术课堂教学的应用具有特别的意义。由于课堂教学的常态性，深化发展具有艰巨性。"数字校园实验工作"中，出现了聚焦于课堂教学深化发展的案例，取得了积极的示范效果，如丰师附小基于平板电脑的互动课堂模式、北京四中的"双课堂"模式等。

(1)案例 1：信息技术深度融合实践中的 iPad 数字课堂

聚焦课堂教学深化发展，从"九五"开始，丰师附小就坚持以课堂教学为中心，坚定不移地走教育信息化之路，在教学设计、课件制作、网络教学、信息技术与学科教学整合、互动反馈技术、电子白板教学、学生自主学习等方面都取得了很好的成绩。学校先后承担了教育部、中央电教馆、中国教育技术协会、北京市教科所、北京市教育学会等部门的多项课题研究。在以课题研究为依托和支撑的发展过程中，学校数字化环境建设发生着巨大变化，从彰显物理环境的框架与理念，到追求数字化的课程管理过程、学习效果管理过程、学习过程管理过程，是一个理念更新与飞跃的过程。这些过程始终贯穿着一个宗旨，就是以课堂教学为中心，以教师的教与学生的学为需求而逐步拓展。为进一步满足这些需求，学校将 iPad 引入课堂教学，想通过数字课堂建设实现教学的数字化评估，并充分利用数据分析和信息化平台软件的应用实现精准和调优教学，达到平板电脑类设备在常态教学中应用的效果。在二期数字校园建设中，学校进一步突出"以数字课堂为中心的数字校园建设"，坚持以信息化课题研究为引领，在开发新软件的过程中，将微课资源与平板电脑教学、精准教学融合起来，深化信息技术应用，促进学校创新发展。

(2)案例 2：基于网络学习空间的"双课堂"教学

随着教育信息化的发展，多种新技术在基础教育领域得到了普及应用。北京四中致力于数字校园建设工作，寻求应用方面的突破。为此，北京四中在多年信息化建设相对完善的基础上，将数字校园建设重点定位在探索新的教学模式上。学校教师结合各自学科特色，充分利用数字校园教学系统功能，探索信息技术与教育教学融合的教学模式，尤其是语文教学组的"双课堂"教学模式。

这种教学模式是指虚拟课堂与现实课堂的整合，又称基于网络学习空间的"双课堂"教学模式。在该教学模式中，教师把选定的主题发布到教学系统上，主题来源多样，可以以语文学习、以专题学习、以某一语文活动、以学生生活感受等为出发点，教师围绕主题组织学生以回帖方式讨论、交流，完全以"学生为中心"组织教学，使学生处于学习的主动地位。学生与教师、学生与学生可以进行更加广泛的互动。学生除了可以看见自己的思考成果，也可以看到班级其他同学的成果，并进行实时在线多方交流互动，提升交流的深度和广度。

4. 评价发展创新模式

教育教学评价是信息技术应用的重要方向。伴随新高考的实施，过程性评价、综合评价已成为教育改革实践中的热点和难点问题。当前，基于信息技术发展，评价不仅已经成为中高考考试的关键诉求，更是改进和优化常态化的学校教育教学必然依赖的手段。由于移动计算等技术的发展，过程性数据采集、行为性数据记录成为可能。在数字校园发展的大背景下，出现了"五星级评价""学生综合素质评价系统"等系统性案例，展现了这一领域的实践模式。

(1)案例1：五星级评价——基于移动媒体的过程性评价

北京中学自成立以来，秉承"育人为本"的办学理念，形成了"促进学生全面而自由地成长"的核心理念。为了让学生更加全面地发展各个学科，学校建立了一套独具特色、基于手持移动终端的"五星级评价"体系。该评价体系基于移动媒体和学科建设的过程性评价系统支持，以学校整体数字校园为依托，能全方位地收集学生成长过程中的数据，使过程性评价和总结性评价相结合，及时地对学生在学习过程中付出的努力和阶段性成果给予评价，从而对学生进行高效率、客观、公正、准确的过程性评价，全面反映学生的学习过程，并通过评价进一步诊断和鉴别教学质量，真实了解学生的学习状态，不断调整和完善适合每个学生的辅导方式。学生可即时获得自己的学习反馈，并可就评价结果与教师进行互动，大大提高了学习积极性。从未知到知之逐步探索的连续性过程，对学生学习成长给予及时反馈，并基于评价结果不断完善学校辅导和家庭辅导方式,推动学生辅导方式变革,促进学生全面发展和快乐成长。

(2)案例 2:"誠誌"中学生综合素质评价系统

清华大学附属中学自主研发的"誠誌"中学生综合素质评价系统,可以观察、记录和分析学生的全面发展状况,真正将学生素质发展、教师评价、公示记录落实到学生成长过程中。

重要奖励记录等级审核,审核五大奖励记录及学生提交的材料,学校相关管理部门的教师依据原始纸质材料审核确认,评定等级;重要记录随时审核,保证重要记录的真实性与准确性。所涉及的五大领域包括思想品德、学业水平、身心健康、艺术素养和社会实践等。

该评价系统的可用性和可操作性强。评价主体多元,师生共同提交记录;记录提交简洁、高效,便于实施;评价与教师日常工作密切相关,在工作的同时完成评价记录提交,不会增添学生、教师的负担。

该评价系统,有利于促进学生认识自我,发展特长,促进学校、教师与家长把握、分析和总结不同学生个体的培养方向与成长规律,便于学校与班主任分析与引领学校、班级教育活动的开展;有利于促进评价方式改革,转变以考试成绩为唯一标准评价学生的做法,为高校招生录取提供重要参考,为未来对于培养人才的大数据存储、分析与挖掘提供了基础。

5. 点线联动迁移模式

如何使信息技术在数字校园实施下真正落地到学校教育教学核心业务流程,并能产生固化、持续性的应用效果,是北京市中小学数字校园实验推进过程中所关注的重点话题。在前期方案的评审中,北京市教委会通过"避免大而全""提倡小而精"的建设原则来触动学校对这一问题的认识,但问题的关键是如何做到"小而精"。在数字校园实验工作开展过程中,"点线联动迁移模式"就很好地回应了这一问题,为学校数字校园建设适应信息化整合和应用的特征诉求提供了实践智慧。该模式的关键是从学校教育教学核心要素入手,将其他相关的延展性工作借助信息技术平台支持,放到信息化环境下来联动、协同,从而达到"四两拨千斤"的实施效果。同时,通过核心业务"点"的带动,让教师们觉得难度不大,可操作性强,在提高工作效率的过程中逐步深化应用。

案例:协同备课平台支持的教学业务支撑与教师专业发展

北京市怀柔区第五中学数字校园搭建了备、讲、批、辅、考等教学环节支持的网络环境实施系统，并重点以协同备课为切入点，通过"协同备课平台"，实现了其中"备"的环节。平台使用克服了时间、空间限制，教师可根据自己的时间安排随时进行交流与学习。同时，也跨越了学科界线，实现了不同学科之间的借鉴学习，拓展思维，实现"课程穿越"，最终也为学校积累了优秀教案资源，为教科研活动的开展提供全面素材。这一应用在"工学平衡"基础上，为教师提供了高效服务和学习提升的多种途径。该平台在促进学校教师专业成长，推动教学活动变革等方面发挥了重要作用，推动了学校协同教研的开展，研究孕育创新，协同促进发展。

6. 优质资源共享生成模式

在百所中小学数字校园实验工作中，数字校园的开放性、共享性是其中特别提倡的建设原则，即通过数字校园突破传统优质教育教学资源作用的边界，突破学校围墙，突破教室制约，突破传统的课程实施范畴，使教与学活动能够跨越现实的物理边界。也就是说，将优质教育资源放到网络环境下、互联网环境下进行汇聚、倍增、放大是中小学数字校园建设的重要突破方向，以推动教育均衡发展，促进教育质量提升。在"数字校园实验项目"中，出现了一批这样的实践模式，将优质教育资源要素通过信息技术环境跨区域、跨校区进行整合和放大。

（1）案例1：基于远程视频及互动教学系统的山区学校优质发展

密云区新城子镇中心小学位于北京市密云深山区，学校周边社会公共教育资源相对匮乏。因此，学校数字校园建设以开展校际远程协同合作为核心，通过使用密云教委区域内远程视频和远程互动教学系统与密云区果园小学、丰台区丰师附小建成结对学校，把"教学跨校共研""校本资源跨校共享""教材跨校共建"和"科研跨校共进"作为切入点，构建了校际远程协同模式，推动了学校教师专业发展、学生学习成长。

（2）案例2：远程视频会议系统及基于互联网的平板电脑教学应用

北京市大兴区黄村镇第一中心小学是一所城乡接合部的多校区农村学校，学校基于校情开展远程视频会议系统及基于互联网的平板电脑教学系统在学校的应用实践活动，拓展运用互联网环境中的互动反馈系统和其他教学系统技术，解决了交互操作的难点，实现了多校区学生实时反馈学习、信息搜集和运用，通过开展过程性评价和个性化诊断的教与学，真正实现多校区互动教学，从而真正推动学校信息化环境下多校区的协同发展，呈现了基于互联网多校区融合发展的实践前景。

7. 数据应用积累深化模式

教育数据的积累和应用是当前教育信息化深化发展的热点问题。一方面，受时代发展的影响，人们对于数据的认识已越来越指向具体实践过程；另一方面，新高考改革的实施，推动着教育评价从终结性评价向过程性评价等方向发展，学生综合评价的实践诉求变得日益强烈。在中小学数字校园建设过程中，建构有效的数据体系，促进各类教育数据的汇聚、交换、融通、应用是一项艰巨的工作。个体学校的教育数据环境发展需要数据标准化、数据的交换互动、数据的建模和基于模型的分析应用等，需要整体性设计、系统性实施、持续的应用推动。在北京市中小学数字校园实验工作中，出现了沿着这一方向发展的案例，展现了基于这一领域实践的有效模式。

案例：基于数据应用的数字校园

数字校园数据的应用既是重点，又是难点。数据应用得好，学校的数字校园建设就会很成功。如何充分挖掘数据应用，如何利用数据把相关应用平台融为一个整体，充分发挥数字校园的作用，都是值得探讨的。北京市第十二中学通过顶层设计和系统实施，建立了符合学校校情的编码标准，在全校范围内为数据库设计提供了"数据字典"，为信息交换、资源共享提供了基础性条件。信息标准使各部门的信息有序流通，实现了信息共享和交换，实现了信息的标准化。更进一步来说，数据在各系统的"流动"，支持了系统更好地应用，把"用"放在首位，从而用好、用足。各应用系统通过数据交换、共享、推送而融为一体，发挥出了"1＋1"大于 2 的应用效果。学校经过努力，基于数据共享交换，实现了数据资源共建共享，提升了学校核心工作的效率与质量，解决了学校迫切需要解决的问题，促进了学校的发展。

6.3.5　数字校园业务流程视角的融合模式

"数字校园实验项目"在开展的过程中，也从工作视角进行了总结梳理。数字校园发展已经覆盖课程、课堂、教学、学习、德育、文化、家校、管理等学校业务的全部环节，形成了教与学、学生成长、教师发展、校园管理、家校互动、校际协同、资源建设 7 个方面共 19 类典型应用。为更进一步呈现这一工作的丰富性和多视角发展性，下面对其进行简要介绍。

1. 教与学模式创新

(1)基于平板电脑终端的互动教学模式

传统教学以教师教为主，学生往往是被动地接受。丰师附小、牛栏山第一中学等多个学校在数字校园中创新基于平板电脑的课堂互动教学模式。平板电脑教学模式为教师、学生之间提供了交互手段，形成网状、交互、融合、自主的教学模式，突出了以学生为主体、以学生发展为中心的教学特点。这一模式为促进教育工作变"单向教育"为"互动教育"积累了大量经验，提供了明晰思路。

(2)基于微课社区的自主学习模式

课堂学习以教师为主，自主学习以学生为主。在如何引导学生自主学习方面，北京理工大学附属中学探索了一条基于微课社区的自主学习模式。学生可利用微课社区浏览、选择、自主学习感兴趣的课程，有效地改被动式学习为自主式学习。微课社区已成为该校学生课余时间自主学习的主要平台，在寒暑假期间使用效果尤其突出。

(3)基于过程数据的个性化诊断评价模式

在传统教育工作中，由于学生学习过程数据采集困难，因此面向单个学生的个性化诊断和评价比较困难。针对这一问题，丰师附小、北京市第九十四中学、牛栏山第一中学等学校探索研究了综合过程数据自动采集和考试成绩分析的、面向个体学生的诊断评价模式。该模式通过"点一点"等各类智能终端自动采集学生学习过程数据，并结合后期考试成绩数据，利用数据诊断评价软件，为每个学生、每个知识点进行诊断，形成个性化的评价报告，继而支撑教师为学生提供个性化、针对性强的辅导服务。

2. 学生成长模式创新

(1)基于网络空间的协同成长模式

扩大学生日常交流范围，提升学生交流技能是学生成长中的重要内容。大兴区黄村镇中心小学通过建立网上班级，利用网络将所有学校在逻辑上聚合成一个虚拟学校。教师可以在整个中心校开展班级活动，使学生们熟识本校以及其他学校的同学，扩大了学生的交流范围，提升了学生的交流能力。

(2)基于社团的学生自我管理能力培养模式

昌平区第一中学创新设计了以社团活动为切入点,线上线下相结合的学生自我能力培养模式。通过学生社团平台,学生可以自主申办社团,也可以对社团活动进行组织及展示,这不仅促进了社团工作的发展,也使学生在"自组织、自活动、自评价"中提升了自我管理能力。

3. 教师发展模式创新

(1)基于"一袋、一库、一室"的教师个性化发展模式

石景山实验小学为教师个性化发展提供服务,形成"一袋""一库""一室"的专业发展模式。"一袋":以教师个人成长档案袋为依托,建立教师个人发展空间。"一库":对所有教师积累的资料进行资源汇聚,形成校本资源库。"一室":教师个性化研修工作室不仅可以将教师的优秀作品、成果、经验等在个人空间平台中"秀"出来,还可以作为教师的学习工具,记录教师相互借鉴、相互学习的过程,加速教师的专业化提升。

(2)教研结合的教师专业化能力培养模式

房山区良乡小学积极引导教师将课堂教学和专业化实践研究相结合。多名教师承担了《交互式电子白板在课堂教学中的应用研究》《基于智能终端的数字化学习方式研究》等国家级、市级课题,参加了全国NOC[①]创新大赛、COP[②]现场做课和微课分享等活动。通过将教学和研究相结合,教师不但提升了教学理论水平,更将研究成果应用到实际教学中。良乡小学通过课题研究的方式为教师的专业化发展探索出了一条新的道路。

(3)基于网络研修的教师协同发展模式

传统的教师研修需要教师集中培训讨论,由于受到时间和空间限制,研修活动的频率和范围往往有限。针对这一问题,门头沟区大峪第二小学通过师生学习平台为教师提供不受时空限制的网络研修以及备课空间。该平台支持教师培训、个人备课、集体备课和听评课;支持教师

---

① NOC,Network Originality Competition 的缩写,意为"全国中小学信息技术创新与实践活动"。

② COP,或 TOCP,The Teacher's Online Communities of Practice 的缩写,即"教师在线实践社区",是指由中小学教师、大学专家及助学者所组成的一种正式学习与非正式学习相混合的学习环境,是一种基于课堂教学行为大数据、促进教师实践性知识增长和专业能力发展的学习型组织,是一种将教师学习、研修、培训、资源建设等融合在一起的新型教师专业发展模式。

在各类教研活动中交流和互动，充分提高了教师跨区域研修工作的效率，形成可供推广的教师协同发展模式。

4. 校园管理模式创新

(1)基于整合思路的教务教学一体化管理模式

如何有机整合教务和教学工作，是各个中小学普遍面临的问题。北京理工大学附属中学以提高效率为基础，以规范流程为原则，以数字化教学为手段，进行了教学教务一体化建设，先后建立了智能排课系统、在线选课系统、网上阅卷系统、成绩分析系统、教学评价系统等多个应用模块为教学服务。教师积极利用信息技术开展网络环境下的教育教学活动，实现信息技术与学科教学的有机整合，同时方便了资源的共建共享。

(2)面向个性需求的分层选排课模式

牛栏山第一中学尊重学生个体差异和个性化学习需求，部分课程采取分层走班上课的形式，根据课程、班级、教师、学生数据的自动关联，支持多规则设置的自动排课。选课系统可根据学生人数灵活分班并与排课系统结合；可对学生进行分组设置，不同的课程可选择不同组的学生；支持选课规则到人，可支持学生在家自主选课，每半学期实行两个阶段性的分层选课工作，实现了学校基于分层教学的校本课的选修。

(3)基于移动互联的高效办公模式

东城区府学胡同小学的移动办公平台实现了学校数字校园已有应用功能的移动访问，如工作上报、审批、场馆预订、报修服务等，通过信息推送、信息找人的方式及时提醒教师关注学校的各项工作，使教师日常的管理工作更加高效便捷。

(4)基于网络直播的跨区域大型活动组织模式

如何在一校多址、空间有限等情况下组织大型学习活动，是我市许多学校面临的挑战。北京市怀柔区第一中学利用校园网络直播系统向学生开展大型讲座和知识竞赛活动，有效地解决了学校开展大型活动场地受限、集合时间长、安全组织动用人员多等问题，使全体学生体会到现场感，效果良好。这一模式为其他学校解决跨区域大型活动组织工作提供了经验。

(5)集成多源数据的辅助决策模式

系统多、数据散是信息化建设中的常见情况。如何集成多源数据，开展数据分析和辅助决策工作是各个学校面临的共性问题。北京市第十二中学综合校情展示及辅助决策支持平台，利用数据整合技术，汇集了学校内部各个系统的相关信息数据，提供了分析、报表、教育质量监控一体化的分析决策需求，实现了全校数据共享和对数据的深入关联分析，促进了学校决策水平的提升。

5. 家校互动模式创新

(1)联通课堂的黏性化家校沟通模式

石景山区实验小学结合移动互联技术，将家校协同、微课社区和平板电脑互动教室等功能集合于一体。家长、教师之间可以通过图说、语音等方式沟通学生课堂表现；教师可以针对课堂中学生的易错问题录制微课上传到平台中供学生学习；课堂上师生之间可以借助移动终端开展互动课堂教育，互动课堂生成的学生学习数据可自动上传到平台中供学生、家长、管理者查看，更好地跟踪学生成长情况；学生之间也可以相互展示学习成果，初步形成了一个联通课堂和家庭的沟通模式，提升了家校沟通的黏性。

(2)依托虚拟空间的社交化家校互动模式

牛栏山第一中学为寄宿式完全中学，为加强学生学习，增进家长对学生在校学习的了解，学校研制开发了基于学习的社交沟通平台。平台采用虚拟空间和社交化的理念，构建了"亭""室""台"等虚拟空间，分别用于答疑、自主学习、资源浏览，构建了以学习为中心的"资源和社交"生态。同时，通过积分系统、反馈系统、标签系统增加了系统的黏性，探索了新的社交化家校互动模式。

6. 校际协同模式创新

(1)基于网络联盟的优质资源校际共享模式

景山学校为促进优质资源的均衡和共享，发起了可实现中小学基础教育改革的"数字景山网络联盟"，通过推动基础教育资源共建共享，在联盟成员学校中传播先进的教育理念以及优质资源，推动优质教育资源的共建共享，推动务实的教育科研，创建开放的学习环境，促进教育公平。目前，联盟成员已经有 500 所学校，联盟学校之间通过资源推荐系统形成了资源共建共享的有效模式。

(2)基于远程教学的山区—城区学校结对子模式

密云区新城子镇中心小学是山区农村寄宿式小学。该校积极与市区信息化先进学校进行交流和学习，在北京市教委和区教委的支持下，2013 年与丰师附小结对子，通过教育远程视频系统进行互动教学研究，并参与中央电教馆重点课题《小学远程协同教育的行动研究》，把"教学跨校共研""校本跨校共享""教材跨校共建"和"科研跨校共进"作为切入点，构建了校际远程协同的新模式。

7. 资源建设模式创新

(1)基于流动再生理念的云资源建设共享模式

如何实现资源的流动和再生是数字校园建设工作中的难点问题。北京市海淀区七一小学开发了教师云资源系统，系统探索了资源在教师个人、小组、部门资源，以及学校层面的资源流动管理模式，实现了对资源的创造产生、共享流动、重复利用、再生创新等关键环节的支撑，解决多个人员圈子内的资源共享流动、资源定向查找、在线交流互动、发布通知公告等需求，使资源应用的形式和范围更丰富多彩，使资源的更新和流动成为常态。

(2)联动教学工作的数字资源常态化更新模式

大兴区第一中学通过"电子备课平台和学科资源中心"，把学校开设的 16 个学科的教材，按版本、年级、章节分别整合到教学资源中心。教师们可按照自己的教学任务和角色，利用资源中心推送的资源进行备课，以及开展其他各项业务工作，同时可以上传教案，发布资源，并补充到各学科资源中心，充实了校本教育教学资源库，实现了资源的"建"和教学的"用"的良性循环，形成了资源常态化更新的新模式。

第 7 章　北京市中小学数字校园建设成效

7.1　引领信息化环境下促进师生全面发展的育人环境生成

在中小学"数字校园实验项目"的实施推动下，数字校园建设与应用发展带来了全面育人环境的提升。一批数字校园在建设阶段重在需求挖掘、系统研发、应用模式探索，在教育教学主流业务方面开展了深入的信息化应用探索，围绕翻转课堂、平板电脑教学、多媒体远程教学与研修、教师专业发展等进行了深入的实践探索，并持续深入推进。二批数字校园建设阶段就呈现出了直指教育教学核心的特征。在数字校园第二批实验校中，一批学校探索了将线上课堂和线下课堂相结合，网络课堂和实体课堂相结合，课前、课中、课后全线贯通的新模式，在激发学生兴趣、尊重个性、满足个体需求方面取得了良好效果，为实现信息技术生根教与学做了积极尝试。

从整体来看，百所中小学数字校园实验项目促使北京教育改革与发展迈向了教育现代化的发展进程，取得了多层面的影响，它体现在教育系统发展微观、中观和宏观多个层面上。

第一，学校办学理念发展。伴随数字校园的发展，信息技术与学校教育教学产生系统性融合实践，推动了学校教育教学的整体发展，引导一批学校开始重新思考学校价值，如以清华大学附属中学为龙头，引导一批学校在常规课程体系重构、媒介素养、基本素养、信息化能力等方面深度思考，深入实践。

第二，学校办学内涵发展。新的信息化环境下的模式需求及"互联网＋"环境下的教育教学服务的创生，为提升学校办学内涵提供了资源基础。在数字校园建设的带动下，学校以信息化需求为导向，引发了新的变化。

第三，学校办学能力发展。数字校园建设推动了教师信息技术环境下的教育教学发展，推动教师利用信息技术实践自主、合作、探究模式的教育教学活动，促进了教师现代职业能力的发展，整体提高了学校教师队伍的水平，推动了学校信息能力建设，提升了学校办学能力。

第四，学校内容创新。伴随数字校园实施，信息技术要素的融入支持了学习内容的变化。学习内容与现实时空和虚拟时空整合，形成了学习内容与学习环境的重新设计，使教室环境服务于教学设计的新要求，从而推动班级学习空间向虚拟的网络空间开放。

第五，教学方式变革。伴随信息技术向学科渗透，向学与教渗透，教与学方式产生深刻变化，带来了教学方式的革新。在教学方面，过去教师备教材，现在备学生，教学走向了科学，这是对教学常规的调整。在学习方面，越来越多的网络化学习、数字化学习、基于多媒体的学习以及走向互联网的在线学习方式日益创生。

第六，评价方式深化。信息技术（特别是移动计算技术、物联网技术等）的发展推动了教学评价从终结性评价到过程评价到学习评价的发展，技术助力了对教育本质盲区的突破，学生的全过程数据越来越成为实践的主题，原来不可能的评价方式现在可以实现。

第七，学校办学社会责任发展。数字校园为学校建立学校层面的开放和联通，推动资源的开放性、学校的联通性，提升了传统优质学校的辐射能力、共享能力、共建能力，为优质教育资源的汇聚和创生提供了技术基础保障。

第八，教育教学业务创新发展推动教育体制机制变革实践。虽然数字校园实验校建设都聚焦在"学校"层面上的信息化融合落地，但从业务视角来看，受关联的业务支撑，数字校园发展带来了校、区、市多个层级上的管理制度、评价制度、教育体制的变革，为"互联网＋"时代教育再发展提供了实践经验与示范案例。

在数字校园实验校带动下，中小学学生学习兴趣得到激发，个性化需求得到满足，学习成绩和教学质量得到提升。教师的问题诊断和教学优化能力得到改进。学校管理效率和办学效益全面提升。北京第七中学学生的口语测试成绩普遍提升 10％以上，部分提升达到 30％；英语听力成绩提升 11％，考试成绩提升 15％。昌平一中近年高考成绩在区内遥遥领先，重点本科升学率在 50％以上，每年都有多名学生被清华大学、北京大学等名校录取。第九十四中学在实施数字校园后，高考本科率也从 66％发展稳定在近三年的 100％，一本率翻一番。"数字校园实验项目"的实施，整体上创生出信息化环境下的育人模式，助力教育现代化的发展，一方面是优质教育资源更多、更广的创生和生成，另一方面带动了全面育人环境的整体生成与优化，进而支持学校从传统的班级模式向兼顾个性化、服务学生个性发展的模式转变，体现了划时代的实践价值。

7.2　数字校园建设带动的学校信息化应用能力水平提升

学校在实践中深化了对数字校园的认知水平，在数字校园建设内涵、建设模式、发展方式等方面的认识水平显著提升，出现了一系列的管理和理论成果，如《丰师附小数字校园智慧课堂》《牛栏山一中数字校园管理与推广创新机制》《黄村镇第一中心小学 1＋3 数字校园建设》等，提升了学校现代化治理能力。

第一批数字校园建设过程中，出现了一批以数字校园建设促进教与学创新的代表性案例。一大批学校在数字校园的高效管理、提升工作效率、加速师生信息化使用习惯的生成等方面，都形成了有效的实践成果。通过数字校园建设，我们能够清晰地看到信息技术向教育教学纵深方向发展的趋势和一线实践者们观念上的深化。

例如，丰师附小以数字校园建设为机遇，结合其持续的教育信息化课题研究积淀了深厚基础，在数字校园建设过程中，直接面向主课堂，服务主课程，用平板电脑及其整合的技术环境，将新型信息技术环境有效服务于课堂教学，在课堂的交互性、探究性、创生性等方面起到了示范引领作用，产生了全国性影响，受到了教育部教育管理信息中心、中国关心下一代工作委员会等领导、专家的认可，更在全国性的交流活动中得到了与会一线校长、教师代表的赞赏。

又如，大兴黄庄一小以数字校园建设为契机，围绕互动教学反馈系统的系统化应用，在开展形成性评价及其有效诊断，以支持高效课堂、分层差异化教学等方面形成了特色，它结合数字校园建设过程中建成的基础平台，在数据交换、数据聚合、数据分析和挖掘等方面形成了初步的认识。

再如，昌平一中以数字校园建设为发展机遇，打造教师校本研修发展的新环境，在校本研修工作通告、听评课实录与评价、课后教学反思、基于数据和实录的校本深度群体研修等方面形成了高效、创新性的实践流程。

在这一过程中，学校建立了"以人为本"的教育教学生态。"以人为本"是指以教师为本，以学生为本，把教育教学活动放在正中心，把学生的培养与学生的收获放在正中心。以人为本就是要服务广大学生、教师、教育管理者和家长，推进构建以人为中心，贯通学校、家庭、社会的数字化育人环境。以应用为导向，结合学校办学理念，以应用需求凝聚建设重点，以应用创新加快特色发展，以应用能力建设推动应用深化。探索"智慧教室""智慧学校""智慧教育"的实现形式，构建促进教与学方式变革的数字化环境。

7.3 初步探索了面向深度融合实践的教育信息化发展模式

我们需要从"技术环境"和"应用能力"两个层面及其相互之间的适配性来理解数字校园建设的发展阶段，参见图7-1。图7-1的上面部分表明，

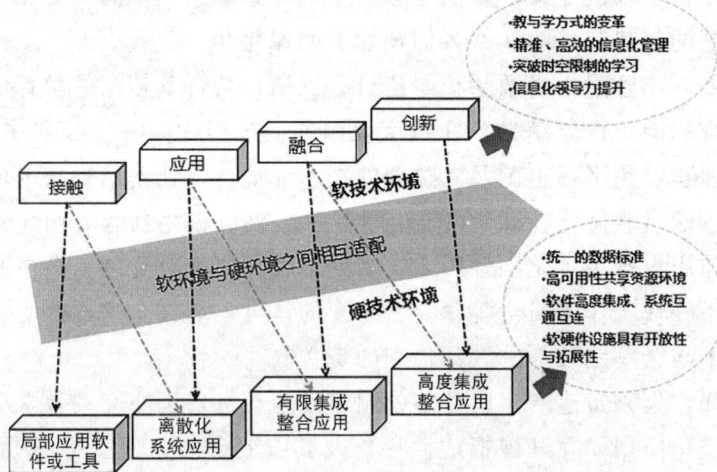

图 7-1 "技术环境"与"应用能力"适配视角下的数字校园建设

一个学校将信息技术应用于教育教学过程的驾驭能力分为初步接触、应用、融合、创新四个不同的能力层次；图的下面部分表明，一个学校信息化应用支撑技术环境的基本特征由左向右显示了一个学校信息化技术环境的"整合""融通"程度。该图表明，数字校园建设是一个渐近、阶段化的发展过程，建设者需要从技术环境和应用能力两个层面协调推进，只关注"硬技术环境"的过度发展会造成"大而全"的数字校园方案，但并不一定能带来良好的数字校园应用成效。数字校园建设需要重视"硬技术环境"建设，同时也要重视学校信息化能力建设，这是对数字校园内涵理解的关键。因此，在数字校园建设过程中，学校要同步重视学校信息化领导力体系建构，重视师生的信息化应用能力等。

此外，伴随数字校园向智慧校园发展，"泛在可接入、整合可融通、持续可运行"越来越成为人们理解数字校园面向高级阶段发展的基本特征。学校如何能够打造一个可持续发展的数字校园？实践上，"可持续性"可以通过技术环境的开放性、能力生成的主动性来把控，如图 7-2所示，可持续发展的数字校园建设模型阐释了可持续发展的数字校园建设概要，个体学校要从数据体系的开放性、软件系统的开放性、业务系统的开放性等多个层面来构造稳健发展的数字校园，体现在数据体系、技术架构、业务功能、门户等多个层面。以学校信息化建设顶层规划为蓝图，以信息能力体系建构为途径，推动学校信息化应用水平分层次、跨越式发展。

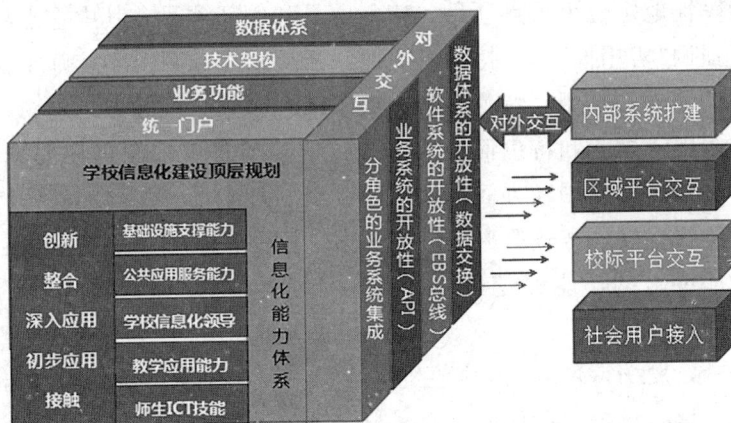

图 7-2　可持续发展的数字校园建设模型

从整体特征而言，我国教育信息化建设正从"接触、应用"向"整合、创新"阶段迁移。因此，对个体学校而言，设计、开发"有限集成整合应用"特征的系统，支持在学校教育教学业务群、功能线层次上的深化发展是客观、科学的，个体学校忌好大喜功，建"大而全"的数字校园。就个体层面来看，学校如何适度地规划和实施好数字校园，可以从以下两个方面考虑。

7.3.1 定位重点应用、特色应用和创新应用

对于个体学校而言，由于区情、校情不同，数字校园建设具有不同的发展路径，应该说终极化发展的数字校园会覆盖学校教育教学的方方面面，可以参见附录 2 中描述的业务环节及其可能存在的业务系统（这些是在实践中提炼出来的系统），并由此而可能带动学校教育教学业务流程的"优化"和"重构"，个体学校的数字校园是在这些多元的、复杂的、全覆盖的系统中迭代出各自的数字校园形态的，这一"理想"是远景式的、目标式的，是很"重载的"，是我们努力追求的。但在现阶段来看，个体学校应结合各自的实际情况，努力追求将学校的教育教学业务系统迁移到网络化、数字化空间中来，这一追求应该是有重点的、有限度的，"非大而全式的"。

因此，个体学校的"数字校园实验项目"，应该分层、分重点来进行，阶段性地定位出重点项目、特色项目和创新项目，其中重点项目更侧重于强调"实用性"、可持续发展性，强调这类项目对学校师生信息化应用习惯养成的作用；特色项目侧重于结合个体学校的办学理念、办学特色，并围绕理念和特色而生成系统；创新项目更加侧重在前瞻性上，强调在教与学方式创新方面，如何融合新的技术形态、新的教育教学理念、新的师生发展方式等方面进行探索。下面是从前面的数字校园实践工作中提炼出的，能够挖掘重点项目、特色项目和创新项目的基本途径。

第一，发掘特色应用。特色应用是反映学校办学方向、彰显学校办学特色、承载学校发展理念、紧密契合学校工作重点的应用，拥有复合特征的功能需求，具有常态化应用的可行性、行政推动的可控性、业务迁移的可实施性。实验校要以特色应用为抓手，谋求信息技术与教育教

学过程的深度融合，对有限目标实施重点突破。以特色应用为数字校园建设与应用的关键纽带，先点再面、逐步推广，提升学校信息化能力。

第二，深化信息化教学。中小学教育信息化的主阵地是课堂教学，数字校园应该建设新型的智能化教室环境，多渠道整合应用优质数字教育资源，支持教与学方式的转变，促进知识传递性教学范式整体转型为认知建构性教学范式，以信息化引领教与学方式的创新。整合现代教学装备条件，综合、有效应用媒体及信息技术环境，实现教学目标的高效达成、认知目标的有效实现和差异化教学的可行实施。在支撑交互式高效课堂、丰富的知识呈现方式、创新的教学评价方式等方面打造高可用性的业务系统。深化信息化教学各类辅助系统建设，建构高可用性学科化校本资源库，支持教师整合、应用、优化校本资源环境（如学科系统化微课），推动融合教研、教学和生成性资源联动的信息化应用环境。

第三，推动数字化学习和学生成长。关注学生数字化学习体验，重视将技术作为认知工具的使用方式，教师要有意识地引导学生利用信息技术获取信息，加工处理信息，探索问题，解决问题和建构知识的意义。利用信息技术进行自主学习和协作学习，开展基于项目的学习、研究性学习、一对一学习（移动学习），提供数字化学习环境，满足学生多样化、个性化学习需求，使学生在获取学科知识、培养各种能力的同时，提高信息技术应用能力。满足中小学学生的身心发展要求，打造学生身心健康发展的互动与服务环境，促进学生健康成长。

第四，推广高效管理类应用。管理类应用是数字校园建设中的重要业务类型之一，学校要总结和提炼已有中小学数字校园建设的成功经验，梳理成熟的管理类应用及模块，使之标准化和规范化，并将这些应用在学校切实地加以推广，谋求实现常态化应用，务实推动广大师生信息化应用的行为和习惯养成。结合校情，优先推荐发展高效管理类应用，包括沟通交流类（如即时通信）、办公类（如 OA、校历、通知、调查问卷等）、效率提升类（排课系统、试题分析和试卷统计等）、日常服务类（如工资推送、报修、办公用品领用等）等应用。

7.3.2　以数字校园建设促进信息技术与教育教学过程融合

数字校园建设越来越关注教育信息化建设中的"增量性""软性"的东

西，它们被称为推动信息技术与教育教学融合的关键要素。一方面，从实践来看，这些"软性"的东西是需要时间来生成和培育的，是需要持续发展的，要通过交流、考察、思想碰撞、行动、反思等实践生成。另一方面，如何带动这些"软性"成分的发展，是需要有相适应的技术系统和学校组织迭代融合、相互驱动生成的。这种"软性的"东西就是学校的信息化能力。

基于上述理解，个体学校应该在学校的数字校园建设进程中，规划出优先发展的业务线或业务群，围绕业务线或业务群做深、做透，提供实用、易用、让人爱用的服务，进而逐步地培育出个体学校的信息化能力。

中小学"数字校园实验项目"是北京市教育信息化从普及期向整合期迈进的重大实践工程，回应的是信息技术如何在中小学教育教学核心业务中发挥深刻作用的重大时代命题。因此，实验项目开展过程中，伴随着对学校信息化环境下的阶段发展特征的理解（见图 7-1 和图 7-2），始终贯穿着学校对信息化融合实践发展模式的思考，如对集约推进方式的思考。基于"云"技术，打造新型的教育信息化公共平台及运行服务体系，加强市、区、校三级统筹，同时，在项目推进过程中，持续探索机制创新，以寻求在学校教育教学核心业务领域实现信息技术融合应用的突破，带动全局发展。在现阶段，推进教育信息化深化发展需要更先进的发展模式，这种模式应是适应组织结构形态的、适应当下教育教学管理体制机制的，同时也应适应互联网时代信息技术所表征的基本特点，如"去中心化""协同化""开放共享""资源聚合"等。

总之，数字校园建设模式是"数字校园实验项目"探索的核心问题。第一批数字校园建设是以个体学校为主体单位而推进的，这一建设模式有利于挖掘学校的切实需求，便于数字校园承建企业直接深入学校现场挖掘、梳理需求，使数字校园建设系统及其风格更加适合中小学一线学校的需要。这一模式在全市数字校园建设的探索阶段是合适的。伴随全市数字校园实验校工作的开展，这一模式带来了突出的问题。第一，以个体学校为主体会带来区域内的"低水平重复建设"问题，资金及其资源投入难以产生集约化的效果。第二，伴随个体学校在业务模型梳理上的成熟，企业的数字校园解决方案越来越向"高度集成整合"的方向迈进，个体学校难以把握和驾驭，同时，这一阶段的数字校园建设具有内在的区域数据整合、交换、汇聚的需求，需要在区域层面上来展开。第三，伴随数字校园建设的整体发展进程，"整合""融通"特征的数字校园建设越来越需要专业性的力量，这在区层面上更加适宜来凝聚和组织。因此，"集约化"诉求成为全市数字校园建设的整体特征性诉求，要求建设者越来越多地发挥区的力量，建立"市级抓统筹、区做整合、学校建特色"三级联动推进建设模式，开展区校协同下的数字校园建设。需要说明的是，中小学数字校园建设的"集约化"诉求并不排除学校个体主体性的发挥。前面所表述的缘由及个体学校人员职责分工的差异、教育教学业务流程的差异、学校协作群体边界的差异，带来了数字校园建设中软件系统"标准化"的困难，"定制化"的诉求会普遍存在。

因此，在"数字校园实验项目"中，北京市教委在多个层面上就新时期的教育信息化发展模式进行深入探讨，并给出了以下引导性原则。

构建长效机制，保障常态应用：应结合学校实际，积极推进学校各类信息系统、资源和基础设施的常态化应用，推动全体师生教育信息素养的形成，促进师生学习、生活、工作数字化，构建长期运维和改进升级的综合支撑机制。

优化投入结构，务求实用高效：数字校园建设应均衡考虑规划、建设、应用、管理、运维、培训等方面的经费投入，注重提升经费投入绩效。

强化整合意识，集约高效推进：应避免重复建设和低水平开发，充分利用市、区已有的成熟资源、应用和平台。市、区打造教育信息化公共基础支撑平台，提供综合门户、统一用户认证管理、数据交换与共享、应用支撑及各种基础中间件服务，学校则关注应用。

规范数据管理，夯实技术基础：数字校园建设应遵循国家、北京市教育信息化相关标准规范，结合区、校实际，规范数据体系，确保数据安全。

基于上述原则，结合个体学校的数字校园发展视角，北京市教委在"数字校园实验项目"中，针对信息技术对学校发展融入程度探索出了三种类型的数字校园发展模式。

第一类，"学校重构创新式"发展模式。这类数字校园以面向未来的现代化办学理念为支撑，在教育管理、学校办学空间、课程体系、教学组织方式、教学评价方式、创新能力发展、社会资源整合等方面表现出全方位的发展特征。这类数字校园建设具有投入资金量大、业务创新程度高、实施周期长等特点。

第二类，"系统整合递进式"发展模式。这类数字校园以现代化办学理念为支撑，以现有学校教育教学业务系统化的发展为目标，注重教育教学理念、课程体系、面向个性化发展的育人环境的建构、课堂教与学方式的变革、数据的持续积累与深化应用发展。这类数字校园建设具有多批次、增量式投资、主线条贯穿等特征，实施周期长，整体效果好。

第三类，"局部融合聚焦式"发展模式。这类数字校园以学校现有的教育教学业务为依托，以重点业务在网络环境下的发展为突破口，从点串线，以线带面，从而形成实实在在的数字校园应用绩效，有效地将信息化落地到学校教育教学业务的核心。

此外，北京市教委针对数字校园建设，伴随学校实施能力、区域支撑环境、互联网应用意识等方面的差异性，以数字校园"软件系统"的开发、部署与使用特征而划分，沉淀出了不同类型的数字校园建设模式。

第一类，"学校自主"发展模式。这类数字校园主要以个体学校为主，在硬件基础设施环境之上，独立地开展数字校园系统平台及各类应用系统、资源应用环境等建设。这类数字校园建设适合学校规模较大、资源较为充沛、学校信息技术人才较为齐备的学校。

第二类，"区校合作"私有云模式。这类数字校园在区县信息技术部门所建设的信息化基础平台及其代表性区级应用以及若干校级应用支撑下，以区域"私有云"的方式支持个体学校的数字校园建设，将学校部分或全部的数字校园系统及服务部署在区域私有云上，区域中重点建设数字校园基础平台、各类层级的应用系统、面向学科的资源及应用工具等；学校重点建设基础网络、终端接入环境及部分学校定制化的个性应用，将重点放在"有效应用"上。这类数字校园建设模式适合具有一定顶层规划及实施能力的区县，以集约化建设模式推进区域数字校园建设，并能带来数字校园建设的可持续发展（特别是运维）。该模式能够减轻学校的数字校园建设压力，提高数字校园建设成效，促进数字校园建设与发展的专业化。

第三类，"区校网"混合云模式。这是一种融合互联网云服务的数字校园发展模式。这类数字校园是在第二类基础上，进一步整合来自互联网上的"公有云"服务，以弥补在"私有云"模式下面向学科深度融入过程中精致化、精细化、高可用性学科资源的缺乏，在信息技术与教育教学深入融合过程中，对面向互联网的大量高可用性学科工具整合应用，给数字校园以支持学校学与教方式深层次变革的驱动力量。

除了上述整体观的数字校园建设发展外，针对学校教育教学核心业务过程的发展，在微观层面上形成具有多样性的融合模式；针对学校教育教学业务情景化的应用更加多样化，涉及全部业务的信息化系统及应用模式，呈现了"横向到边"的信息化应用特征。

在上述数字校园的发展模式中，实践上人们会对这些模式有这样那样的争议、讨论。实际上，任何一个模式都有其适用性条件和局限性。

"学校自主"发展模式的个体学校数字校园建设模式存在运维、可持续发展问题，以及集约化建设成效问题。但其优势是校园内部的信息化发展体系容易建构。

云模式的区域数字校园建设能够提高集约化建设成效，但其存在的明显劣势是区域信息化发展体系建构困难，其缺点是区域范围内的信息化发展体系难以建构，不太容易推动信息技术与教育教学核心业务的深度融合。

此外，在另一个维度上，"学校重构创新式"发展模式、"系统整合递进式"发展模式、"局部融合聚焦式"发展模式的实施难度逐渐降低，要具体看个体学校的实践能力而定。

7.4　带动协同视角下的中小学数字校园支撑产业创生

从数字校园建设实践整体来看，学校教育信息化实施人员由于受专业能力、工作经验、知识结构、思想意识等方面的限制，难以驾驭数字校园建设这样一件复杂性的工作。从北京百所数字校园项目实施的过程来看，特别是在前期，数字校园建设的责任主体是学校。企业是教育信息化研发投入的重要参与者，是技术路线的提供者，是教育信息化产品和服务供应的主体，要营造开放灵活的合作环境，推动校企之间、区域之间和企业之间的广泛合作，推动企业技术创新，提升企业服务水平。

各方力量通过合作，生成了一批具有代表性、能够反映学校信息化深化发展需求的中小学数字校园整体解决方案。例如，北京理工大学附属中学、北京市第九十四中学、丰师附小、石景山区实验小学等学校的数字校园建设以点代面，成为信息技术支持教育综合改革的示范模板，为全市乃至全国起到了良好的示范作用。

通过多方持续努力，学校层面涌现了一大批由学校原发性需求所驱动的、具有学校特色的、原创性的数字校园体系架构、应用软件和硬件系统，较好地满足了学校的业务管理或教育教学需求，实用性强，具有良好的示范效益。

中小学数字校园是信息技术与教育教学的系统化作用的应用状态，中小学数字校园建设是系统化的发展任务，对学校而言是专业化的挑战，需要有来自产业的支持。本项目的实施带动了这一产业的发展，推动了产业与广大一线学校深入广泛地合作与对话，形成了促进教育信息化产品持续优化发展的生态。

正是学校和企业之间的相互磨合，不断打造出一批精细化、实用性强的数字校园产品。北京百所中小学数字校园建设显著地带动了产业发展，创新了中小学教育信息化产业发展生态。当前，北京市中小学数字校园产品不断成熟，并且在全国教育信息化融合发展的实践进程中不断地辐射到全国各地，形成了教育信息化产业的持续性发展。

7.5 推动面向深度融合的区域教育信息化体系建构

"数字校园实验项目"最大的建设成效是在全国基础教育信息化实践领域探索了新时期面向深度融合的区域教育信息化体系建构，是对早期教育信息化发展模式从建网、建库、建队伍的再一次超越，对教育信息化发展体系提出了发展性的要求。

中小学数字校园是教育信息化建设进程中的一个复杂的、系统性的工程。首先，不同发展阶段、不同发展水平所带来的是差异性特征。从学校业务来看，数字校园建设涉及教学、教研、学习、管理、校园文化、家校互动、德育、评价分析等方面，在这些方面，除管理这一环节具有相对"刚性、明晰、可复制性"的业务流程外，其他方面通常都会关联到学校需求的差异性、办学理念、办学特色的差异性。此外，由教育心理学发展、教育实践改革、教与学方式创新发展等带来的，由教育教学实践基础层面持续变化所带动的需求不确定性，决定了中小学数字校园建设业务系统的差异性、动态变化性，而中小学数字校园建设的深度目标是关联到教与学过程的，这彰显了数字校园建设的复杂性、动态性和渐进性。其次，从中小学数字校园实验校一期建设的实验进程来看，它在将学校教育教学业务需求表达成工程化的需求等方面存在着薄弱环节，学校缺乏具有这种品质特征的"复合型"人才，由此而导致学校的方案"企业化"，被技术方案所驱动，在校企协作的数字校园建设方案设计、生成、使用和优化等方面一时还难以生成主导性的力量。最后，数字校园建设进程涉及教委、财政、信息中心、企业（含监理）、学校、专家，而其指向教育教学必然会密切与教研的关系等，多部门联动下的协同机制建构是推动数字校园建设进程深化的内在要求。业务的动态性、开放性，管理的多部门、协同性，使得数字校园建设在面向新的发展阶段中必然会具有复杂性的特征。在"数字校园实验项目"中，这一新型的体系建构面临着一系列的深度问题。

7.5.1　数字校园建设深入推进的机制问题

伴随数字校园建设工作的深入，数字校园的外延和内涵都在拓展。就"外延"来看，数字校园建设所依赖的"整合""融通"特性越来越依赖于区域，如需要有区域范围内的数据体系，需要有区域范围内的统一用户管理和身份认证服务等。就"内涵"来看，数字校园的建设越来越向教育教学的核心业务领域渗透，向教与学方式创新的方向发展，"水越来越深"。如何能够蹚过这一深水区而到达数字校园建设的理想彼岸？机制建设最为重要。通过实验工作，数字校园建设深化发展机制需要在多个层面上展开。第一，在学校要建立起促进学校信息化能力持续发展的机制，以取得核心领域的突破，其重点是加强学校的信息化领导力体系建设，以提升信息技术在学校教育教学各个业务部门的发展意识；第二，在区域层面上，要将信息技术融合到各个业务管理部门，成为区域教育业务部门的内在诉求，特别是和教研部门的合作，形成区域信息化整体推进的机制；第三，在数字校园建设力量构成上要建立新机制，探索"政府主导、专家引领、企业参与、学校选择"的建设机制，在"自主建设"和"购买服务"等方面探索出新路子。

7.5.2 数字校园建设过程中的技术规范

数字校园建设过程中涉及的技术涵盖很多方面，从整体来看，建立数据体系最为重要。这是因为：第一，数据是教育信息化建设过程中具有持久性价值的部分，学校的业务系统可能会伴随学校的教育教学业务发展而变化，但数据是相对稳定性的形态；第二，"整合""融通"的特征体现在信息技术系统中的不同层面，从数据层、功能层、接入层努力都可以带来"整合""融通"特征的提升，数据层是实现"整合""融通"特性最显著、最关键的一层，通过数据可实现系统的互联互通；第三，在大数据时代，数据是教育信息化建设进程深化过程中最具有价值的部分，也是当前大数据时代的特征，但如何形成大数据、如何采集和汇聚大数据、如何使用大数据等，是需要数据规划的；第四，从当前数字校园建设模式从个体学校向区域联动整体发展进程看，数据是促进区校联动的关键纽带。建立数据体系需要在基础数据规范、数据交换和汇聚、数据应用等多个层面上开展工作，如图 7-3 所示。在数字校园实验工作中，这一领域已经取得了突破，如大兴区区域性数字校园平台建设。

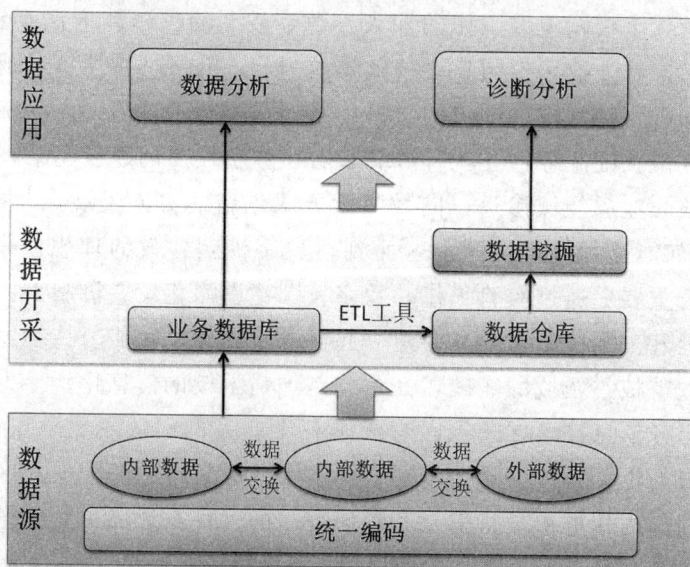

图 7-3　数据体系建设及其工作开展内容

7.5.3　数字校园建设的可持续发展问题

数字校园建设的动态性、开放性及其"软件"特征使得数字校园建设的可持续发展非常重要，北京市教委需要在投入结构、投入方向等方面进行引导。通过实验逐步明确地提出"各学校应结合本校教育信息化发展不同阶段的需要，合理安排硬件、软件、资源建设、培训等各方面的投入，以促进数字校园建设健康、有效和可持续发展"，使得资金投入覆盖数字校园规划、建设、应用、管理、运维、培训等所有环节。同时，在市级层面上，"逐步实现市级对区和学校教育信息化项目的灵活布点和动态支持机制，及时发现和培植有想法、有基础、有特色的区、校项目，并给予经费支持"，通过"选苗浇水"等方式，建立全市范围内的数字校园可持续发展机制。

经过上述实践进程探索，北京市数字校园建设初步建立了新时期面向信息技术与教育教学深度融合发展所需要的新型教育信息化体系。这一信息化体系是教育信息化发展超越计算机系统体系结构范畴，进而信息技术体系与教育信息化深化发展机制、可持续发展、创新应用能力、师生素养和文化环境融合而生的新型信息化生态系统，它促进了教育信息化生态体系的建构。

这一新型的教育信息化体系具有如下关键特征。

第一，推进方式上，探索试点先行，课题研究跟进。由于数字校园是进入教育信息化整合、优化期的工作，任何工作的推进都具有系统性、非线性、动态性等特征，没有任何一条线性的发展路径，因此，正在面向深度融合的教育信息化发展，需要试点探索先行，课题研究跟进，小步求证，上下同力。

第二，融合途径上，迁移应用切入，创新发展跨越。具体表现为教育教学业务融合特征(迁移、创新——体现在学与教方式创新)、学校发展整体特征(业务融合，颠覆性创新)、区域特征(优质资源聚合、增生，如教研)。

第三，机制建构上，多方协同推进，理论实证结合。具体表现为面向融合创新的教育信息化深化发展机制建构。包括协同(跨部门、跨专业、跨领域)、推动协同机制的创生(如在跨专业专家队伍服务上)、"政府主导、专家引领、企业参与、学校选择"的建设机制。

第四，融合深化发展上，开放共享倍增，互联网服务纵深。具体表现在向互联网环境的迁移、向网络的迁移和开放性特征（不封闭，特别是互联网教育服务，面向业务精细融合的高可用性发展）。

第五，可持续发展保障上，投入结构优化，绩效评估调优。具体表现在运维保障以支持数字校园深化发展的开放性引导和以绩效为导向的信息化建设与应用评估方面。

当前，从实践来看，这一新型的信息化体系中"多方协同"是关键，是这一新型教育信息化体系建构的核心，它表明这一新的体系不是传统的"职能"体系，其本质是推动信息技术与教育教学深度融合进程中利用信息技术关联、整合、解构和重构传统教育教学各类业务要素的"生态"体系。在"数字校园实验项目"的推动下，在成功的数字校园实验校中，这一体系建构得相对完善，而在区域层面上，具有这一特征的区域性生态体系建设相对困难。学校信息化体系的建构正以"U"形结构辐射、传播和带动区域信息化体系的建构与发展。

第8章 北京市中小学数字校园建设经验

8.1 坚持以学校育人品质提升和办学能力发展为核心

中小学数字校园建设是以信息技术在学校系统化应用推动学校教育教学业务深度发展为核心诉求的。在这一阶段，信息化建设与学校教育教学业务不再是"两张皮"，这是评价数字校园建设是否成功的关键。在这一发展过程中，最为重要的经验是始终围绕学校育人品质提升和办学能力发展，在学校教育教学核心业务流程上花大力气。

将信息技术融入学校教育教学核心业务过程，就要突出建设重点，服务办学特色。数字校园建设围绕学校办学特色，以信息化教学、数字化学习与学生成长、数字德育、信息化环境下的教师教学能力发展、高效管理等应用为重点，挖掘校本特色的教育信息化应用，发挥数字校园对学校教育教学工作的支撑、引领与服务作用，提升学校教育教学质量和管理水平，为学校的管理者、业务部门、教师、学生、家长和社会提供良好的服务。同时，应积极整合外部资源，鼓励学校在市、区教育信息化公共平台上进行应用和资源的二次开发、功能拓展，提高系统建设的特色化和集成化水平。

中小学数字校园以学校综合办学能力提升为整体追求，聚焦课堂教学，促进深度融合，通过深化课堂教学及其他各类教学系统建设，使教育信息化建设面向主课堂，服务主课程，实现深度融合，有效提高教育教学质量。努力建构基于智能交互终端设备支持的、先进数字教学应用系统和资源辅助的、以学生为中心的"智慧教室"；积极探索融合新科技、创生新课程、建构新模式、促进学生发展、适应未来需求的"智慧学校"；积极探索贯彻个性化学习、协作学习、探究性学习等理念，实现以服务学生个性发展、创新性思维品质养成、终身化学习能力提升为主要特征的教育教学生态，创新教与学方式，张扬生命活力的"智慧教育"，实现信息技术与教育教学实践深度融合。

8.2 探索市、区、校三级协调发展的数字校园推进模式

经过这些年的数字校园建设与应用，北京市在基础教育领域经历了新时期教育信息化发展体系再探索、再实践、再升华的过程，探索形成了市、区、校三级协调发展的数字校园推进模式，包括全市引导性投入与学校探索项目结合实施的模式、区级主导的整体集约化推进实施模式。此后，市级数字校园实验项目将实施"项目追加制"发展模式。

8.2.1 探索明确了市、区、校三级协同

市、区、校三者定位是影响数字校园发展的关键。一直以来，区域、学校信息化建设与发展模式存在着模式、边界不清晰的现状，实践上有三类表现。一是"各自为战"。各级教育行政部门、教科研机构、中小学分别设立目标与任务，推进各类信息化应用，用户受众大都面向师生群体，造成组织无序、过度投入、重复建设、效益较低等。二是"全面统筹建设"。由区域教育部门主导实施统一建设、统一应用的推进模式，中小学、教师具有对信息化环境的使用与建议权。这种方式在一定程度上解决了资金过度投入的问题，但实践表明，这种方式短期内难以使信息化长效扎根于学校，这就要求实行长线发展，且政策上有持续性。三是"自主发展"。这种现象普遍存在于各类试点、实验项目当中。为充分发挥学校办学自主性，教育行政部门制定目标、任务、政策等，全面支持学校开展信息化发展。这种方式可最大限度地激发学校活力，催生典型应用案例扎根于教学，但仍然无法回避重复建设、标准不统一、资源离散等问题。

在"数字校园实验项目"设计伊始，我们综合分析了基础教育信息化的发展现状，明确了推进模式，其核心是充分发挥学校的主体作用。学校是项目的试验田，要通过不断探索、研究、实践力争起到示范带动作用。在此过程中，市、区两级定位往往容易被忽视或弱化，为此我们确立了市级引导、统筹的总体定位，即"鼓励特色，统分结合"的建设模式。数字校园项目在各个实验校的落地是全市推动基础教育信息化工作

的重要抓手。在市级有限的引导经费的支持下，如何让学校做出特色、做出亮点、长效发展，是摆在我们面前的首要难题。中小学信息化经费保障受各方面因素的制约，无法得到全方位满足，而基础设施、数据资源、统一认证、信息门户、互动平台等数字校园建设"规定动作"需要较大经费投入。在过去，有条件的中小学大都是分散建设，包括机房、资源库乃至数据中心，形成了区级孤岛、校级孤岛。为此，北京市为集约推进数字校园发展，开展了实践探索。首先是"统筹基础共性环境建设"。涉及基础设施、资源库、认证中心以及部分轻量级的应用，实施市级投入建设。例如，依托市级数字资源超市，为各所实验校提供北京教育云平台服务，配备了基于 IaaS 层的支撑环境；全市统一身份认证平台，统一各类应用入口账户；全市共享数字资源库，整合各类优质资源，无偿向学校供给；基于微信研发的班级微空间、移动听评课等"轻量级"应用，实现"零下载、零安装"，支撑师生日常教与学活动。我们将上述内容以服务的形式提供给实验校，在一定程度上满足了基础性应用的需求，实现了建设投入的集约化和建设效益的最大化，取得了良好反响。其次是"统筹市级改革重点项目建设"。一方面，围绕全市深化基础教育领域综合改革重点任务，近两年来，针对招生入学、综合评价、社会实践等重点改革任务，市级统筹建设相关重点信息化工程，涉及中小学学籍管理平台、义务教育入学平台、初中开放性科学实践活动管理平台、招生大数据分析系统等，并通过政策文件、行政部署等形式，杜绝各区级教育单位重复建设，要求全部应用市级平台开展业务活动，保障改革动能与效率的最大化。另一方面，支持中小学围绕办学理念，开展教学创新领域的信息化建设与实践。学校是教学活动的前沿阵地，我们应鼓励学校勇于在业务活动中进行创造、创新，这是开展数字校园的核心目的之一。为此，聚焦信息技术在一线教学活动中的融合应用，包括个性化学习诊断分析、数字化校本课程开发、平板电脑教学等，学校按需购买、改造、定制信息化支撑平台和教具等，实现对教学的改进与优化。随着三个批次数字校园实验校工作的推进，在案例成果中促进教与学案例的比例逐步升高，这充分说明了通过推进数字校园发展推进模式建设，实验校转变了思路，初步形成了多级合力，加快了学校信息化发展的进程。

在上述进程中，北京市教委逐步明确了市、区、校三级职责分工。

市级职责：定位为规划、统筹、指导与监督。市相关部门负责开展全市基础教育信息化顶层设计，建立"市级抓统筹、区做整合、学校建特色"三级联动推进建设模式；建设市级教育信息化公共平台，加强对已有市级信息化系统的整合和统一认证，构建全市集约推进数字校园建设的信息化公共服务平台。增强交流研讨，定期组织行政部门、教科研机构、业务部门、实验校交流探讨，激发生态化数字校园建设的创新思路。

各区职责：定位为本区域数字校园建设的组织推进者。各区相关部门负责制定本区域数字校园建设的顶层设计，重点抓好区域数字校园建设平台与市级系统平台的对接、与学校特色建设的整合，建设区域教育信息化公共服务平台以及通用模块系统；监管实验项目建设，审核实验校建设方案，监督建设进展，推进验收评估，检查实际应用情况；定期组织实验校进行观摩、交流，面向校长、学科教师、网管教师分类开展培训；为数字校园建设、运维、常态化应用和长期改进提供保障。

实验校职责：定位为数字校园建设的主体和应用的主体，是数字校园建设的直接执行者，主要职责如下。

第一，为建设工作提供保障，组建由校长牵头，主管副校长、教育教学部门、信息化部门、学科骨干教师等共同参与的数字校园建设工作小组，负责本校的数字校园规划、建设及应用推广等工作。

第二，结合实际情况落实学校自筹资金。落实任务书、建设方案，在项目执行过程中要严格落实任务书、建设方案的约定内容。对任务书的调整应报区教委审核通过后，由区教委报市教委审核，市教委审批通过后方可执行。

第三，规范项目管理。严格遵守政府采购流程进行项目招标；引入校级监理机制，规范过程管理；定期向区教委汇报项目进展；根据区教委统一安排做好项目过程控制、验收和绩效评估工作。

第四，注重人才培养和队伍建设。着重提升校长信息化领导力、教师的信息技术应用能力、学校的信息化支撑服务能力，积极组织教师参加数字校园相关培训、交流及研讨活动，充分调动教师开展信息技术与教育教学融合实践的积极性。

第五，共享、开放建设成果。共享、开放数字校园建设成果，包括应用系统、信息资源、管理制度、推广经验等，并允许"北京市中小学数字校园管理与云服务平台"在全市推广使用。

8.2.2　数字校园发展从全市推动逐步过渡到各区主导

在市级引导下，各区逐渐发展成为数字校园规划、设计的主体，在区域集约推进、数字校园标准、数字校园公共支撑体系、数字校园云服务平台等方面进行了有益的尝试。建设模式上从"单校建设"向"区域统筹，协调发展"逐步过渡，推进方式上从"市级引领"到"区级主导"跨越。以朝阳区为例，在建成 41 所数字校园后，朝阳区于 2012 年便致力于区域数字校园云服务平台的建设探索，形成了云服务平台、建设标准、评估体系、培训体系等工作成果。朝阳区数字校园云服务平台通过对中小学数字校园共性引用、公共服务的提炼和集约建设，大幅降低了数字校园建设成本，单校成本从 300 万元降低至 35 万元。同时，朝阳区投入专项资金对学校互动课堂等个性化应用进行重点扶持，在实践中寻求集约和个性化发展的效益平衡。

大兴区以 16 所数字校园实验校为样本(其中 7 所市级实验校)，颁布了区级数字校园项目管理办法，编制了五星级认证的标准体系，形成区、校数据互操作技术规范，为区域实验校提供了有力的业务引领、技术服务和管理支撑，具有较强的示范作用。延庆区确定了区域统一规划、集约建设的数字校园推进模式，要求数字校园实验校在区教委信息中心的统筹协调下与区域整体推进数字校园建设，对于需求共性较大的应用平台由实验校之间协商共同开发，作为区域整体组成部分在全区推广。此外，海淀区、东城区、门头沟区、丰台区、顺义、密云区等均在不同程度上进行了建设探索。

数字校园推进模式的建构是一个持续、深化、发展的实践进程。在上述数字校园动态发展进程中，数字校园建设的模式正在逐渐明晰，市区推进数字校园的主导性作用正在发展变化。纵观全市基础教育信息化建设情况，各自管理、分头建设、重复投入情况客观存在，学校大都建设了行政办公 OA、校园管理、排课系统、教学资源库等应用系统，也投入了较大经费用于自建机房、购置设备。部分区也相继投入建设各类数据中心、公共服务平台等。由于行政隶属、财政体制等原因，各层级工作界定不清晰，信息化推进思路模糊。因此，"数字校园实验项目"在实践中逐步形成了"市级抓统筹、区做整合、学校建特色"的三级联动推进建设模式，伴随一期、二期数字校园应用和三期数字校园的发展，北京市教委形成了发展性的认识，即集约推进、区校共建的实验工作思路。

第一，市级抓统筹。北京市教委负责北京市数字校园建设的顶层设计、业务指导、培训引领及统筹推进。在收获数字校园实验成果的基础上，通过搭建全市中小学数字校园云平台，进行数字校园优秀成果的总结提炼、展示体验、应用推广服务，支持全市中小学数字校园系统的快速搭建和运行，普及和推广数字校园，持续引领和支撑中小学进行深度融合和探索。在这个过程中，我们不参与学校、区的具体建设，更多的是依托总体规划、专业团队、交流活动、标准规范、成果宣传等起到"引路人"的作用。同时，在汇聚建设成果的基础上，凝练共性应用，面向全市服务。

第二，区做整合。作为承上启下的中间一级，各区教育部门承担着同样重要的角色。在关注本区域数字校园实验校的同时，要从区层面加强引导、服务与支持，制定区域数字校园发展规划，构建区域基础服务平台，做好数字校园中核心应用的供给，包括数据交换、资源共享、身份认证等，努力"整合、融通"这些公共支撑服务和精细化服务，以及区域范围内的课程平台、学习平台、教学质量分析、教研活动、协同备课、资源等各公共基础应用的建设与运维。总而言之，区工作的核心，一是做好市、校的枢纽任务；二是制定好本地区的发展规划，服务学校；三是处理好共性与个性建设，由区牵头做好共性的支撑平台。如图8-1所示。

第三，学校建特色。在学校的定位方面，不要求学校构建一个所谓"大而全"，涵盖各类系统平台的数字校园体系，而是希望学校在做好基础环境配套的基础上，开展应用研究活动，依托学校办学特色和办学理念，聚焦课堂，探索依托信息技术的高效学习，在教与学、教师发展、学生成长、校园管理、校园文化、家校互动、评价诊断、资源建设等方面进行差异化实验，提炼分享经验与成果，促进信息技术与教育教学的深度融合。学校在实验过程中，可以以课题研究的形式开展专项探究活动，也可以以项目的形式定制涉及教与学环节的个性应用，还可以以教师参与的方式加工开发优质的数字资源。总之，学校是实验的园地，是应用的"试验田"，学校作为主人翁只有充分发挥"实验校"的作用，才能务实推进好项目。

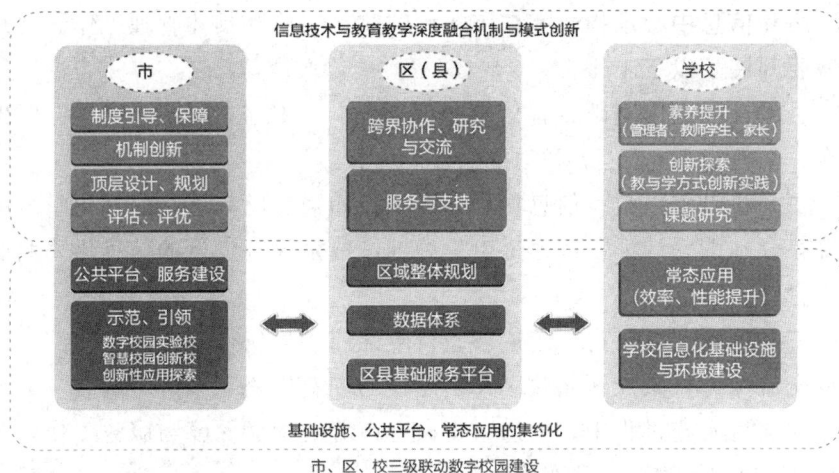

图 8-1　中小学数字校园市、区、校三级联动的平台化建设

自 2017 年开始，"数字校园实验项目"转入常态化运行状态，各个区将起到越来越重要的作用。在全市未来的数字校园发展进程中，北京市将"市级定方向、区级抓统筹、学校抓应用、企业供服务"作为数字校园"三级四方"协同联动推进新机制，从而建立起了适应教育信息化体系发展的数字校园建设与发展模式。

8.3　建立数字校园建设与应用发展组织保障工作体系

"数字校园实验项目"实施团队庞大，不仅包含了市、区、校三级的数千名干部、教师，还涉及承建单位、咨询单位（专家等）、监理单位等多个相关方，建设过程涉及申请、评审、资金到位、建设、验收、评估等活动。在此背景下，健全组织保障工作机制便显得尤为重要。为此，在实验项目工作过程中，北京市教委建立起了有效的组织保障工作体系。

8.3.1　市级层面的组织保障

北京市教委负责数字校园建设的整体规划和指导推进，委托北京教育网络和信息中心承担数字校园建设的监督实施和具体管理工作。北京市教委开展了以下工作：

一是开展全市基础教育信息化顶层设计。建立"市级抓统筹、区做整合、学校建特色"三级联动推进建设模式。

二是建设市级教育信息化公共平台。加强对已有市级信息化系统的资源整合和统一认证，搭建全市集约推进数字校园建设的信息化公共服务平台。

三是加强交流研讨。定期组织行政部门、科研机构、业务部门、实验校交流探讨，激发深化数字校园建设的创新思路。

在项目实施过程中，为进一步做好市级的配套保障与服务工作，北京市教委提出了"三个常态化"。

第一，常态化的政策指导服务。紧密结合数字校园实验工作的特征和特点，以常态化政策持续引领数字校园工作为目标，以发展规划、规章制度、管理办法、工作指南等为抓手，先后发布了一系列工作规范，颁布项目验收办法与评估细则，形成指导数字校园建设的制度保障和管理体系，并在实践中结合业务需求和应用反馈持续改进，不断完善制度文件，不断调整优化实施指导意见，初步形成了数字校园建设常态化业务指导体系。

第二，常态化的业务咨询服务。根据数字校园建设中的咨询服务需求，健全专家咨询培训机制，组织涵盖教育信息化、教育教学、信息技术、项目管理等领域的专家，构建了一个理论水平高、经验丰富、结构稳定的"数字校园专家库"，聚集了全市的优质专家资源，通过设计指导、下校指导、咨询顾问、交流研讨等多种方式为各区和实验校提供有针对性的指导咨询服务，有力地提升了区和学校数字校园相关人员的信息化领导力和项目管理水平，及时解决了区、校数字校园相关人员在信息化建设中遇到的难点问题。更为重要的是，市、区团队与学校教师经过"共同研磨"，营造了一个多元参与的应用研究氛围。一方面，就如何把市级共性服务做得更为适切、更为落地，深入地交换意见，促成了班级微空间、移动听评课等受到学校师生普遍认可的市级服务；另一方面，对校级特色应用进行了凝练提升，在保障学校项目稳步推进的同时，勾勒了未来发展蓝图。

第三，常态化的技术支撑服务。以集约化建设理念为指导，以全面支撑各学校共性需求为目标,依托北京市教育云,构建基于"数字校园成果分享"的市级数字校园公共基础服务平台。基于该平台将实验成果产品转化,形成应用服务资源池,向全市中小学提供基础性和共性服务。同时,市级以需求和实效为指引,建立完备的服务响应、日常技术支持、专项技术服务以及持续改进机制,根据各区、学校的反馈情况,及时对平台支撑能力、服务水平进行不断优化,形成为全市数字校园建设提供全方位、集约化、不间断服务的技术支撑。

北京市教委通过把"三个常态化"贯穿始终,沉淀了丰富的市级组织保障工作经验。在带来专家团队、技术平台等资源的基础上,北京市教委更凸显了市级的引领作用、保障作用、示范作用,也为各区、学校的管理、建设、应用提供了广阔空间与明确指引,得到了有关单位的高度评价。

此外,在市级层面上,北京市教委定期开展培训交流。针对政策、规范、标准的培训与解读始终贯穿在项目进程当中,这是有序推进项目开展的必要举措。自数字校园实验工作开展以来,北京市教委定期组织校际分享交流活动。活动形式各异,包括邀请专家授课式培训、学校负责人方案分享、行政部门政策解读,或者以论坛沙龙等形式开展主题研讨活动。为了使交流活动更加具有针对性,针对不同的活动主题也做了精心设计。比如,涵盖教师信息素养提升的专题活动,以开放论坛的形式,邀请教师畅谈信息技术在教学活动中的应用;数据交换主题培训活动,针对校园各类业务系统的整合与共享进行介绍,重点介绍其必要性、规划设计、实施路径;基于互动教学的主题推介活动,邀请了教育专家、社会单位介绍前沿的教育产品,广泛涉及平板电脑教学、翻转课堂、在线教育等。

8.3.2　区级层面的组织保障

各区教委是本区域数字校园建设的组织推进者。按照北京市教委统一部署,各区教委指导教育信息化业务主管部门做好以下工作。

一是开展区域数字校园建设顶层设计。按照市、区、校三级推进建设模式,抓好区域数字校园建设平台与市级系统平台的对接、与学校特色建设的整合。

二是建设区域教育信息化公共服务平台。建设本区域推进数字校园建设的教育信息化公共服务平台以及通用模块系统。

三是监管项目建设。审核实验校建设方案，监控建设进展，推进验收评估，检查实际应用情况，向北京市教委定期报送本区域数字校园建设情况。

四是组织培训交流。定期组织实验校进行观摩、交流，面向校长、学科教师、网管教师分类开展培训。

五是做好政策与经费支撑，为数字校园建设、运维、常态化应用和长期改进提供保障。

8.3.3　校级层面的组织保障

实验校是数字校园建设和应用的主体，主要负责如下工作。

一是为建设工作提供保障，组建数字校园建设工作小组，负责本校规划、建设及应用推广等工作。

二是落实任务书、建设方案，严格按照任务书、建设方案推进项目执行。调整建设内容，应先报送区教委同意，并由区教委报送市教委同意后实施。

三是规范项目管理，严格遵守政府采购流程、监理机制，规范项目过程控制与管理，配合市、区教委做好验收和绩效评估。

四是注重人才培养和队伍建设，着重提升校长的信息化领导力、教师的信息技术应用能力，建设一支适应现代教育需要的高素质信息化人才队伍。

五是共享、开放建设成果，共享、开放项目推进中凝练的应用、资源、制度和经验等成果，通过市、区"数字校园云平台"在全市推广使用。

8.3.4　监理组织保障工作

北京市教委落实两级监理机制。数字校园建设实行市、校两级监理机制。市级监理协助北京市教委进行项目进度、质量、经费使用以及验收评估等方面的控制与管理；校级监理负责实验校建设全程监理，须定期按要求向市级监理汇报项目进展情况并接受其指导。

8.3.5　专家咨询服务工作

北京市教委重视专家全程引领。市级统一建设完善的数字校园建设专家库机制。区、实验校积极主动使用专家资源。任务书、建设方案、需求分析和方案设计、验收评估等环节，采取专家评审机制。

8.4　建立基于发展评估的数字校园深化与优化发展机制

"以评促建、以评促用"是北京市推进中小学数字校园发展的经纬性工作，通过建设项目评估指标体系的建构以及应用发展水平指标体系的建构，为学校及各区推动数字校园发展提供有效抓手。北京市已形成中小学数字校园建设评估和发展水平评估两个评估规范，即《北京市中小学数字校园实验项目评估指标体系（学校评估）》《北京市中小学数字校园实验校信息技术应用水平评估指标》，并开展了 2 轮次评估，为数字校园建设绩效评估提供了可靠依据。

北京市教委建设了数字校园实验工作考核评价指标体系和考评机制，采取专家评审、师生反馈、系统监测相结合的评定方式，每年进行动态评估，并根据评估结果，对综合成绩突出的实验校授予年度"数字校园星级学校"称号。通过建构常态评价体系，引导学校从关注建设转变为关注应用，从关注实际发生转变为关注实际获得，逐步形成考核评价的新常态。这种滚动评估不是最终目的，仅仅作为过程和手段，其最终目标是形成数字校园孵化、凝练、推广的良性生态，给予各实验校动能，杜绝将数字校园"项目化"。通过每年的星级滚动评估，实验校积极制订年度发展计划，挖掘最新应用亮点，主动整合市、区共性资源，基本形成了学校出特色、区级做配套、市级做提炼的发展机制，促进中小学数字校园工作的可持续发展。

8.5 面向应用持续发展的多领域协同信息化深化机制

在"数字校园实验项目"工作推进的过程中，推动信息技术与教育教学融合的关键是多领域协同深化发展机制建构。这种协同深化机制应反映在多个层级上。首先，在专家引领层面上，整合跨专业、多领域专家的力量进行引领，单一专业结构不足以支持对数字校园工作的引领；其次，数字校园工作在区域、学校层面上要同教育改革与发展核心问题的突破进行关联，即要用数字校园支持教育教学改革发展，推进业务及其业务管理部门之间的协同；最后，在面向微观教育教学实践上，将数字校园建设服务于课堂教学、服务于学科教学，这需要教研力量协同。总之，多领域协同信息化机制是推动数字校园建设与应用深化发展的关键。

下面以跨专业领域的专家队伍建设为例进行说明。在北京市中小学数字校园建设进程中，为充分发挥专家团队的引领作用，北京市教委筹划并组建了市级数字校园专家咨询团队（又称"市级数字校园专家库"）。通过建立市级数字校园专家库，充分发挥专家的引领作用，为实验校开展数字校园相关工作提供全方位的咨询、指导和服务。市级数字校园专家库由我市高等院校、科研院所、各区、各中小学、企事业单位中具有较强专业知识和丰富实践经验的人员组成。北京市教委筛选基础教育信息化、信息技术、教育教学、项目管理四大领域的专家，建立市级数字校园专家库，结合咨询开展实际指导工作。

基础教育信息化专家团队，主要由具有数字校园、教育信息化等项目实践经验和理论研究成果的专家组成。

信息技术专家团队，主要由具备项目建设方案、项目任务书、需求规格说明书、系统设计方案等文件编写及规划、实施能力的专家组成。

教育教学专家团队，主要由具有丰富的基础教育教学经验，能够很好地利用信息技术手段支撑教学并且取得良好效果的专家组成。

项目管理专家团队，由熟悉 IT 项目管理规程、政府采购相关管理规程、项目验收等相关要求的专家组成。

为做好专家库的建设，北京市教委设计了《北京市中小学数字校园专家信息采集表》，除登记专家的基本信息外，还对专家的专业领域、研究专长、参与的重点工程等进行了采集，各实验校可根据自身需要向市级提出专家使用申请。市级了解学校实际存在的问题及具体需求后，优先选取相应领域的专家，并做好专家与学校的联系工作，陪同专家为学校提供服务。同时，为做好对专家咨询工作的管理，要求实验校在专家完成指导后填写《专家使用反馈表》，对专家的服务予以评价，以便后续提供更好的服务。

跨专业协同专家库的建立是数字校园实验过程中建立的创新机制，也是发挥市级优质资源为学校提供专业指导的必要举措。在咨询服务过程中，市级专家通过评审、答疑、培训、辅导等多种形式为各区和实验校提供有针对性的咨询服务，有力地提升了学校数字校园相关人员的信息化领导力和项目管理水平，为学校"把了脉、开了方"，切实解决了数字校园建设过程中的困惑与难点，得到了一致好评。

市级专家库专家的服务流程如图 8-2 所示。

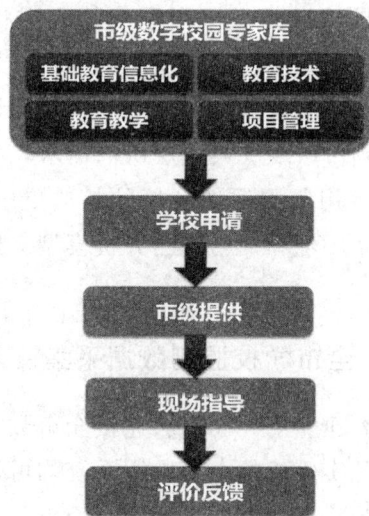

图 8-2　跨专业的协同专家库及其指导服务

上述跨专业领域的协同机制通过数字校园应用服务与综合管理平台（市级）的支撑，更进一步地强化和提升了沟通机制，固化和生成了规范服务体系，使数字校园实验工作得到了更坚实的支撑。

8.6 建构"伴随数据采集"的数字校园应用评估环境

数字校园建设要取得实效,关键在于应用。北京市教委要持续关注并强化学校应用程度,就要掌握学校信息化应用情况的有效信息,在此基础上加以监测分析,由管理者、建设者结合实际研究现象,分析成因,做到对症下药,体现决策的科学化和管理的精细化。传统信息获取方式包括学校报送、报表采集等,这些方式不仅效率低,学校积极性差,而且信息实时性不强,远远不能满足当前需求,特别是在教育信息化已发展至相当水平的今天,应采取系统化采集监测的手段,以满足全程性、实时性、细粒度、多终端、海量数据等条件下的常态化监测分析需求。

北京市教委通过"北京市中小学数字校园云服务平台",动态采集来自全市范围内数字校园实验校各应用系统的应用状态数据。借助该平台,北京市教委建立了一套全过程伴随式采集、场景化监测分析、面向决策评估、全市"一盘棋"的监测评估环境。该监测评估环境在实践中充分契合了从学校运维到市教委决策各层次的需求,发挥了极其显著的效果。北京市数字校园应用监测评估环境的核心是一套全市数据接入网络、一套海量数据存储环境和一套监测分析模型。概要介绍如下。

8.6.1 全市学校监测数据采集接入网络

首先,北京市教委建立了一套能够连接全市数字校园实验校应用系统的实时采集网络,凡实验校的在线应用系统均可通过云服务平台提供的接口开展数据采集与汇聚。上述过程配置简单、便捷,学校只需对应用系统技术人员稍加培训,即可使他们快速完成配置,无须额外加大技术工作量。完成配置后,系统即可定时采集汇总监测数据。数据监测主要针对两类信息,一类是系统应用访问和用户行为情况,包括系统访问量、访问来源、访问时长、跳出跳入等信息;另一类是系统运行情况信息,包括网络连通、服务运行、页面加载等信息。

信息采集过程采取自动任务的形式,制定好采集规则后,各类信息自动汇总传输到云平台，工作人员只需定期开展对采集任务的值守巡查即可，维护工作量小，采集效率高。目前，平台一般采取每 5 分钟一次的数据采集频率，如此高密度的数据更新汇总为全市实时监测提供了源源不断的数据保障。

8.6.2　数字校园应用监测数据存储环境

数字校园要实现监测分析的实时、多维、细粒度，就必须依托海量的数据储备和科学的组织管理。目前，数字校园云服务平台积累的监测信息已超 2 亿条，文件数据已近 3TB[①]，且这些信息和数据以每年 40％左右的速度持续增加，若不加以科学有序的组织，势必引发"数据爆炸"，形成积重难返的巨大负担。为此，项目研究者实践了一套符合北京市数字校园特点的"分布协同＋混合存储"的存储管理环境。

首先，在存储架构上，充分利用现有市级云平台与各学校数字校园构成的"类分布式集群环境"，市级、校级分工存储，优化管理。具体地，各类结构化的监测数据随日常生成直接汇入市级云平台，由市级统一管理，如各区、学校有应用需求，可向市级申请提供拷贝；非结构化数据，如系统页面快照等，日常生成后存储在学校服务器，由学校自主管理，但必须保证近 1 年内形成的文件数据能够在线浏览。此外，视数据的重要程度，学校还可提交市级平台备份保存。分布式存储和协同分工，优化了市级和学校的存储组织形式，既避免了市级数据太集中造成管理成本巨大，也有效控制了分散管理时学校可能存在的隐患。同时，市级、学校能够互为备份，进一步提升了存储架构的稳定性。

其次，在存储技术上，采取传统关系数据库行式存储与列式存储混合的模式，以行式数据库存储各类核心业务关系数据，以列式数据库存储日志化的学校监测数据和学生教师行为轨迹数据。在开展统计分析时，以业务数据为牵引，触发列式存储环境开展分布计算处理，这样既保证了后台业务表达逻辑的清晰，也保证了海量数据运算的实时高效。

---

① TB，即太字节(Terabyte)，计算机存储容量单位。

8.6.3　数字校园应用监测分析模型

数字校园拥有了坚实可靠的数据体系和存储环境作为保障，还需建立一套监测分析模型，以实现结果表达和展示服务。在建立数字校园应用监测分析模型过程中，工作人员充分考虑了学校、区、市教委的共性需求和个性化需求，制定了差别化的分析服务模型。在共性需求方面，数字校园应用监测分析模型满足各级管理者对系统访问情况、系统运行监测情况的统计图表查询和明细记录查询需求；同时，对区级提供全区层面的学校横向对比、分类统计、聚合关联、排名等服务；对市级提供全市层面各学校和各区的统计聚类、定期报告等服务。这样不仅满足了一线日常管理维护的需求，也满足了区级区域统筹协调的需求，更进一步满足了北京市教委的全局决策需求。

在最近两个年度的全市数字校园星级学校评估工作中，市级监测分析已成为评估学校数字校园发展情况的重要得分依据，同时，在日常监测及雾霾停课等专题分析中也发挥了支撑作用。基于数据采集的数字校园应用监测评估环境的建构，不仅为当下数字校园管理支撑提供了全新手段，也为今后中小学信息化管理服务的扩展与提升预留了空间。

8.7　基于课题研究的数字校园深化发展推进保障机制

在百所数字校园实验工作的推进中，北京市教委先后开展了以下内容的课题研究。

8.7.1　北京市中小学数字校园建设规范与建设指南研究

指南中阐明了以下方面的关键内容：

第一，市、区、校在全市中小学信息化建设深入发展过程中，在信息化建设系统化应用方面的协作性、角色及其分工。

第二，明确中小学数字校园建设的内涵，厘清数字校园建设的内容，在技术系统生成、学校信息化能力提升及其相互适应性支撑等方面形成对中小学数字校园内涵的明确阐述，形成对中小学数字校园建设全面、科学和深刻的认识。基于对中小学数字校园的科学认识，依托区情、校情，在市级大平台及软件基础设施（含 CMIS、北京教育资源网等）、区级云服务、学校深化应用及其个性化和特色化需求应用的开发部署等方面，形成有效的顶层规划蓝图。

第三，形成指导学校开展数字校园建设与应用的指导方法论，从学校信息化建设能力、学校信息化建设数据体系、学校信息化技术体系、学校信息化业务体系四个方面形成指导一线学校建构数字校园及其应用的理论框架。

第四，建立市级层面的数字校园系统及其应用分级评价，促进全市数字校园建设的专业化、系统化和规范化，建立以"用户体验"为中心的数字校园应用评价制度，引导全市范围数字校园建设融合商业化体系的协作环境。克服"项目化"支撑的信息化实施弊端，形成支撑全市中小学数字校园建设的生态化环境。

从教学、管理、区域推进等不同角度开展调研，对市场教育信息化解决方案和现有数字校园中已用系统进行调研，并依据信息系统体系结构对不同产品与服务进行分析。在此基础上，对规范体系各个方面进行动态生成，提出了"北京市中小学数字校园建设指南"的核心框架，即分级的数字校园发展框架——四级数字校园规范（即基础级，有较深度的应用一至二项；应用级，管理性的应用较体系或教学应用方面有明显的成效；骨干级，教师专业发展中关注信息化教学、教与学方式；示范级，具有明显的信息技术与教育教学融合的特征），从而从个体学校数字校园发展层次水平视角给出了框架性指导。

8.7.2　北京市中小学数字校园建设推广模式研究

中小学数字校园建设是一项复杂的系统性工作，科学、有序、合理地推进数字校园建设是系统化推进信息技术与教育教学融合的必然要求。伴随云计算、移动计算等技术的发展，以及国家教育教学改革的实践诉求，中小学数字校园的建设模式、实施途径、评价方式等方面都处在时代变革的发展要素进程中，充满复杂性、挑战性和不确定性。同时，学校信息化能力建设、教师信息化教学能力生成、学生数字化学习习惯养成等软性元素成为制约数字校园建设应用成效的关键因素。因此，北京市教委开展基于先期数字校园实验校建设及应用现状的调研、研讨、总结，提炼已有数字校园建设的成功模式，生成指导全市中小学数字校园建设工作的整体性指导框架。

中小学数字校园建设推广模式研究项目就是在上述背景下展开的。北京市教委在先期各实验校有计划、有步骤、有差异性地推进数字校园建设过程中所生成的系统化的应用成效、差异化的推进方法等基础上，重点研究各区信息中心在区域学校数字校园建设过程中的角色、作用及其发展策略，并放到全市数字校园工作深化发展的大局中来统一考虑。顺应"互联网＋"时代的特点，提出了从"市级抓统筹、区做整合、学校建特色"的先期数字校园推进模式向"市级定方向、区级抓统筹、学校抓应用、企业供服务"的三级四方协同机制数字校园推进模式转变，并重点依托各区区域平台建设和市数字校园公共服务平台辅助，将数字校园建设在全市范围内转入常态化运行项目，切实推进数字校园的推广发展。

8.7.3　北京市中小学数字校园评估规范及评估实施

评估个体学校的信息化应用水平是推动全市中小学数字校园建设的有效抓手，是整合、协同各种建设力量和要素促进教与学发展的途径。因此，"数字校园实验项目"中开展了中小学数字校园的评估，形成了评估规范体系，并开展了北京市中小学数字校园一、二批实验校建设成效评估。北京市教委开展上述工作要依托于一、二批数字校园建设与应用，开展深入系统的调研、访谈、问卷实施和总结工作，从个体实验校、实验校所在区域两个层面开展总结和提炼工作，形成了一、二批数字校园全市范围内的建设成效评估。

此外，北京市教委针对数字校园深入应用的趋势，在市级层面上设定研究课题，通过课题研究同步推进数字校园应用深入研究，将项目和课题结合起来进行。一方面结合数字校园实验校的实际工作需要，在工作层面上深化、推进；另一方面结合已经申报的课题，将推进数字校园深化建设、应用的工作结合起来，以课题的方式延伸到区、学校、课堂和教师、学生，做好应用推进的工作，形成在学校层面系统化推进教育信息化建设的整体态势。

在专家针对性指导的基础上，北京市教委增设了多个课题，力求以课题为牵引，将项目建设、人才培养、机制健全、理论提升等紧密耦合，全面带动实验项目的发展。为此，北京市教委设计"数字校园建设深入推进策略研究""基于学科教学的数字资源常态化供给与应用策略研究""教师信息化教学常态化创新扩散策略研究"等课题。特别邀请实验校内部一线教师、管理干部广泛参与，使大家共同浸润在数字校园应用的场景中。通过课题的推进，建立了市、校两级协同研究的工作机制，优化课堂教学效果，加速数字校园推进，起到了显著效果。这些课题一方面要同当下北京市中小学数字校园实验校工作结合起来，另一方面更要有"持久"发展的基本取向，即当下的教育信息化建设已经在整体特征上从"建设"向"应用"阶段迈进，整合期的特征更加明显，需要在机制、制度、规范等约束、引领下推进教育信息的建设与应用。

第9章 北京市中小学数字校园发展趋势

9.1 北京市教育信息化发展整体环境

9.1.1 基础提升——北京市教育信息化基本环境

同步于"数字校园实验项目"的开展，这些年来，北京市教育信息化基础设施环境持续提升，这种提升不仅仅反映在硬件基础设施层面上，更反映在基础性的、覆盖全市范围的应用及公共服务层面上。

1. 在硬件基础设施层面

截至 2017 年 8 月，采用各种物理链路方式接入北京教育信息网的用户总量已近 2000 所单位。

北京教育网络和信息中心自 2012 年首次启用虚拟化技术，开始规划并建设北京市教育管理云，6 年来坚持基础设施云化管理，目前已初步建成以虚拟化技术为基础的轻量级教育私有云，实现了基础设施集约化管理，统筹协调分配，提高了资源利用率。陆续纳入服务器超过 500台，存储容量超过 1P，能够根据不同情况下的不同实际需求对资源进行动态调整与分配，实现了资源应用的集约化和应用效益的最大化，也节约了空间资源、管理资源和人力成本等。

2. 在基础应用及公共服务设施层面

北京市自 2004 年以电子化学籍管理为切入点，在全市范围内启动学生基础数据管理工作，并在此基础上陆续开发了学生卡及相关身份识别应用系统；2008 年启动教师基础数据全市统一信息化管理；2013 年启动中职学生基础数据全市统一信息化管理工作，全市中等职业学校学生的学籍管理以及学分制教学实现了网络化管理。2013 年建成北京市教育用户统一认证中心，支持区级、校级用户认证分中心的开放架构，确定了区级、校级分中心建设的技术规范和指南，支持基础数据跨平台实时同步，保证了在校师生身份的合理性、有效性和应用便利程度，并可在用户身份唯一的基础上实现个体应用数据的关联与互换。

于 2012 年建设的名师同步课程优质资源共享工程——"北京数字学校"——包含的 2 万余节教学视频和微课内容覆盖了中小学全系列的课程和学习内容，并与有线电视网络合作，促进多种形式的学习资源应用。为了更好地开展资源共建共享，2014 年北京市研制了资源元数据标准，并借此开展数字资源跨平台交换，将北京教育资源网、北京数字学校、北京课程教材网、北京数字图书馆四大市级资源平台的资源内容进行互访互通，实现横向整合。以北京市教育资源超市和北京数字学校为代表的教育资源建设应用和交换共享，满足了全市师生多元化数字学习资源的应用需求。

在资源环境方面，北京市教委推进数字资源建设与应用的集约化，完成 1.3 万节名师同步课程、30 万册数字图书、100 万条商业资源的梳理整合工作；建成"一框一表"，为教师提供一站式检索与导航；逐步联通了名师同步课程、北京教育资源网、中小学数字图书馆、数字化电子教材共四大市级的重点资源库，在市级层面形成了资源汇聚、整合、共享的合力。"集约化"是教育信息化建设服务教育改革与发展全局所呈现的重要特征。北京市教委在面向信息化体系方面迈出了坚实的步伐。

第一，推进集约化建设。伴随全市中小学数字校园建设工作的深入发展，"集约化"已成为首都北京市基础教育信息化建设的基本特征。切实加强基础教育信息化统筹规划，推进集约建设，针对基础教育信息化建设中存在的"信息孤岛"、重复建设和缺乏规范等问题，市级层面加快信息化公共平台建设，重点打造北京教育管理云、学籍管理系统、教育用户统一认证、资源共享与交换平台等基础公共平台及配套标准规范建设。以"北京教育管理云"为例。北京市立足基础应用环境的集约高效建设，在充分梳理现有设备的基础上，采用"利旧为主、云端整合"的基本策略，采用云存储、虚拟化等技术，构建了北京教育管理云的基本运行环境，完成了北京数字学校、电子学籍等核心业务的云端迁移。

第二，建构软件基础设施。2013 年建成北京市教育用户统一认证中心，支持区级、校级用户认证分中心的开放架构，确定了区级、校级分中心建设的技术规范和指南，支持基础数据跨平台实时同步，保证了在校师生身份的合理性、有效性和应用便利程度，并可在用户身份唯一的基础上实现个体应用数据的关联与互换。以北京市学生电子学籍、教师基础信息系统等为基础，建立了百万数量级的市、区、校三级用户统一认证体系，有效支持各级各类业务应用。

第三，建立全市范围教育信息化公共服务。建立专用教育信息化服务热线及呼叫平台，解决广大学校、教师、学生、家长的应用困惑与技术支持问题。北京市教育信息化服务热线始建于 2012 年，面向北京市各学校教师、学生、家长服务，服务内容范围是北京市教育信息化的全部应用。目前开设常规呼叫座席 10 个，在义务教育入学服务等重点业务时间段会根据需要增加座席，保证服务供应。通过服务热线，整合了教育信息化面向最终用户的技术支持电话服务资源，综合性一站式服务既方便了公众，又提高了效率。2016 年全年提供面向学生、教师、家长的电话支持服务 12.5 万余次。

第四，开展专项教育信息化实践工程。2012 年，《北京市人民政府关于印发北京市中小学建设三年行动计划（2012—2014 年）的通知》（京政发〔2012〕26 号）中将中小学数字化教育资源共享工程列为市重点工程。通过依托信息技术，组建名师队伍，推进优质教育资源数字化建设，创新优质教育资源均等化配置，形成覆盖小学、初中、高中的名师同步课程资源，通过多种传输途径和应用模式，促进优质教育资源共享。

9.1.2 教育发展——北京市教育改革与发展实践前瞻

近些年来，首都教育立足北京、服务国家、面向世界，实施以建成"公平、优质、创新、开放的首都教育和先进的学习型城市"为核心的教育发展战略，这一战略的实施为首都基础教育深化发展提供了重要保证，有力地推进了基础教育课程改革和"深综改"的落实。

2015 年，北京市全面推进教育综合改革，核心任务包括深化改革教育管理模式，增强学校的办学活力；改革资源配置方式，促进教育公平；改革人才培养机制，提高教育质量；改革考试招生制度，建立具有首都特色的评价体系等关键环节。努力提高基础教育供给端的质量、效率和创新性，尊重和贴近学生的消费习惯，满足学生个性发展的需要。

实现从管理导向转向服务导向，从学科导向转向学生导向，从结果目标导向转向发展目标导向，激发首都教育的发展活力。

进入上述特征的教育改革深水区后，破解教育领域深层次矛盾和问题的难度加大，利用教育信息化建设助力教育改革与发展正变得越来越重要。北京市教委探索具有北京特色的基础教育信息化公共服务体系建设的新模式和新途径，利用信息技术促进优质教育资源均衡配置，基于大数据及学习分析、诊断技术，促进学习者个性化、适应性成长，助推教育综合改革与发展，探索普适、泛在环境下的"学与教"方式变革，建构开放、动态、融合、共享、服务学习者个性发展与生命成长的现代教育系统。从实践层面来看，以教育信息化带动教育现代化是首都北京教育综合深化改革和发展的重要途径，也是解决改革深层次矛盾和难题的重要手段。全市范围内通过信息技术，形成新型消费观引导下的广义教育资源供给与服务模式，关注学生实际获得，建立服务于学生成长的统一战线，统筹协调课程设置、考试评价、招生录取等多个环节，进一步开放和扩展教师、学生的资源观和环境观，促进形成教育资源共享的可持续发展道路。

9.1.3　业务融合——北京市教育信息化发展基本特征

北京市在适应时代教育改革与发展，助力教育综合改革方面，以民生观引领北京市教育综合改革，以信息化助推业务融合与应用深化，在缓解教育公平问题上取得了突破性进展。从满足学生多元需求出发，围绕"供给侧结构性改革"，具体提出"供给侧着力，信息化支撑"的实施思路，从招生入学、课程教学、社会实践、资源配置、综合评价等方面驱动，做到紧抓核心内涵。同时，通过信息技术的有效融入，逐步推动在学生入学、课堂、课外、评价等核心环节中的结构性变革，实现网络环境下的可持续发展，在真正意义上让改革成果惠及首都人民，让学生有更多的获得感。

从发展历程来看，北京市基础教育信息化的发展分为三个阶段，即基础建设阶段、关注管理阶段以及丰富教育供给阶段、关注学生实际获得的教育服务阶段。同时，社会环境的发展使得学生信息技术应用环境发生了深刻的变化，信息技术对学生学习行为及学习方式的影响也愈发深刻，并正成为深化课程改革"以学习为中心"理念进一步落实的途径。自"十二五"以来，围绕教育改革与发展任务，北京市基础教育实施了一系列的重大工程，如"百所中小学数字校园实验校项目""北京数字学校项目"等，更从教育改革业务创新发展视角探索信息化环境下的课程、教师专业发展、学习方式变革、支撑教育治理的管理优化等系列工作。信息技术支持教育改革与发展的全局性作用越来越明显，信息技术越来越深入教育改革与发展的难点环节，深入教育教学的核心要素环节，如课程、教师等。下面简要介绍一下近几年来北京所实施的信息化融合实践项目。

1. 融合实践指向学生全面发展——"社会大课堂"等素质教育支撑项目

北京市教委为提升学生素质，全面促进学生发展，自 2007 年起陆续启用了学生综合素质评价系统、社会大课堂、数字德育平台、体卫艺服务应用系统等，推动了各项教育改革。

2. 融合实践指向学生学习方式变革——"北京数字学校项目"

"北京数字学校项目"是 2012 年启动的教育信息化项目。北京市教委创新体制机制，加快教育发展方式转变，建设一所基于网络的基础教育大规模数字化学校。"北京数字学校项目"提供数字课程、资源、活动、平台等多样化服务，通过互联网、移动互联网和有线电视等多种设施，为北京市中小学教育教学提供服务支撑和延伸，面向学生、教师、家长和社会提供优质教育服务。"北京数字学校项目"立足北京，面向全国，以信息化推进系统性变革，在发展过程中更加关注、服务学习者，为学生和教师发展提供服务支撑；更加关注环境与资源建设，基于现实学校和教育延展和拓宽；更加关注多元与渗透，发展综合协同和深度融合，打造首都基本公共教育服务新模式。

3. 融合实践服务"深综改"——"北京市义务教育入学管理平台"支持入学政策改革

2014 年 5 月，为积极应对北京义务教育入学政策的改革，北京市教委建成并投入运行了"北京市义务教育入学管理平台"，针对适龄儿童入学提供了"信息采集、入学登记、五证审核(非京籍)、学籍建立"等多个核心功能，构建信息化业务流程，串联有关政府部门，真正做到对服务市民的入口统一、政策公示、流程固化、进度跟踪、公开透明，对行政决策支撑的"底数清晰、情况明了、过程可查、分析高效、决策有据"。

4. 融合实践指向课程资源创生——"北京市初中开放性科学实践活动"项目

2015 年，北京市中考改革方案出台，对学生的科学实践和社会实践提出了更高、更明确的要求。为配合中考改革要求，2015 年 9 月北京市教委联合广大社会资源向全市初中学生提供免费的开放科学实践课。通过挖掘、整合高校、科研机构、企业、社会团体等社会单位的各类科学教育资源，围绕物理、化学、生物等学科课程标准，开发、实施开放性科学实践活动，构建无边界、跨学科的开放性学习服务，在课程汇聚、课程选择、课程评价、课程优化等方面基于信息技术环境进行支撑，打造信息化环境下课程服务新模式。北京市初中开放性科学实践活动汇聚了一千多家校外社会力量的科学实践教育课信息，学生像在淘宝购物一样选择、预约科学实践课程，按开课时间到开课单位现场参与线下科学实践，之后在平台上提交收获、心得和评价。系统根据数据进行学分统计，该学分将直接计入中考成绩。北京市初中开放性科学实践活动鼓励学生采取观察实验、合作探究等方式学习，努力培养学生的创新精神和实践能力，并在满足学生个性化等方面进行新的实践探索。目前已有近 20 万学生从中受益，由此，北京市教育信息化融合应用发展已经延展到课程层面。

5. 融合实践指向教师专业发展——"教师开放型教学实践"项目

2016 年 1 月始，教师开放型教学实践项目正式启动。该项目规定全市范围内的市级骨干教师要开设开放实践课，其他教师在平台上选课并到指定地点参与体验式随堂听课、影子式跟岗培训等多种形式的教师培训。这种线上线下相结合的管理平台应用，充分发挥信息技术的管理优势，实现资源吸纳、自主选课、综合评价、数据汇聚，帮助教师实现收获和成长。

9.1.4　融合创新——北京市教育信息化发展的时代要求

系列管理平台建设保障了精准决策，提升了全市教育管理水平。教育管理信息化稳步提升，实现了基础教育管理的信息化，完成了北京市中小学管理信息系统的升级改造工作，以服务和优化教育教学管理应用为导向，紧密围绕学校的实际业务需求，完善学籍管理、教学管理、教学评估、报送数据统计报表等功能，实现了学校与教育行政部门的互动，并与其他系统应用软件进行无缝对接，达到教育数据的一致性、规范性。以北京市中小学管理信息系统为核心，已在北京市范围内建起一套完整、规范的学生学籍基本数据库，形成了覆盖全市基础教育 3 个学段 130 万在校中小学生和 20 余万在校教师信息的数据体系，数据内容包括学籍信息、课业成绩、体测体检数据、综合素质评价、入学考试等方面，为决策部门全面掌握学生信息和制定政策提供了技术保证与数据支撑。北京市教委通过信息采集可以实时掌握北京市小学入学适龄儿童人口分布情况和学校入学进度，积极应对小学入学高峰，及时做好小学入学规划，确保适龄儿童按时接受义务教育，对于全市学龄人口的信息化管理，实现全市统筹具有重要意义，提高了全市基于数据的教育管理与决策水平。

近几年来，为了给"深综改"的深化发展引路铺桥，北京市新建了一批支持管理业务创新的管理系统。该系统通过对全市范围内学龄儿童进行信息网上采集，实现小学入学从信息采集到入学接收全程管理信息化，并与学籍系统实现互联，实现从入学到学籍的无缝对接，有力地支持了就近入学政策的实施，为"集团校"建设推进教育公平和质量提升提供了基本支撑。2017 年，全市小学、初中就近入学比例分别达到 99.66％和 95.84％，基本实现了让学生在家门口上学的目标。

除了上述教育信息化支持的管理创新外，北京市更是把脉教育信息化迈向互联网时代的特征，聚合优质教育资源，将各种要素，包括教师资源、实体类课程资源、数字化课程资源等都放到互联网环境下进行倍生、增值，并在这一创新实践进程中实现新型的信息技术与教育教学融合。"百所中小学数字校园实验校项目"就是在上述进程中发展的、针对个体学校信息化融合实践的项目。依托"北京市中小学数字校园实验校项目"，北京市以尊重和服务学生的实际需求为根本目标，以信息技术和教育教学工作深度融合为基本手段，积极开展创新实践，在有效提升校长信息化领导力、信息技术骨干推进力、教师信息技术应用力的基础上，针对教师、学生、家长、学校四大主体，围绕"教与学、学生成长、教师发展、校园管理、家校互动、校际协同、资源应用"7 个方面生成了 19 种典型创新模式，使学生获得了均等的学习成长环境，加速了全市教育信息化融合创新的实践水平。当前，伴随新高考改革的实践，以及新一代信息技术环境发展带动的学校形态、教室形态、课程形态的变革，北京市教育信息化正走向新的实践进程，一批 3.0 形态的学校正在涌现，学习方式变革实践蓬勃发展。

9.2　北京市中小学数字校园发展格局

经过近 8 年的实验探索，"中小学数字校园项目"已成为北京市基础教育信息化深化发展的特色工程，推动着首都基础教育信息化高站位、高起点的引领性发展。在教育改革发展的时代转折点上，在新一轮信息技术迅猛发展的时代大潮中，北京市中小学数字校园的发展呈现出"关键支撑、普惠发展、体系建构、以评促建"的整体格局。

9.2.1　顺势而为，以数字校园发展支撑基础教育"深综改"及新中高考改革

"公平"和"质量"是全社会基础教育发展的实践命题，对北京的基础教育改革而言，创生更多更优质的教育，是当下发生的、利用信息技术支撑这一实践命题解决的重要诉求。在教育改革与发展进程的驱动下，北京市基础教育信息化整体上正迈向新的发展阶段，即关注学生实际获得的教育服务阶段。为学校师生的和谐发展提供高质量的教育服务是当下乃至未来几年内北京市基础教育信息化建设的重点，即直面学校、教师及学生等的需求，提供更为集约化、规模化、个性化、高可用性的教育服务。

在这一进程中，教与学方式变革促进新时代教师专业发展与学生核心素养提升成为新常态。北京市基础教育改革的实践进程使"教与学"方式变革与实践正日益迫切。推动教育变革，加速"教与学"方式创新实践，助力教师信息时代职业发展，促进学生个性发展与生命成长正成为当下北京市教育改革和发展的重要议题。

北京市中小学数字校园发展已经成为当下首都基础教育信息化发展

的品牌工程，为首都教育现代化的发展进程做出了基础性贡献。当前，伴随教育"深综改"的发展，集团校、集群校实践如火如荼；新中高考改革所推动的考试评价改革正进一步巩固和深化新课程改革成果，进而延伸至课堂教学，课程的可选择性、学习的个性化发展正成为学校教育教学实践的时代强音。北京市教委应顺势而为，深化"数字校园实验项目"成果，用学校信息化的深化发展解决当下基础教育改革与发展中的难题，用信息化支撑学校教育现代化实践。

北京市基础教育在"互联网＋"背景下发展，正出现引领全国的区域教育信息化实践案例，聚合、倍增优质教育资源，建构新型优质资源供给公共服务基本模式，实现优质资源和服务生成、聚合和公平供给，促进教育公平；聚合各级各类资源，创新服务形态，满足学生个性化、差异化需求，打造满足学生生命成长及终身化学习能力发展的环境，助力学生个性发展，使每个人都具有满足其自身需求的发展空间。建成开放、多元、高效的信息化教育服务体系，加快教育发展方式转变，形成关照现实、面向未来、有效推进的可持续发展教育生态，创新教与学方式，开放教与学环境，使北京市基础教育向着高位均衡方向发展。

9.2.2 聚智生发，以云模式集约化推进中小学数字校园普惠性建设与发展

在"数字校园实验项目"实践进程中，大家对数字校园建设的认识深化了，对数字校园建设内容、建设模式、推进方式、建设的艰巨性与复杂性等方面的认识全面深化，建设内容上从"硬件"向"软件"过渡，从"管理"向"融合教育教学主流业务"过渡；建设模式上从"单校"向"区域协同"过渡，从"局部部署"向"全局云模式部署"过渡；推进方式上从"市级引领"向"区主导"过渡。从学校视角来看，数字校园建设必须有规划、分阶段、抓重点、创特色地持续推进，并要"全员参与"，以使"技术系统"发展与学校信息化能力生成以相适应的方式向前发展，形成了强化顶层设计、统一规划与建设，共性需求统筹建设、分级部署，个性需求学校自主建设、上级指导的基本认识，由此而提出了全市数字校园公共管理与服务平台建设的诉求。

因此，在新的发展阶段，北京市教委要整体上推动市、区数字校园

建设向云服务迈进。一方面，要将百所数字校园实验成果通过公共平台面向更广泛的学校覆盖；另一方面，要以信息化融合为前瞻性诉求，群智群力推动市、区数字校园平台建设，推动云模式的数字校园建设与发展，同时给予学校信息化融合实践创新的发展可能性。在全市范围内集约化建设数字校园，形成市、区建共性服务，学校建特色的统分结合格局，强调数字校园建设的绩效指向，在消费观引导下推动广域教育资源供给与服务带动教育信息化建设机制创新发展，关注师生的实际获得，满足学生的真实需求，尊重和服务学生的健康成长，这是北京市教育信息化建设与发展工作的落脚点。当前，新一代信息技术一方面能够聚合跨界的各类社会资源以服务现代教育的发展，另一方面它能够基于数据为学生的学习诊断和个性发展提供适应性服务。在教育信息化新的发展阶段，北京市教委提出了"诊断比治疗更重要、保护比开发更重要、变化比成绩更重要、服务比建设更重要"的方针，高屋建瓴地指出了新阶段教育信息化建设工作的发展方向，这也成为后续数字校园发展的基本方向。北京市教委把"市级定方向、区级抓统筹、学校抓应用、企业供服务"作为数字校园普惠发展的"三级四方"协同的新机制，促进数字校园实践智慧的汇聚，推动云模式环境下的普惠性数字校园发展，使数字校园建设在立足先期落地学校而发展的方式基础上，螺旋上升到更高的实践阶段。

9.2.3　知难而进，以"互联网＋"特征
优化全市数字校园发展的生态体系

"互联网＋"支撑技术带来教育信息化建设与发展模式变迁。就"互联网＋"支撑技术环境而言，云计算、移动计算、社会计算、物联网、大数据等技术发展已经对首都基础教育信息化进程产生了深刻影响，体现在计算、存储等基础能力方面向集约化方向发展，体现在学生成长和教师专业发展等方面，日益强烈地反映在个性化和适应性发展上。技术系统和社会系统的双向融合正带来整个信息化生态体系环境的深刻变化，影响了网络、计算、存储、软件设施、应用系统、各类学科性应用等多层次、分层级的信息化服务体系再建构的实践进程。教育信息化服务体系在国家教育信息化融合实践发展诉求以及"互联网＋"社会发展情

形下，正面临着优化、升级、重塑、再造的实践进程，进而带来学校数字校园建设、区域教育信息化整体推进建设模式的变化。东城区、西城区、海淀区、朝阳区、大兴区等区在实践上呈现出上述明确的发展特征，而与此同时，市级各类公共服务平台建设也呈现出明确的上述特征。

当前，教师是引导、培育学生养成数字化学习意愿和习惯的关键，同时，也是培养新时代背景下终身化学习者的重要保障。北京市教委一方面需要搭建跨校、跨区、跨时空的教师专业平台，助力教师专业化发展与提升；另一方面要为学生创建适应明天数字化学习、生活、问题解决及创新能力发展的环境，创建面向学生未来发展与成长的课程形态、资源形态、服务形态和多元评价环境，使得"互联网＋教育"的发展直指时代所需求的学生核心能力素养提升，教育信息化融合实践进入了深水区。

中小学数字校园发展正处于上述进程中，北京市教委应把控"互联网＋"时代教育信息化技术环境集约化以及教育信息化面向教学融合实践特征的协同创新，需要在区域教育信息化发展模式上做深入持续的探索。一方面，要通过信息技术汇聚、倍增和创生优质教育资源，提高社会优质教育资源总量，要激发、培育、吸收社会教育资源的供给为教育服务，为社会优质教育资源供给受限、选拔性评价短期内难以显著突破等问题寻求解决方案；另一方面，要通过新一代信息技术，特别是大数据技术，提高学习者个体、办学机构、区域教育管理等各个层级实体的数据应用能力，鼓励基于诊断开展教育教学，提高决策、教学及鼓励学生发展的精准性和有效性。以中小学数字校园为重要实践形式之一的北京市教育信息化正以更宏大的视野和科学的态度，知难而进，推进基础教育信息化顶层规划与布局，并以开放的形态推动体制内外各类要素的对接和协同，为教育信息化企业的成长和发展，以及融合"互联网＋"企业的资源和创新能力而服务。这种支撑体制内外协同发展的有效机制正在生成。

9.2.4　因势利导，以动态评估引导、促进
数字校园持续与深化发展

在"十二五"百所数字校园实验校项目的实施带动下，北京市教委制定并发布了北京市中小学数字校园建设评估和发展水平评估两个评估规范，即《北京市中小学数字校园实验项目评估指标体系（学校评估）》《北京市中小学数字校园实验校信息技术应用水平评估指标》》，初步建立起了适应新时期教育信息化深化发展的信息化评估框架体系，并已经开展了 2 轮次的评估，为学校信息化建设绩效评估提供了可靠依据，并且在这一进程中，利用"北京市中小学数字校园云服务平台"开展实验校数字校园使用效果的行为数据监测，建构了动态评估网络，基于评价驱动的教育信息化动态发展与优化体系初步呈现。

为促进教育信息化发展，适应当下急剧变革的教育实践，北京市教委应因势利导，建构起以评价为导向的教育信息化投入机制，形成教育信息化绩效导向的发展格局，具体包含以下四个方面：第一，建立学校信息化应用评估标准；第二，建立学校信息化应用评估制度；第三，建立以数字校园公共服务平台动态监控评估为支撑的客观性评价体系；第四，建立基于评估的绩效跟踪与优化投入机制。在"数字校园实验项目"实施带动下，全市范围内正逐渐形成覆盖上述四个环节的闭环，其基本态势已经形成，为面向深度融合实践的教育信息化发展奠定了基础。

9.3　北京市中小学数字校园发展方向

9.3.1　推进云模式环境下普惠型数字校园建设

北京市教委以"数字校园实验项目"成果为依托，以集约化云服务平台模式的数字校园服务提供为基本形态，推动市、区两级普惠型数字校园发展，将"数字校园实验项目"成果辐射到更多的学校。在市级层面上，依托数字校园公共服务平台，进一步优化平台服务支撑能力，细化

和丰富面向业务的应用服务，为更广泛的学校服务；在区级层面上，鼓励和引导各区在前期"数字校园实验项目"成果的基础上，结合区情和区域内学校需求，建构区级信息化服务基础平台，提供区域普惠型数字校园发展环境，从而将数字校园建设转化为常态化项目，推动形成市、区级信息化平台建设与学校教育信息化特色探索统筹融合的建设格局，开拓极具首都特色的基础教育信息化发展道路，引导学校从关注建设转变为关注应用，从关注发生转变为关注实际获得。北京市教委重点开展以下几个方面的云服务建设。

1. 数字校园实时互动云服务

伴随全市数字校园工作的深入开展，数字校园建设工作及数字校园深入应用推进工作越来越常态化、广泛地开展，全市范围内的数字校园工作需要有更加密切的协调、沟通、交流、分享等工作，以提高工作效率，建立数字化工作方式，建立数字校园实时互动云服务。这一服务将在视频互动类功能系统的基础上，进行定制和优化，提供灵活、可扩展的应用界面，便于整合和嵌套应用，为全市数字校园管理与云服务系统服务。该服务支持同步网络化会议参与及多模式的交流、协作功能，支持不少于1000并发度规模的并发用户，稳定度高。同时，该服务支持异步交互功能，支持在线活动视频的录制、标注、精细化浏览与应用。

2. 数字校园环境下的在线学习云服务

在推进数字校园建设的进程中，越来越多的学校开始关注信息技术在教育教学过程中的应用，特别是在学生数字化学习体验、学习方式变革等方面的应用。为节省各实验校离散、多头化的建设资金投入，增强实验校在教学应用创新方面的发展动力，北京市教委拟在数字校园公共管理和云服务平台中提供在线学习云服务。在线学习云服务将支持网络化课程、研究性学习、微课程学习等多种数字化学习方式形态，满足学校多元、开放的学习方式应用探索。

3. 数字校园环境下学科融合应用汇聚与共享服务

推进个体学校信息技术与教育教学实践融合是数字校园建设的最终目标。在这一进程中，学校、教师在实践中越来越深刻地感受到支持学科应用的重要性，这在一定程度上开始超越人们对优质数字化教学资源的需求。为此，为引领全市中小学数字校园建设服务于学校教与学深入发展的诉求，建构数字校园环境下学科融合应用的汇聚与共享服务，北京市教委通过集中的汇聚、推介、分享，促进支持教学实践融合的学科性应用大规模、深层次地应用。一方面，搭建数字校园应用深化的应用汇聚和分享服务；另一方面，在全市范围内征集、购买和倡导开发学科性的应用，对开源的应用进行编目整理，对高可用性的商业应用进行购买推送，对网络商店中的学科性应用进行关联，从而形成全市数字校园建设指向教学融合实践的一站式应用服务，并支持面向学科应用的经验分享和交流。

9.3.2　迈向智慧校园建设，基于实验成果打造数字校园示范校

当前，北京"智慧校园"建设态势正逐步呈现。"智慧校园"具备"智慧北京"的基本特征，即宽带泛在的基础设施、智能融合的信息化应用和创新可持续的发展环境，它是数字校园发展到更高阶段的形态。"数字校园"关注常规的教学、管理、科研、服务、生活等信息化建设，而"智慧校园"的特点是泛在化、云端化、物联化、集成化、智慧化，实践智慧提升更全面的感知、更充分的整合、更深入的互动、更广泛的引领创新、更加可持续的发展。除了数字校园所涵盖的范围外，北京市教委更强调校园的社区化、社会化属性和突出以人为本的教育服务理念，要充分利用现代云计算、物联网、web2.0、大数据等信息技术，实现对传统校园各项活动的优化和整合，将学校建设为数字智能、安全和谐、节能环保、美丽和谐的新时代校园。

与此同时，北京市教委进一步推动智慧校园建设服务学校、区域教育质量提升与均衡发展的时代要求，以教育改革与发展诉求牵引中小学数字校园发展，推动新高考背景下教育信息化数据环境、课程环境、个性化学习（分层走班）环境的建设，推动集团校、集群校等"深综改"实践形态的数字化、网络化和互联网化发展。

以百所数字校园实验校为基础，北京市教委遴选一批具有上述发展动力、能够驾驭和理解新技术优势潜能的学校或集团校，开展智慧校园建设实践。

9.3.3 建构教育数据体系，推动数据视角下的智慧校园发展

随着数字校园工作的推进，大量教育教学数据不断积累，学校越发关注教育数据体系的建设与应用。整合各类教育教学数据，开展数据挖掘分析，不但是优化服务教育教学流程、提升个性化服务水平的基本途径，更是提高学校教育教学管理决策能力的必经之路。北京百所数字校园三批实验校建设工作中，涌现了一批教育数据分析的典型模式和案例，形成了"大数据分析，数据体系建设先行"的鲜明、务实特征。例如，朝阳实验小学，以全流程数据为支撑开展数据分析。该校在数字校园建设中，从建立学生档案、教师档案入手，汇总了与两类主体相关的所有核心信息，形成了学校"数据体系"。在数据体系指导下，通过多种数据交换整合方式，实现数据全面汇聚，继而在全面汇聚的数据资源基础之上，开展德育评价、成绩分析等各类分析应用，支撑教育教学流程优化和学生个性化诊断与培养，为整合大数据支撑教育教学优化探索形成了典型案例。又如，北京市第十中学打造学校"数据基础设施"，在数字校园建设工作中，高度重视数据资源的整合和管理，提出了以"数据中心"为基础的数据交换整合和开放服务架构，通过数据中心，有效整合学校现有各类数据资源，形成了统一汇集、规范管理、开放服务的数据管理模式，并为学校各系统提供了数据服务，为学校的数据管理、应用以及后期信息化发展提供了宝贵的数据支撑资源。

综上，数据越来越成为推进教育信息化深化发展的关键，其应用方向指向多个方面，以数据为支撑支持学生的个性化学习、自主学习和适应性学习；与精细的教学设计相结合，支持精准调优教学；与学校的教育教学管理相结合，升级基于数据的管理精准决策。这对教育数据体系建构与发展带来新的需求，北京市教委迫切需要开展如下工作。

第一，开展数据体系的建构。有计划、有步骤地开展面向区域、面向学校的数据规划，在行动实践中丰富和发展数据环境。

第二，数据"伴随式"采集环境的发展。积极主动地探索新的数据采集环境发展路径，与物联网技术环境等新技术环境结合，建构"伴随式"数据生成环境。

第三，大数据支持的挖掘、分析与应用。加大数据建模、分析和挖

掘等应用的研究工作，提升数据面向应用的发展价值。与此相对应，全市数字校园应用推进的工作也要迁移到基于数据的应用环境中来，开展全市教育信息化应用环境的监测与评估，提升基于数据的数字校园管理与发展的效能。

9.3.4　建构与"互联网＋"环境相适应的智慧教育发展生态体系

云计算及移动计算的发展推动了社会信息化发展的转型与提升，与此同时，大数据、物联网、虚拟现实、AI 等新一代信息技术的发展，使得中小学数字校园建设向移动化、泛在化、数据化、高体验性等方向发展。泛在互联、深度体验、可持续发展的新一代数字校园——智慧校园——在走向实践，探索以智慧校园内涵为特征推进首都数字校园新发展的路径，推动移动智能终端的泛在化，融合"互联网＋"应用生态，推动学习服务的发展，推动"清朗的"教育网络应用空间，建设泛在、安全、智能、环保、节能的智慧校园。

在上述背景下，为进一步适应技术环境的整体发展，适应信息技术面向教育教学融合的学科性发展，信息技术应用越来越深入地指向学科教学，信息化体系建设应迈向智慧教育发展生态体系，这一体系应该具有如下特征。

第一，这一体系应该是开放的，它能够与"互联网＋教育"对接、融合，能够包容、拓展、使用互联网教育服务。

第二，这一体系能够适应区域智慧教育整体发展的诉求，在"学校自主"发展模式、"区校合作"私有云发展模式与"区校网"混合云发展模式等方面开展模式选优与实践，探索面向互联网的"混合云模式"新一代数字校园建设，推动互联网云服务的融入，推动区域集约化、信息化建设模式的落地开展，探索新一代数字校园发展区域机制。

第三，与上述发展相适应，北京市教委需要完善标准规范体系，需要优化业务流程与创新服务模式，在高效与精致管理、精准与高效服务、跨专业的专家协同等方面，形成支撑智慧教育有效发展的环境。

第四，评估与自动化监控体系建设。推动区域智慧教育的发展需要动态、精准和有效的多维度数据支持，变"盲目"为"明晰"，变"经验"为"实证"，变"平均投入"为"绩效导向投入"，基于"北京市中小学数字校园云服务平台"现有功能与服务基础，进一步拓展信息化系统数据采集器的种类和接口规范，形成丰富的信息化系统应用监测与评估平台。

上述方面的发展需要北京市建构"互联网＋"时代智慧教育发展生态体系。

9.3.5 助力教育现代化发展，加速数字校园学与教方式变革

当前，随着教育改革与发展进程的深入，基础教育领域的课程改革、教育"深综改"、新中高考改革等，形成了课程、学校及区域办学和评价等全方位联动的改革实践，教育改革形成了"组合拳"的整体发展态势，教育发展也越来越进入了"深水区"。因此，在新阶段的数字校园发展进程中，北京市教委一方面紧紧围绕教与学的过程，推动课堂教学、学生学习方式的深刻变化；另一方面，要助力上述国家教育改革发展的核心诉求，以这些改革业务重难点问题解决和突破为出发点，如分层走班、学生综合素质评价、职业生涯规划课程等工作的开展，以推进集团校、集群校的跨校区网络教研为突破口，推动优质教育资源的发展，适应时代对优质教育的需求。

在新阶段数字校园建设中，在教与学方式变革的实践方面，北京市将以构建立体化的学习环境为出发点，首先建设一批多功能形态的"数字化学习中心"。这些中心或与教室形态创新发展结合，或与图书馆功能开放结合，或与学校走廊空间文化建设结合，或与未来教室环境打造结合，让学生能够在半监控、半自由的环境下科学规范地使用互联网学习环境，获得健康有益的信息，以促进身心健康发展。其次创设一批在线学习课程、混合式网络课程，推动学校校本课程的网络化、实践化、体验化，使课程突破传统的课程形态，支持多元化的开放、混合，促进深度学习体验。最后进一步开展机制创新、评价模式创新，如综合评价的开展，推动广泛的数据采集，建立适应互联网需求的学分认可机制，使评价充满灵活性，适应泛在学习环境下正式学习与非正式学习融合发展的时代要求。

附　录

附录 1：北京市中小学数字校园实验项目相关文件

（1）《北京市教育委员会关于开展中小学数字校园实验工作的通知》（京教基〔2009〕17 号）（附件《北京市中小学数字校园实验工作实施方案》），2009 年发文。

（2）《北京市中小学数字校园实验项目管理办法（暂行）》（京教财〔2012〕32 号），2012 年发文。

（3）《北京市中小学数字校园实验项目验收细则》（京教办函〔2013〕35 号），2013 年发文。

（4）《北京市教育委员会关于进一步加强中小学数字校园实验项目工作的指导意见》（京教基二〔2014〕2 号），2014 年发文。

（5）《北京市教育委员会关于开展北京市中小学数字校园实验项目第一批实验校评估工作的通知》（京教函〔2014〕253 号）（附件《北京市中小学数字校园实验项目评估指标体系（学校评估）》），2014 年发文。

注：读者可访问北京市教委官方网站对上述附录进行查阅下载。

附录 2：北京市中小学数字校园实验校信息技术应用水平评估指标

《北京市中小学数字校园实验校信息技术应用水平评估指标》，2016年发布。

北京市中小学数字校园实验校信息技术应用水平评估指标

北京市教育委员会

2016 年 6 月

一、评估指标说明

2016 版《北京市中小学数字校园实验校信息技术应用水平评估指标》从学校核心业务角度考察信息技术对教育教学全要素、全过程的支撑作用，重点聚焦信息化应用情况和实际效益，关注技术与业务的创新融合。本指标不仅用于评估北京市中小学数字校园实验校，更为全市中小学信息化应用水平评估提供考评依据。

评估指标由"应用情况""实际效益"和"持续发展"3 个一级指标构成，其中"应用情况"指标共 40 分，重点考察信息技术在学校教与学、日常管理等核心业务中的实际应用情况。"实际效益"指标共 35 分，重点考察通过开展信息技术深度融合应用，学校在核心业务领域取得的实际成果或预期效益。"持续发展"指标共 25 分，重点考察学校在特色、资源、机制、人才、资金、技术等方面的支撑保障水平。

为鼓励学校数字校园的特色发展，突出发展具有校本特色的重点及亮点应用，在"应用情况""实际效益"的某一个(或多个)三级指标中，取得突出成果的，即可获得"应用情况""实际效益"的满分。例如，某学校在"应用情况"指标下"教育教学"领域中，"学习资源数字化"方面有突出成果，即可获得"应用情况"的满分。

二、评估指标内容

北京市中小学数字校园实验校信息技术应用水平评估指标

一级指标	分值	二级指标	三级指标	指标说明	评分依据
应用情况指标	40分（学校在某一个或多个三级指标中取得突出成果的，即可获得40分满分）	教育教学	课堂环境数字化	重点评价学校开展教育教学物理场所信息化装备情况和网络学习空间环境建设情况，包括接入互联网的多媒体互动教室及交互终端配置情况、网络自主学习空间环境建设及使用情况、支撑学生线上线下混合式学习及教师网络研修的条件	• 学校智能教室、多功能教室、学科实验室等多媒体互动教室的数量以及接入互联网的教室数量 • 学校移动终端教学应用设备的数量以及开设相关互动课程的情况 • 在智能教室、多功能教室、学科实验室等多媒体互动教室开设课程的情况 • 利用网络空间环境开设自主学习课程以及开展教师网络研修的情况（是否常态化使用）
			学习资源数字化	重点评价学校围绕教学和教师研修课程，对各类教学资源进行数字化转换及数字课件使用的情况，着重关注课堂教学与自主学习课程、特色课程数字化、校本资源的积累、相关资源服务的建设及使用情况	• 与课程配套的数字资源库和优质生成性教学资源的数量 • 数字资源库中教师自主建设资源的数量，以及校本特色课程配套数字资源的数量 • 利用数字资源网上开设自主学习课程及校本特色课程的数量 • 利用互联网等多种渠道引进的配套资源情况 • 校本建设资源是否按照国家、市级资源应用元数据标准进行规范化编目 • 教师获取数字资源的便捷性，以及研修过程中资源的流动性和再生性（可从应用模式、教师及学生的满意度评价等方面考察）

续表

一级指标	分值	二级指标	三级指标	指标说明	评分依据
			教学方式数字化	重点评价支撑课堂教学和网络自主学习过程的信息系统或工具建设及其使用情况，包括贯穿课前备课预习、课中教学互动、课后练习评价等支撑教学全过程的各类系统、工具、资源的使用及业务融合情况	• 课前，是否使用支撑教师备课的信息化系统或工具 • 课中，是否使用数字资源或信息化设备、软件帮助学生掌握课堂知识，以及互动课堂、翻转课堂等多种新模式在课堂中的整合使用情况 • 课后，是否使用配套的数字资源进行练习、扩展学习等 • 现有技术手段能否满足学生的个性化学习需求 • 相关信息化系统的综合实践以及相互衔接的融合程度，是否能够融入日常教学过程 • 相关资源和信息系统的使用情况（访问量等数据支撑）
			个性化诊断评价	重点评价通过课堂教学、网络自主学习过程中形成的过程性数据，并利用信息技术开展综合分析、评价诊断、个性化反馈的情况	• 能否自动采集课堂或网络学习过程中的各类数据 • 能否对采集的学习过程数据进行多层次的分析 • 能否通过分析定位学生学习和教师教学的薄弱环节，并进行专项反馈和强化 • 是否使用支撑学习全过程的数据采集和综合性评价系统 • 相关诊断评价信息系统是否融入了日常教学业务 • 是否利用系统为学生和教师提供个性化的评价和反馈结果
		教育管理	学校管理信息化	重点评价学校在教务、学籍、行政办公、人事、后勤等方面的信息化管理水平	• 是否常态化使用教务、综合事务、人事、行政办公等管理类信息系统 • 系统是否对学校行政管理及教务管理发挥了重要支撑作用 • 是否借助系统优化了原有工作流程，提高了工作效率 • 信息系统的日常应用情况（访问量等数据支撑）

一级指标	分值	二级指标	三级指标	指标说明	评分依据
			文化宣传信息化	重点评价学校在校园文化宣传，如校园门户、校园广播及微信平台等新媒介的信息化宣传水平	• 校园网站及校内文化宣传系统建设情况 • 校园文化宣传系统的应用情况（访问量等数据支撑）
			考核评价信息化	重点评价学校在教师教学工作设计、组织、实施以及课堂教学和课外教学的评价；学生学习效果等方面的信息化评价水平	• 是否常态化使用教学考评类管理系统 • 教学考评信息化融入日常业务情况（可提供教学考评信息化管理相关规章制度） • 考评系统的使用情况（访问量等数据支撑）
		多元协作	家校协同信息化	重点评价利用信息技术开展家校沟通、信息互动的家校协同信息化水平	• 是否实现了学校和家庭的双向信息推送，实现家校互动沟通 • 是否实现了家长能够即时了解学生的校内学习情况 • 家校沟通信息系统的应用情况（访问量等数据支撑）
			跨校协作信息化	重点评价利用信息技术支撑多校址、联盟校等跨校协作的情况，以及开展在线共享、协同发展的跨校协作信息化水平	• 是否常态化使用跨校协作信息化系统 • 是否定期开展远程教学以及远程教研等跨校教学活动 • 协作信息化系统的使用情况（访问量等数据支撑）
			多级协作信息化	重点评价利用信息技术与国家、市、区、校等各级部门开展多级协作、资源建设的情况	• 是否使用了国家、市、区等各级教育部门提供的信息化应用服务及资源服务 • 各应用平台及资源服务的使用情况（访问量等数据支撑） • 教师、学生、家长对各类服务使用情况的反馈评价数据

续表

一级指标	分值	二级指标	三级指标	指标说明	评分依据
			社会协作信息化	重点评价学校利用科研院所、社会企业、互联网等提供的各类自主学习、交流互动、资源服务、网络协作等信息系统支撑学校教学、管理的社会协作信息化水平	• 是否使用科研院校、社会企业、互联网等提供的信息化服务 • 各应用平台的使用情况（访问量等数据支撑） • 教师、学生、家长对各类服务使用情况的反馈评价数据
实际效益指标	35分（学校在某一个或多个三级指标中取得突出成果的，即可获得35分满分）	人才培养	学生综合素质提升	重点评价应用信息技术在提升学生思想道德、学业成就、合作与交流、运动与健康、审美与表现等综合素质方面的支撑作用	• 专家访谈 • 学校提供的其他各类案例
			教师教研水平提升	重点评价教师在信息技术环境下提升教学设计、教学组织实施、诊断评价、研究创新等方面的进步	• 专家访谈 • 学校提供的其他各类案例
		学校管理	学校管理工作效率提升	重点评价应用信息化技术在加强学校管理水平、提升工作效率、减少管理成本等方面起到的实际作用与效果	• 办公时间缩短情况 • 办公经费节约情况 • 办公便捷性提升情况 • 教职员工满意度反馈

一级指标	分值	二级指标	三级指标	指标说明	评分依据
			学校管理决策能力提升	重点评价应用信息化技术在加强学校决策能力、利用大数据开展教育分析与决策分析等方面产生的实际效果	• 是否应用了学校运行状况的实时监控预警系统 • 是否借助信息化工具开展统计决策分析 • 相关统计分析结果是否应用于指导学校管理决策 • 决策科学化程度（可参考教师及学生的反馈评价数据）
			学校应急响应能力提升	重点评价学校应用信息技术在突发状况下对教育、教学、管理工作的应急响应能力和支撑水平	• 相关应急预案是否科学、完备 • 信息化设备、系统是否具备应急支撑能力 • 突发状况期间利用信息化手段开展教育教学及教育管理等相关应急工作的支撑程度
		示范带动	经验交流辐射效应	重点评价学校通过交流活动带动其他学校信息化发展的效果	• 组织或参与数字校园、信息化工作等相关交流研讨活动的情况 • 开展信息技术主题活动或示范观摩课程活动的情况 • 学校提供的其他各类案例 • 专家访谈评价
			典型应用案例带动效应	重点评价学校通过典型案例带动其他学校信息化发展的效果	• 数字校园建设成果、经验是否对其他学校、地区产生了积极影响和带动作用 • 学校提供的其他各类案例 • 专家访谈评价
持续发展指标	25分	特色与创新（8分）	业务模式特色与创新	重点评价学校利用信息技术实现对原有业务流程的优化及创新，在信息化常态应用中创新了教育教学或教育管理模式	• 在教学、管理、协作等方面提出的业务模式特色内容 • 业务模式特色与创新相关报道、论文、自评报告等 • 专家访谈评价

一级指标	分值	二级指标	三级指标	指标说明	评分依据
			应用实践特色与创新	重点评价学校充分结合办学特色、优势等，形成本校特色的信息化应用，将信息技术与学校核心业务相融合的创新应用能力	• 在教学、管理、协作等方面提出的应用实践特色内容 • 应用实践特色与创新相关报道、论文、自评报告等 • 专家访谈评价
		数据体系(5分)	学校数据体系建设水平	重点评价学校数据的分类体系及相关管理系统建设情况	• 是否对本校数据资源体系进行规划，并建立了数据资源分类体系 • 学校现有数据资源的管理水平
			学校数据采集、管理和更新机制	重点评价学校在数字资源的采集、管理、更新机制以及外部数据资源引入机制等方面的建设情况	• 是否形成了学校各类系统数据的统一归集、管理、更新机制 • 是否形成了外部数据资源引入机制 • 是否形成了对外提供数据资源服务的机制
		制度与机制(3分)	信息化工作规划的合理性、延续性和可实施性	重点评价信息化工作在总体规划层面确立的持续保障能力	• 学校是否形成了信息化发展规划，规划是否结合学校实际情况，明确学校办学特色，统筹项目建设，并提出可以实施的推进策略 • 学校对信息化建设工作持续发展是否有明确的设想和思路
			信息化制度的建设情况	重点评价信息化工作在制度层面提供的持续保障能力	• 是否形成了信息化相关的项目管理、数据管理、运维管理等制度 • 相关制度是否落实并不断完善

续表

一级指标	分值	二级指标	三级指标	指标说明	评分依据
			信息化融入教育教学的保障机制	重点评价信息化工作在业务融合层面提供的持续保障能力	• 是否形成了促进信息化和教育教学业务深入融合的制度和机制
		人才队伍（3分）	信息化团队的规模、结构、能力水平和稳定性	重点评价信息化建设队伍的组织分工、人才队伍保障、团队规模等，以及在项目规划实施、需求转化等方面的综合能力	• 信息化团队规模、结构是否合理，工作流程是否规范 • 信息化团队的领导力、项目规划能力、需求转化能力、应用推广能力等 • 信息化团队稳定性情况 • 信息化人员晋升机制情况
			教师信息化素养水平及提升机制	重点评价为提升教师信息化素养，学校所制订的教师信息化应用水平培训计划和实施情况	• 教师参与国家、市、区、校等信息技术相关课题研究的情况 • 教师参与国家、市、区等各单位开展的信息技术相关赛事获奖情况 • 教师利用信息技术开展教学研究及相关创新实践成果的情况 • 教师信息化素养提升培养计划制订情况 • 教师信息化素养培训计划实施情况和培训效果
		资金保障（3分）	信息化经费投入保障措施	重点评价学校在数字校园建设、推广方面已投入经费及持续投入计划情况	• 学校在数字校园建设、推广方面经费投入计划 • 后续经费保障措施

续表

一级指标	分值	二级指标	三级指标	指标说明	评分依据
		技术保障(3分)	容灾备份	重点评价系统容灾、备份机制及相关工具设备的完备情况	• 是否有系统容灾方案 • 是否使用异地容灾备份工具、系统,并形成相关工作机制 • 是否定期开展应急演练
			系统安全	重点评价信息安全管理制度及相关工具设备的完备情况	• 是否有安全管理相关制度 • 是否有安全监测管理工具和设备 • 是否定期开展安全检查和问题处理

附录 3：术语及其解释

中小学数字校园：中小学数字校园是自 2003 年左右出现在基础教育领域的信息化实践概念。这些年的发展表明，它是一个伴随技术发展、学校教育教学改革而动态演化发展的概念。其基本特征是诉求信息技术在学校教育教学、管理、教研、校园文化、家校互动、教育资源开放共享等覆盖学校全部业务的"系统化"应用过程。它是推动育人环境优化、教学流程创新、教育管理精准、家校合作共育、优质资源共生的现代化校园。当前，中小学数字校园的发展进入智慧校园建设阶段，其基本诉求特征为泛在的接入环境、整合融通的应用环境、可持续发展的运行环境。

中小学数字校园建设模式：中小学数字校园建设模式是指个体学校在其推动信息技术在学校系统化应用过程中所采取的路径、策略与方法的总和。由于个案数字校园建设受学校教育办学能力、信息化领导力、信息化投入水平、区域信息化发展政策与环境、社会教育信息化发展与服务水平、学校具体合作对象的实施能力等诸多要素的影响，每一个个体学校的数字校园发展都呈现出不一样的特征。从诸多的数字校园实践案例中，我们将具有共同发展特征的数字校园进行归类，以大体上呈现出它们不一样的发展特征类型，这就是本丛书的努力方向。为方便实践上的参考，本丛书在区、校、业务三个层面上进行了模式提炼工作，以提升本丛书在实践上的参考价值。

教育信息化体系：教育信息化体系是指"互联网＋"时代推进信息技术在教育教学方面的深度融合发展进程，对教育信息化职能定位、管理方式、推进方式和服务方式重塑和再造实践背景下呈现出来的、具有新特征和新内涵的信息化支撑体系，其基本特征是跨部门、跨业务、跨专业的协同化、民主化、信息化工作文化的生成与发展。

附录4：北京百所中小学数字校园实验校名单

百所数字校园实验校名单

所在区	第一批
东城	北京景山学校
	北京市第一零九中学
	北京市东城区府学胡同小学
西城	北京市第七中学
	北京师范大学第二附属中学
	北京育才学校
朝阳	北京市第九十四中学
	北京市朝阳区芳草地国际学校
海淀	北京理工大学附属中学
	北京市海淀区七一小学
丰台	北京市第十二中学
	北京市丰台区师范附属小学
石景山	北京市石景山区实验小学
房山	北京市房山区良乡小学
门头沟	北京市门头沟区新桥路中学
	北京市门头沟区大峪第二小学
通州	北京市通州区潞河中学
顺义	北京市顺义牛栏山第一中学
	北京市顺义区天竺中心小学
怀柔	北京市怀柔区第一中学
密云	北京市密云区新城子镇中心小学
平谷	北京市平谷区第六中学
大兴	北京市大兴区第一中学
	北京市大兴区黄村镇第一中心小学

续表

所在区	第一批
昌平	北京市昌平区第一中学
	北京市昌平区二毛学校
延庆	北京市延庆区第一中学
	延庆区十一学校
燕山	燕山前进第二小学

百所数字校园实验校名单

所在区	第二批
东城	北京市第二中学
	北京市第一六六中学
	史家胡同小学
西城	北京师范大学附属实验中学
	北京市第四中学
	北京市宣武区师范学校附属第一小学
朝阳	北京市陈经纶中学
	朝阳区实验小学
	芳草地国际学校富力分校
海淀	北京石油学院附属小学
	北京市育英学校
丰台	北京市第十八中学
	北京市第十中学
石景山	石景山外语实验小学
	北京市石景山区古城第二小学
房山	良乡中心小学
	北京市房山区良乡第三小学
门头沟	北京市大峪中学
	北京市门头沟区大峪第一小学
	育园小学

续表

所在区	第二批
通州	史家小学通州分校
	北京小学通州分校
顺义	北京市顺义区第一中学
	北京市顺义区杨镇第一中学
怀柔	北京市怀柔区第二中学
	北京市怀柔区第五中学
密云	北京市密云区西田各庄中学
	北京市密云区太师庄中学
平谷	北京市平谷中学
	平谷区第九小学
大兴	北京师范大学大兴附属小学
	大兴区第七中学
	魏善庄中学
昌平	北京市昌平区城南中心小学
	小汤山中学
延庆	延庆区第二小学
	延庆区第四中学
燕山	北京市房山区燕山星城第二小学

百所数字校园实验校名单

所在区	第三批
东城	光明小学
	和平里第四小学
	北京市第五十中学
西城	北京市第十三中学
	北京市第八中学
	北京市回民学校

续表

所在区	第二批
朝阳	北京市朝阳区白家庄小学
	北京市第八十中学
	北京中学
海淀	北京市玉渊潭中学
	中国人民大学附属中学西山学校
	北京市海淀区中关村第二小学
丰台	北京市云岗中学
	北京市丰台区右安门第一小学（首都医科大学附属小学）
石景山	京源学校
	北京市第九中学
房山	北京市房山区琉璃河镇琉璃河中心小学
门头沟	北京市门头沟区雁翅中学
	北京市门头沟区清水中学
通州	北京市运河中学
顺义	西辛小学
	北京市顺义区第八中学
怀柔	北京市怀柔区北房镇中心小学
密云	北京市密云区第二中学
	密云区北庄镇中心小学
平谷	平谷区第一小学
大兴	北京小学翡翠城分校
	北京市大兴区枣园小学
昌平	前锋学校
	北京市昌平区第四中学
延庆	延庆区第三中学
	延庆区第五中学
市属	北京市盲人学校